河北师范大学历史文化学院双一流文库

"尚书"与礼仪

张怀通 著

中国社会科学出版社

图书在版编目（CIP）数据

"尚书"与礼仪 / 张怀通著. -- 北京：中国社会科学出版社，2024. 9. -- ISBN 978-7-5227-4102-4

Ⅰ．K221.04；K891.26

中国国家版本馆 CIP 数据核字第 2024YA6231 号

出 版 人	赵剑英
责任编辑	安　芳
责任校对	张爱华
责任印制	李寡寡

出　　版	中国社会科学出版社
社　　址	北京鼓楼西大街甲 158 号
邮　　编	100720
网　　址	http://www.csspw.cn
发 行 部	010－84083685
门 市 部	010－84029450
经　　销	新华书店及其他书店

印　　刷	北京明恒达印务有限公司
装　　订	廊坊市广阳区广增装订厂
版　　次	2024 年 9 月第 1 版
印　　次	2024 年 9 月第 1 次印刷

开　　本	710×1000　1/16
印　　张	16.5
字　　数	215 千字
定　　价	89.00 元

凡购买中国社会科学出版社图书，如有质量问题请与本社营销中心联系调换

电话：010－84083683

版权所有　侵权必究

《河北师范大学历史文化学院双一流文库》

编辑委员会

主　任　贾丽英　李志军

副主任　宋　坤　陈瑞青　申艳广　贺军妙

委　员（以姓氏笔画为序）

王向鹏　牛东伟　邢　铁　汤惠生　李　君

陈灿平　张怀通　张翠莲　吴宝晓　武吉庆

郭　华　徐建平　倪世光　康金莉　董文武

目 录

自序 "尚书"源于礼仪说 ·································· (1)

绪论 "尚书"学概述 ······································ (1)
  一 儒家经典《尚书》 ···································· (1)
  二 周史记《逸周书》与清华简"书"类文献 ············ (10)
  三 "尚书"文化生态的学术意义 ························ (13)
  四 学者论《尚书》与礼仪的关系 ······················ (15)

壹 《度邑》与征会礼 ···································· (19)
  一 "维王克殷国"校订新验 ···························· (19)
  二 "九牧"新解 ·· (23)
  三 "征主"新释 ·· (29)
  四 "见王于殷郊"新考 ································ (35)
  五 武王"征会"与《世俘》《商誓》关系新证 ········ (40)
  六 从武王"征会"看商汤"征会" ···················· (46)
  七 从武王"征会"看商周王政 ························ (50)
  附 《度邑》 ·· (56)

· 1 ·

贰 《世俘》与献俘礼 …………………………………… (58)
　　一　《世俘》文本存在的两个问题 ………………………… (58)
　　二　由小盂鼎所载献俘礼看《世俘》的结构 …………… (60)
　　三　《世俘》与原始记录的关系 …………………………… (69)
　　四　对《世俘》年代的判断 ………………………………… (72)

叁 《世俘》与盟誓礼 …………………………………… (74)
　　一　庚戌日武王献俘仪节的再考察 ……………………… (76)
　　二　"告天宗上帝""语治庶国"与"告成饮至"
　　　　仪节的关系 ……………………………………………… (81)
　　三　"用小牲羊犬豕于百神水土""于誓社"与
　　　　"盟誓"仪节的关系 …………………………………… (88)
　　附　《世俘》 ………………………………………………… (97)

肆 《康诰》与封建礼 …………………………………… (99)
　　一　第二个"王若曰"的仪式性 ………………………… (100)
　　二　第二个"王若曰"与封建康叔典礼"授民"
　　　　仪节的关系 ……………………………………………… (104)
　　三　由第二个"王若曰"看《康诰》的性质 …………… (109)
　　附　《康诰》 ………………………………………………… (115)

伍 《立政》与祭祷礼 …………………………………… (118)
　　一　《立政》中的两个"周公若曰" …………………… (118)
　　二　清华简《四告》的内容与结构 ……………………… (119)
　　三　清华简《四告》与《立政》的"镶嵌" …………… (123)
　　四　《立政》第一个"周公若曰"与"殷见"仪节 …… (128)

五　从祭礼到诰命——《立政》体例的形成 …………………（132）
　　附1　《立政》…………………………………………………（134）
　　附2　清华简《四告（一）》…………………………………（136）

陆　《祭公》与养老礼 ……………………………………………（138）
　　一　养老乞言传统与《祭公》的惇史性质 …………………（138）
　　二　《雒诰》诸篇的惇史性质 …………………………………（139）
　　三　清华简《祭公》解构 ……………………………………（141）
　　四　对《祭公》文本形成方式的推测 ………………………（145）
　　附1　《祭公》…………………………………………………（148）
　　附2　清华简《祭公之顾命》…………………………………（149）

柒　《皋陶谟》与养老礼 …………………………………………（152）
　　一　清华简《四告》与《立政》的共生关系 ………………（153）
　　二　《立政》与《皋陶谟》的同源关系 ……………………（160）
　　三　皋陶事迹的流传与记录方式 ……………………………（168）
　　四　《皋陶谟》的编纂方式 …………………………………（175）
　　附　《皋陶谟》………………………………………………（181）

捌　《高宗肜日》与祭祖礼"殷见"仪节 ………………………（184）
　　一　学者对"祖己曰"的解读及存在的问题 ………………（185）
　　二　肜日、绎祭与旅酬 ………………………………………（186）
　　三　旅酬与殷见 ………………………………………………（190）
　　四　殷见仪节的意义 …………………………………………（194）
　　五　《高宗肜日》文本与"殷见"仪节关系的还原 ………（196）
　　附　《高宗肜日》……………………………………………（197）

玖 《克殷》与祭社礼"降神"仪节 …………………… (198)
    一 商周社祭典礼及其程序 ……………………………… (200)
    二 商周祭礼的降神仪式 …………………………………… (204)
    三 曹叔振铎与西周之乐的关系 …………………………… (208)
    附 《克殷》 ………………………………………………… (209)

拾 《洪范》"五事"与礼容 …………………………………… (211)
    一 古今学者对"五事"的解释及存在的问题 …………… (211)
    二 传世文献所载商周礼容 ………………………………… (214)
    三 青铜器铭文所载商周礼容 ……………………………… (219)
    四 从礼容角度试解《洪范》"五事" …………………… (229)
    五 从礼容发展趋势看《洪范》"五事"的时代 ………… (234)
    附 《洪范》 ………………………………………………… (238)

后记一——泰山云雾 ………………………………………… (241)

后记二——刘克恒老师 ……………………………………… (244)

后记三——本书缘起 ………………………………………… (248)

自序 "尚书"源于礼仪说

"尚书"，即上古之书，是虞、夏、商、周的政治文献及其汇编。今天所见文题俱在的"尚书"，包括今文《尚书》的《康诰》等二十八篇、今本《逸周书》的《世俘》等五十九篇，以及清华简"书"类文献的《摄命》等十多篇。这些"尚书"中可信度较高的篇章，如《世俘》《康诰》《祭公》等，其形成多源于当时的献俘礼、封建礼、养老礼等礼仪。

《世俘》与献俘礼仪

《世俘》是今本《逸周书》的第四十篇，是学者公认的记事性质的西周文献。该篇详细记载了武王伐纣的全过程，主要有：一月上旬的武王从宗周出发；二月下旬的周商牧野决战；整个三月的武王派兵遣将征伐商人属国；四月上中旬的武王向天祖社等神灵举行献俘典礼、与诸侯进行盟誓典礼、向四方宣告成为天下之君等重大史实。

《世俘》与献俘礼仪的关系主要体现在两个方面。首先，《世俘》的部分内容记载了献俘礼仪，例如，四月庚戌"武王乃废于纣失【大】恶【亚】臣人百人，伐右【右伐】厥甲【六十】，小子鼎，大师伐厥四十夫，家君鼎。帅司徒、司马初厥于郊号。武王乃夹于南门用俘,皆施佩,衣衣,先馘入。武王在祀,大师负商王纣县首白旂,妻二首赤旂,乃以先馘入,燎于周庙";辛亥"荐俘殷王鼎";癸丑"荐殷俘王士百人"。其次,《世俘》的篇章结构是按照献俘礼仪程序来安排的。据康王二十五年的小盂鼎(《集成》5.2839)记载,西周早期的献俘礼由告俘、献俘、赏赐三项仪节组成,在其中的献俘仪节之内又有讯酋、燎祭、饮至、禘祖、献俘玉等项仪注。《世俘》的内容与之基本对应。

一是《世俘》对于牧野之战的记述,重点不是经过,而是"咸刘商王纣,执矢【大】恶【亚】臣人百人"的结果;对于武王派兵遣将征伐商人属国的记述,重点也不是经过,而是"告以馘俘"的结果;然后对于武王伐纣第三期战事"遂征四方"的记述,重点也不是经过,而是俘获敦服的国族、人员的数量。这些内容实际上相当于献俘礼中的告俘仪节。二是《世俘》对于四月庚戌到乙卯的武王告天、祭祖、进献人馘、封绌诸侯等活动的记述,相当于献俘礼中的献俘仪节。尤其在记载了献俘主要仪注之后,突然笔锋一转,对二月甲子、戊辰两天"武王俘商旧宝玉万四千、佩玉亿有八万"的追述,与献俘仪节中献俘玉的仪注完全吻合,更加确定了《世俘》这一段文字与献俘礼的重心献俘仪节的对应关系。三是《世俘》的开头一句话,"武王成辟四方,通殷命,有国",曲折地反映了上天对于武王的奖励,相当于献俘礼中的赏赐仪节。在第一个层次上,以献俘仪节为记述重点;在第二个层次上,以献俘礼仪程序为线索布局谋篇,都体现了《世俘》与献俘礼仪深度融合的基本状况。

《康诰》与封建礼仪

《康诰》是今文《尚书》的第十六篇,是学者公认的记言性质的西周文献。该篇是周公在摄政时为封建康叔而发布的诰命，由篇幅长短极不对称的两部分组成。第一部分的开头是"王若曰"，然后一连十五六个"王曰"或"又曰"，形成《康诰》的主体内容；第二部分的开头也是"王若曰"，然后只有十七个字，"往哉，封！勿替敬，典听朕诰，女乃以殷民世享"，给人一种是上文主体内容的附缀的感觉。其中的"享"字，是贡献、奉献的意思。这句话的大意是：去吧，封！不要废弃虔敬的态度，庄重地听从我的诰命，（如此）你就会让殷民世世代代地贡献了。

这句话的后面十四个字，即"勿替敬，典听朕诰，女乃以殷民世享"，其变体既见于传世与出土文献《雒诰》《封许之命》，前者作"公勿替刑，四方其世享"，后者作"汝亦惟淑章尔虑，祗敬尔猷，以永厚周邦，勿废朕命，经嗣世享"，也见于青铜器铭文大盂鼎（西周早期，《集成》5.2837）、微栾鼎（西周晚期，《集成》5.2790），前者作"若敬乃政，勿废朕命"，后者作"其万年无疆，栾子子孙永宝用享"。由此可知，这句话在西周时代已经演变成了套话。

套话作为一种语言现象，往往产生于反复表演的典礼仪式之中。著名文化学者坦比亚说："（仪式是）文化建构起来的象征性交流体系，它由模式化、秩序化的言语与行为序列组成，往往通过多重媒介表达，这些媒介的内容与编排以不同程度的形式主义（传统性）、套话（刻板僵化）、凝练（融合）、冗赘（重复）为特征。"[①]《康诰》这句话赖以产生的仪式，由《封许之命》、大盂鼎所具有的封建典礼性质看，应当是封建康叔典礼的仪式。

---

① 坦比亚：《一种关于典礼的仪式》，《英国科学院院刊》1979年第65期。

封建康叔的典礼，依据《左传》定公四年的记载，校以宜侯夨簋（西周早期，《集成》8.4320）、大盂鼎等所述西周封建仪式，其礼仪程序是：（1）周公发布命令、颁布政策；（2）赏赐康叔大路、少帛等物品；（3）赏赐土地，划定疆界，规定应尽义务；（4）赏赐殷民七族。《康诰》第二个"王若曰"中的"女乃以殷民世享"，就是紧接着封建康叔典礼中周公对康叔最后赏赐"殷民七族"一项仪节而来。这意味着，首先，在《康诰》的两个"王若曰"领起的段落之间，省略了第二项至第四项仪节；其次，《康诰》的文本是由记录封建康叔典礼的原始档案节选而来。

《康诰》文本中有非常明显的档案痕迹，例如十五六个"王若曰"与"王曰"或"又曰"，就是史官记录周公现场讲话时，依据内容与语气的转变而特地作的标记性文字。"王若曰"即王如是说，意在强调下文都是实录，表现了史官的谨慎态度，反复出现的"王曰"或"又曰"，显示了史官努力把握讲话节奏的工作方式，二者从一个侧面呈现了西周封建典礼的立体场景。

《祭公》与养老礼仪

《祭公》是今本《逸周书》的第六十篇，是学者公认的言事兼记性质的西周文献。该篇记载了穆王向已是耄耋之年且重病在身的祭公征询意见的史实，其性质是记录国家耆宿嘉言懿行的惇史，其根源是养老礼仪。

《礼记·内则》云："凡养老，五帝宪，三王有乞言。五帝宪，养气体而不乞言，有善，则记之为惇史。王亦宪，既养老而后乞言，亦微其礼，皆有惇史。"孔颖达云："善言者，则惇史受之。《礼》有内外小史大史，无惇史。正以待接老人，择史之敦厚者掌之，惇非官名也，故彼（郑玄）注云：'惇史，史之孝厚者也。'"[1] 这是讲惇史得名的来历，阐述了惇史与养老礼的关系。就性质而言，所谓惇史，用现在的话说，就是"嘉言懿行录"[2]。

《祭公》的开头是穆王请求"公其告予懿德"，显然是"乞言"的行为，正文是祭公应穆王"乞言"而对王朝弊政进行的批评与忠告，最后是"王拜手稽首党言"，党言即美言、善言，是"乞言"之后的拜谢，这些都与《内则》所讲惇史的特征完全符合。

因为是源于养老礼仪，所以《祭公》的文本结构是按照序礼、正礼、礼仪结束的程序来安排的。又因为穆王乞言与祭公忠告是由史官记录，然后存档备查，所以正礼中穆王与祭公的对话，不是一对一的形式，而是分成问答两组，各自集中编排，以使局部服务于整体，以保障叙述主线即礼仪程序的清晰。

《顾命》等篇与礼仪的关系

《世俘》《康诰》《祭公》分别源于献俘礼、封建礼、养老礼，可以确定无疑，这在"尚书"篇章中具有较强的典型性。除此之外，《顾命》《摄命》《高宗肜日》《梓材》《雒诰》《多士》等篇也与礼仪有较大关系，大概有如下四种情形。

第一，记述对象是礼仪。例如《顾命》，该篇记载了康王登基典礼，但目前还不能得到西周或相近时代类似材料的证明。这样的篇章与《世俘》一样，都是记事的性质，而礼仪却各有不同。

第二，脱胎于礼仪。例如清华简《摄命》，该文以"王曰""又

---

[1] 毛亨传、郑玄笺、孔颖达疏：《毛诗正义》，阮元校刻：《十三经注疏》，中华书局1980年版，第534页。
[2] 王文锦：《礼记译解》，中华书局2001年版，第385页。

曰"为线索记述长篇王命，最后交代王命发布的礼仪场合："唯九月既望壬申，王在镐京，格于大室，即位。咸。士兼右伯摄，立在中廷，北向。王呼作册任册命伯摄。"这场典礼的性质是册命官职，与封建诸侯的典礼有较大可比性，为上文所述《康诰》节选自记录封建康叔典礼原始档案的说法提供了证据。再如《高宗肜日》，该文的开头是"祖己……乃训于王曰"，性质显然是惇史，与《祭公》相同。再者，祖己讲话的场合是高宗武丁绎祭典礼，时机是祭礼"殷见"仪节开始之前。那么《高宗肜日》实际上是祭祖礼与养老礼相互结合而形成的篇章。又如《商誓》发布于武王牧野之战胜利后在殷郊举行的征会典礼之上；《立政》发布于周公临没前祭祷皋陶的典礼之上，等等，不一而足。

第三，与礼仪有渊源。例如《梓材》，该文由两篇讲话编辑合成而来，以"王启监"为界，前一部分是周公诰诫康叔，后一部分是周公诰诫成王。从诰命的角度看，具有记言的性质，与《康诰》相同；从诰诫的角度看，具有惇史的特征，与《祭公》接近。再如《雒诰》，该文记述了周公与成王之间围绕着成王亲政典礼而进行的对话，对话的节律由"拜手稽首"隔开，分别组编。核心部分的对话分作两组，各自集中编排，与《祭公》的体例相同。从对话角度看，具有记言的性质，与《康诰》近似；从成王向周公"拜手稽首诲言"看，具有惇史的特征，与《祭公》近似。再如《多士》《多方》，两篇都是由周公前后两次讲话编辑合成而来，从体例角度看，与《梓材》相同，从诰命性质角度看，与《康诰》近似，从发布时间角度看，两篇的第二个"王若曰"领起部分可能与《雒诰》中的"公曰：……汝其敬识百辟享，亦识其有不享。享多仪，仪不及物，惟曰不享。惟不役志于享，凡民惟曰不享，惟事其爽侮"有连带关系。其中的"仪"应当是成王的亲政典礼仪式，那么《多士》《多方》第二个"王若曰"的形成或许具有《雒诰》所载这次典礼仪式的背景。

第四，文本中有部分礼仪的内容。例如《洪范》，该文相传是箕子献给武王的治国大法，共有九章，其中的"五事"章，即"一曰貌，二曰言，三曰视，四曰听，五曰思。貌曰恭，言曰从，视曰明，听曰聪，思曰睿。恭作肃，从作乂，明作哲，聪作谋，睿作圣"，讲的是礼容，与西周青铜器铭文中的"木羊册册"及传说中的"夏""颛顼"等家族、朝代或人物名称的礼容之义一脉相承。另外，《尧典》《皋陶谟》《吕刑》《厚父》等篇章中有一些惇史的材料，虽然不具备《祭公》的典型特征，但也折射了一定的养老礼仪，或养老文化传统。

以上所论《世俘》《康诰》《祭公》《顾命》等篇章与礼仪的关系，或深或浅，或隐或显，如果去粗取精，舍微用宏，从总体上用一句话概括，那就是，"尚书"篇章的形成源于各种典礼仪式。

（《"尚书"源于礼仪说》，《中国社会科学报》2021 年 1 月 11 日。收入《〈尚书〉新研》，中华书局 2021 年版）

绪论 "尚书"学概述

"尚书"包括《尚书》《逸周书》、清华简"书"类文献三个部分。《尚书》专指儒家经典的今文《尚书》，共计二十八篇[①]；《逸周书》是指今本《逸周书》，共计五十九篇，其中学者公认的较为可信的西周文献是《世俘》《商誓》等七八篇；清华简"书"类文献是指清华简中具有"尚书"性质的篇章，其中学者公认的较为可信的商周文献是《说命》《四告》《摄命》等十余篇。

一 儒家经典《尚书》

(一)《尚书》的性质

儒家经典在先秦时代有六部，《诗》《书》《礼》《乐》《易》《春秋》，称"六经"。秦代焚书坑儒以后，《乐》亡佚，只剩五部，

---

① 笔者按：先秦时代，墨家也可能编辑了自家经典《尚书》，但秦汉以后墨家学说中断，其《尚书》如何，后人不知。2020年，湖北荆州枣林铺造纸厂战国中晚期楚墓M46出土了可能是墨家学派编辑的《尚书》。赵晓斌先生说："《诗书之言》为先秦'诗'、'书'类文献的摘抄。每种文献的引文以'于《××》曰'标明出处。同种文献中的不连属语句，以'又一曲曰'标识。引文篇题见于传世本《毛诗》的有《抑》《皇矣》《敬》《大明》等，见于《今文尚书》的有《西伯戡黎》《微子》《君奭》《康诰》《吕刑》等。也有古佚书《夏后之宫刑》《汤之宫刑》《武王之将事于上帝之说》《利誓》等。根据字体、字迹的不同，分为4篇，内容选录原则分别与墨家学派的'非命''非乐''天志''明鬼'等思想相应。"（赵晓斌《湖北荆州枣林铺战国楚墓》，《2020中国重要考古发现》，文物出版社2021年版）可资参考。

称"五经"。其中的《书》即《尚书》。

关于《尚书》的性质问题，学者主要有六种主张。（1）老子认为是"先王之陈迹"[①]；（2）孔子认为是"道事"[②]；（3）郭店简《性自命出》认为是"有为言之"[③]；（4）荀子认为是"政事之纪"[④]；（5）司马迁认为是"记先王之事，故长于政"[⑤]；（6）班固认为是"古之王者世有史官，君举必书……左史记言，右史记事，事为《春秋》，言为《尚书》"[⑥]。这是一个以时间先后为顺序而对战国两汉学者的观点进行的排列。

这六种观点还可以进一步归纳为两大类，一是认为《尚书》的性质是"记事"，老子、孔子、荀子、司马迁属于此类；二是认为《尚书》的性质是"记言"，《性自命出》、班固属于此类。这是着眼点不同而造成的认识分歧，无可厚非。

今天审视《尚书》，受时代之赐，相较古人应该全面客观一些。笔者认为，《尚书》的性质是记录虞夏商周圣君贤相事迹与言论的篇章及其汇编。

这些事迹与言论关乎国家治理、天下经营，因此后世称《尚书》为政书之祖。

[①] 老子云："夫《六经》，先王之陈迹也，岂其所以迹哉！"见陈鼓应《庄子今注今译》，中华书局1983年版，第389页。笔者按：这未必是老子的看法，也可能是庄子自己的观点。

[②] 孔子曰："六艺于治一也。《礼》以节人，《乐》以发和，《书》以道事，《诗》以达意，《易》以神化，《春秋》以义。"司马迁《史记》引，中华书局1982年版，第3197页。

[③] 《性自命出》云："诗、书、礼、乐，其始皆生于人。诗，有为为之也。书，有为言之也。礼、乐，有为举之也。"荆门市博物馆：《郭店楚墓竹简》，文物出版社1998年版，第179页。

[④] 王先谦撰，沈啸寰、王星贤点校：《荀子集解》，中华书局1988年版，第11页。

[⑤] 司马迁：《史记》，中华书局1982年版，第3297页。笔者按：由上下文看，司马迁的观点脱胎于孔子。

[⑥] 班固：《汉书》，中华书局1962年版，第1715页。

(二)《尚书》的得名

关于《尚书》名称的由来问题,代表性观点主要有以下几种。

王充云:"【说】《尚书》者,以为上古帝王之书,或以为上所为下所书。"又云:"或说《尚书》曰:'尚者,上也;上所为,下所书也。''下者谁也?'曰:'臣子也。'然则臣子书上所为矣。"①

郑玄云:"孔子尊而命之曰《尚书》。"又云:"《尚书》,上也,尊而重之,若天书然,故曰《尚书》。"②

刘熙云:"《尚书》,尚,上也。以尧为上,始而书其时事也。"③

伪孔《尚书序》云:"汉室龙兴,开设学校,旁求儒雅,以阐大猷。济南伏生,年过九十,失其本经,口以传授,裁二十余篇,以其上古之书,谓之《尚书》。"④

王充不主一说,而是同时列举了两种主张,让学者自己鉴别,这种谨慎的态度与力求客观的做法,非常难能可贵;前者说的是《尚书》的时代与性质问题,后者说的是《尚书》篇章的形成方式问题。郑玄说的是《尚书》的命名问题,刘熙说的是《尚书》篇章的起始问题,伪孔《尚书序》说的也是时代问题,与王充列举的第一种主张相近,所托伏生的主张可能源于两汉传统观点。

笔者认为,在各家说法中,王充所列"上古帝王之书"的解释,较为贴近"尚书"的本义。

---

① 黄晖:《论衡校释》,中华书局1990年版,第1139、847页。
② 杜泽逊:《尚书注疏汇校》,中华书局2018年版,第34页。
③ 刘熙:《释名》卷六,文渊阁《四库全书》经部小学类训诂之属,台湾商务印书馆1983—1986年版。
④ 伪孔传、孔颖达疏:《尚书注疏》,阮元校刻:《十三经注疏》,中华书局1980年版,第115页。

(三)《尚书》篇目及其解题

《尚书》由虞夏书、商书、周书三部分组成,共计二十八篇。

虞夏书:《尧典》《皋陶谟》《禹贡》《甘誓》,共四篇。

商书:《汤誓》《盘庚》《高宗肜日》《西伯戡黎》《微子》,共五篇。

周书:《牧誓》《洪范》《金縢》《大诰》《康诰》《酒诰》《梓材》《召诰》《雒诰》《多士》《无逸》《君奭》《多方》《立政》《顾命》《费誓》《吕刑》《文侯之命》《秦誓》,共十九篇。

1. 《尧典》,由记载帝尧事迹的《尧典》与记载帝舜事迹的《舜典》两个部分组成。主要史实有:(1)制定历法。(2)治理洪水。(3)巡狩四方。(4)设官分职,选贤与能。

2. 《皋陶谟》,记载的是帝舜与皋陶、禹、夔的对话。皋陶的建言位于全篇的开头,且居于全文内容的核心地位,因此篇名是"皋陶谟"。皋陶建言的主旨是论述如何"修身、齐家、治国、平天下"的官德问题,与记载周公论述西周立政之道的《立政》相互照应。

3. 《禹贡》,记载了大禹治水、划分九州、确定各州贡赋、规划天下服制等史实。

以上三篇是春秋战国时期儒家学者"稽古"的结果。《尧典》讲政治运行,《皋陶谟》讲道德修养,《禹贡》讲地理结构,三者共同勾勒了古代中华文明的基本轮廓。

4. 《甘誓》,是夏启与有扈氏于甘决战时的誓师之辞。

5. 《汤誓》,是商汤征伐夏桀时所作誓师之辞。

6. 《盘庚》,由上、中、下三篇组成,是盘庚于迁殷前后为动员民众、安抚民众而发布的劝告与命令。

7. 《高宗肜日》,记载了祖己趁祭祀武丁典礼举行过程中发生

"越有雊雉"特异事情的时机，而对时王祖庚进行的祭祀直旁系先王应一视同仁的训导，其性质是悖史。

8.《西伯戡黎》，记载了祖伊在周武王戡黎后对商纣王的诤谏而商纣王迷信天命、自以为是的史实。

9.《微子》，记载的是微子与父师、少师的对话，微子是商纣王的庶兄，父师可能是商纣王的叔父箕子，少师可能是比干。微子、箕子、比干在后世被称为"商末三仁"。对话表露了三人对于商末风雨飘摇、大厦将倾政治局势的忧虑。文本中对话的结构是A1A2、B1B2（两个B没有明显的节段标志，需根据文意划分），这是史官记录存档时的状态，要正确理解其含义，应该还原为现实生活中对话的一对一的A1B1、A2B2的形式。

10.《牧誓》，是周武王于牧野之战前所作誓师之辞，其中武王指责纣王"昏弃厥遗王父母弟不迪"，反映了商末由于王位从兄终弟及辅以父死子继转变为嫡长子继承而产生的混乱政治局面。

《甘誓》《汤誓》《牧誓》都以"杀"作结，真实地反映了战争的无比残酷的情况。

11.《洪范》，是治理国家的根本大法，由九项内容——五行、五事、八政、五纪、皇极、三德、稽疑、庶征、福殛——组成，在中国古代政治生活中实际上发挥着无其名而有其实的"宪法"的作用。

12.《金縢》，是对周公事迹的记载，而不是周公的创作。由"周公自以代王""周公居东""成王启金縢之书"三部分组成。第一部分是较为原始的篇章，后两个部分可能是在前者的基础上层累叠加而来的。层累叠加的时代大约是春秋战国。

13.《大诰》，是周公东征前发布的谴责殷遗叛乱、鼓舞将士斗志的诰命。

14.《康诰》，是周公在封建康叔典礼上发布的阐述自己政治思想、治国理念的诰命。关键词是明德、慎罚、显民。

15.《酒诰》，是周公鉴于殷人酗酒亡国的事实而向康叔等发布的禁酒令。

16.《梓材》，由两篇诰命编联合成，第一篇是周公对康叔的诫勉讲话；第二篇是周公对成王的诫勉讲话。"梓材"取自文中"若作梓材"句。梓树，良材。

《康诰》《酒诰》《梓材》，学者有时也将之合称为《康诰》或《康诰》三篇。

17.《召诰》，记载的是召公与周公在完成了雒邑的"卜宅""攻位"工程之后而进行的对话，关键词是敬德、配天、保民。由于发起者是召公，故名"召诰"。文本中召公与周公的对话结构是 A1A2A3A4、B1B2B3B4（四个 B 没有明显的节段标志，需根据文意划分），这是史官记录存档时的状态，要正确理解其含义，应该还原为现实生活中对话的一对一的 A1B1、A2B2、A3B3、A4B4 的形式。

18.《雒诰》，记载的是周公与成王在雒邑建成后关于政治形势、制度安排的对话，以及成王将周公留守成周的决定昭告天下的史实。这标志着周公摄政的结束，成王亲政的开始。文本中间部分周公与成王对话的结构是 A1A2A3A4、B1B2B3B4（第二、第四个 A 没有明显的节段标志，需根据文意划分），这是史官记录存档时的状态，要正确理解其含义，应该还原为现实生活中对话的一对一的 A1B1、A2B2、A3B3、A4B4 的形式。

19.《多士》，由周公向殷遗民先后发布的两篇诰命编联合成，讲述了将要对认清天命转移现实、服从周人统治者而采取的"宅尔邑，继尔居"等政策措施。两篇诰命的间隔大约是五年。

20.《无逸》，是周公以前代君王正反两个方面的经验教训来告诫成王等子侄兄弟，不要贪图安逸，要勤勉政事的讲话。此时周公已经致政，担任王家大宰，因而《无逸》具有家训的性质。

21.《君奭》，是周公向召公表露自己心迹的讲话。主旨是周公希望召公与自己以前代贤相为榜样，同心同德，同舟共济，一起辅佐成王，以使周家永葆天命。

22.《多方》，由周公向方国首领先后发布的两篇诰命编联合成，讲述了将要对认清天命转移现实、服从周人统治者而采取的"迪简在王庭"等政策措施。两篇诰命的间隔大约是五年。

23.《立政》，是周公于临没之时在祭祀皋陶典礼上的讲话。在讲话中周公向成王及百官阐述了立政之道，即如何选人用人以使天下国家长治久安的方法与原则。

24.《顾命》，记载的是成王的丧礼与康王的登基礼。

25.《费誓》，是鲁公伯禽征伐淮夷徐戎时所作誓师之辞。

26.《吕刑》，记载了吕侯训导穆王制定刑罚的史实，以及穆王为此而发布的关于刑罚内容与刑罚制定原则的讲话。其中有悖史的材料。

27.《文侯之命》，是周平王对拥戴有功的晋文侯的嘉勉之辞。

28.《秦誓》，是秦穆公在报殽之后向全体将士所作誓辞。

这二十八篇经过秦代焚书坑儒及秦汉间战乱之后由伏胜保存下来，用西汉通行文字隶书抄写，因此后世称之为"今文《尚书》"。

（四）《尚书》与孔子的关系

对于《尚书》与孔子的关系问题，古今学者有一些认识分歧，为了避免无谓的争论，我们应该正本清源，对于较早记述这个问题的材料给予特别关注。

《史记·孔子世家》云："孔子之时，周室微而礼乐废，《诗》《书》缺。追迹三代之礼，序《书传》，上纪唐虞之际，下至秦缪，编次其事。"①

《汉书·艺文志》云："《易》曰：'河出图，洛出书，圣人则之。'故《书》之所起远矣，至孔子纂焉，上断于尧，下讫于秦，凡百篇，而为之序，言其作意。"②

司马迁、班固都说孔子编辑了《尚书》，而且为其篇章作序。有学者不同意孔子编书，否认孔子作序，但所举证据并不充分。由上博简《孔子诗论》看，笔者认为，司马迁、班固的说法，即孔子编辑了《尚书》并为其篇章作序，可能有所依据，因而应该谨慎肯定。

（五）《尚书》的今古文问题

《尚书》的今古文问题，由于涉及了来源、师承、文字章句释读、与政治的关系等，在两汉时代呈现了非常复杂的局面。为了避免枝蔓，集中主题，此处主要列举较早材料对于这个问题的记述。

第一，今文《尚书》在西汉时代的概况。《史记·儒林列传》云："伏生者，济南人也。故为秦博士。孝文帝时，欲求能治《尚书》者，天下无有，乃闻伏生能治，欲召之。是时伏生年九十余，老，不能行，于是乃诏太常使掌故朝错往受之。秦时焚书，伏生壁藏之。其后兵大起，流亡，汉定，伏生求其书，亡数十篇，独得二十九篇，即以教于齐鲁之间。学者由是颇能言《尚书》，诸山东大师无不涉《尚书》以教矣。伏生教济南张生及欧阳生，欧阳生教千乘兒宽。兒宽既通《尚书》，以文学应郡举，诣博士受业，受业孔安

---

① 司马迁：《史记》，中华书局1982年版，第1935—1936页。
② 班固：《汉书》，中华书局1962年版，第1706页。

国。……自此之后，鲁周霸、孔安国，洛阳贾嘉，颇能言《尚书》事。"①《汉书·艺文志》云：今文《尚书》"讫孝宣世，有欧阳、大小夏侯氏，立于学官"②。流传过程，师承情况，脉络都较为清楚，是今文《尚书》的显著特点。

第二，古文《尚书》在西汉时代的概况。古文《尚书》在西汉的发现最主要的有两次，(1)《汉书·艺文志》云："《古文尚书》者，出孔子壁中。武帝末，鲁共王坏孔子宅，欲以广其宫，而得《古文尚书》及《礼记》、《论语》、《孝经》凡数十篇，皆古字也。……孔安国者，孔子后也，悉得其书，以考二十九篇，得多十六篇。安国献之。遭巫蛊事，未列于学官。"③ (2)《汉书·景十三王传》云："河间献王德以孝景前二年立，修学好古，实事求是。从民得善书，必为好写与之，留其真，加金帛赐以招之。繇是四方道术之人不远千里，或有先祖旧书，多奉以奏献王者，故得书多，与汉朝等。……献王所得书皆古文先秦旧书，《周官》、《尚书》、《礼》、《礼记》、《孟子》、《老子》之属，皆经传说记，七十子之徒所论。"④《汉书·儒林传》云："平帝时，又立……古文《尚书》。"⑤ 古文《尚书》立于官学的倡导者是新莽的国师刘歆。来历不明，传承不明，与新莽纠缠不清，是古文《尚书》经常遭受今文学家诟病的地方。

第三，今古文《尚书》篇目及文本的差异。古文《尚书》比今文《尚书》多出十六篇，分别是：1.《舜典》；2.《汩作》；3.《九共》；4.《大禹谟》；5.《弃稷》；6.《五子之歌》；7.《胤征》；8.《汤诰》；9.《咸有壹德》；10.《典宝》；11.《伊训》；12.《肆

---

① 司马迁：《史记》，中华书局1982年版，第3124—3125页。
② 班固：《汉书》，中华书局1962年版，第1706页。
③ 班固：《汉书》，中华书局1962年版，第1706页。
④ 班固：《汉书》，中华书局1962年版，第2410页。
⑤ 班固：《汉书》，中华书局1962年版，第3621页。

命》；13.《原命》；14.《武成》；15.《旅獒》；16.《冏命》。①

今古文《尚书》文本的差异，可以《酒诰》《召诰》为例，知其大概情况。《汉书·艺文志》云："刘向以中古文校欧阳、大小夏侯三家经文，《酒诰》脱简一，《召诰》脱简二。率简二十五字者，脱亦二十五字，简二十二字者，脱亦二十二字，文字异者七百有余，脱字数十。"② 由清华简所示"尚书"篇章的传世本与简本的差异看，这个记述较为客观真实。

第四，今古文《尚书》在东汉及以后时代的概况。古文《尚书》在西汉末年立于官学，但时间很短，随着王莽的失败，古文《尚书》失去官学地位。但古文经学相对于今文经学较为朴实，学术性较强，所以在东汉时期反而获得了较大发展。马融、郑玄等学者都曾为古文《尚书》作注。

西晋末年永嘉之乱，今古文《尚书》亡佚，后来东晋豫章内史梅赜献出伪托孔安国传的《尚书》，即保存在《十三经注疏》中的《尚书》。经清代学者阎若璩等论证，可知其中今文《尚书》二十八篇为真，除此之外的所谓古文《尚书》是伪。近出清华简"书"类文献有古文《尚书》中的《尹诰》（《咸有一德》）、《说命》等，证明阎若璩等学者的判断正确。

二 周史记《逸周书》与清华简"书"类文献

（一）周史记《逸周书》

"周史记"是班固在《汉书·艺文志》中对于《周书》的标注，许慎在《说文解字》中开始称之为《逸周书》，其中的"逸"字，

---

① 刘起釪：《尚书学史》，中华书局2017年版，第113页。
② 班固：《汉书》，中华书局1962年版，第1706页。

强调它的性质是《尚书·周书》的逸篇。现在所见《逸周书》形成于南宋中期，与魏晋之际孔晁所注《逸周书》有较大不同，所以我们称之为今本《逸周书》。今本《逸周书》中的《克殷》《世俘》《商誓》《度邑》《皇门》《尝麦》《祭公》《芮良夫》共八篇是学者公认的较为可信的西周文献。

1.《克殷》，记载了甲子日牧野之战的战况，以及班师前武王采取的各项善后措施。其中对于武王射、击、斩、折等处理纣王尸体方式的记述，学者说"非亲见者不能"①。

2.《世俘》，记载了武王在伐纣胜利回到镐京之后举行的隆重的献俘盟誓典礼，所述献俘仪节仪注及其程序与康王二十五年的小盂鼎基本对应。全文都是按照献俘礼仪程序来谋篇布局，是纪事本末体史书的滥觞。

3.《商誓》，是武王在牧野之战胜利后于殷郊举行的征会诸侯九牧典礼之上的讲话，主旨之一是"讨贰"，即"上帝曰：必伐之。今予惟明告尔，予其往追□纣，遂臻集之于上帝"，因此其性质不是"约信"，而仍然是"誓师"。

4.《度邑》，是武王对周公的临终遗嘱，内容主要有三项：（1）征登贤良，以定天保。（2）确立王位继承人。（3）在嵩山之下伊洛之滨建立新都城。《度邑》的开头记载了武王在牧野之战胜利后于殷郊举行征会诸侯九牧典礼的史实，以引起下文中武王的三项遗嘱。都体现了"立政"的主题。

《度邑》与《世俘》《商誓》相通，也与《多士》《多方》《立政》《召诰》《雒诰》等相通，是"尚书"中不多见的由点到面综合展示商周之际宏大历史进程的篇章。

---

① 朱右曾：《逸周书集训校释》，宋志英、晁岳佩选编：《〈逸周书〉研究文献辑刊》（第八册），国家图书馆出版社2015年版，第10页。

5.《皇门》,是周公在致政后向世家大族表露自己忠诚王室心迹的讲话。《皇门》与《君奭》相通,二者共同显示了西周公卿之间坦诚相待、和衷共济、匡扶王室的情景。

6.《尝麦》,记载了成王命周公等制定刑法并推广到国野都鄙采邑的史实。其中所述炎帝、黄帝、蚩尤的故事,对于考察中华民族传说时代的历史有很高的学术价值。

7.《祭公》,记载了穆王向年高德劭且重病在身的祭公乞言的史实,其性质是悖史。文本所载正礼中穆王与祭公的对话结构是 A1A2A3、B1B2B3（B3-1、B3-2、B3-3）,这是史官记录存档时的状态,要正确理解其含义,应该还原为现实生活中对话的一对一的 A1B1、A2B2、A3B3（B3-1、B3-2、B3-3）的形式。

8.《芮良夫》,是芮良夫谴责厉王时代社会政治中存在的种种弊端的讲话。其性质是悖史。

（二）清华简"书"类文献

清华简是 2008 年清华大学收藏的战国楚简,其中严格意义上的书篇,截至目前,主要有:《尹至》《尹诰》《说命》《程寤》《厚父》《金縢》《封许之命》《四告》《皇门》《祭公》《摄命》共十一篇,都是学者公认的较为可信的商周文献。①

1.《尹至》,商书,是伊尹由夏返商后将观察的夏桀恶行向商汤的报告。《汤誓》转述了《尹至》中伊尹对夏桀恶行的描述,二者可以对读参看。

2.《尹诰》,也叫《咸有一德》,商书,是商汤灭夏后伊尹对商汤的讲话。也可与《汤誓》对读参看。

---

① 程浩:《有为言之:先秦"书"类文献的源与流》,中华书局 2021 年版。

3.《说命》，简本篇题作《傅说之命》，商书，由上中下三篇组成。上篇记载的是武丁求得傅说及命傅说征伐佚仲的史实。中下两篇是武丁对傅说的诰命，主旨是让傅说作自己的心腹，要恭天、用德、中罚。

4.《程寤》，周书，记载了文王通过太姒之梦确立武王的太子地位并获得天命的史实。今本《逸周书》中有题无文。

5.《厚父》，周书，记载了因周王向厚父请教"前文人之恭明德"而在君臣之间进行的对话。其性质可能是悖史。

6.《金縢》，简本篇题作《周武王有疾周公所自以代王之志》，周书。略。

7.《封许之命》，周书，是西周初年周王封建吕丁于许立国的诰命。

8.《四告》，周书，由四篇祭祀神灵时所作祷告之辞组成，主祭者分别是周公旦、伯禽父、周穆王、召伯虎。其中的第一篇祷辞表明，《立政》发布于周公祭祀皋陶的典礼之上。《四告一》与《立政》是共生关系，《立政》与《皋陶谟》是同源关系。

9.《皇门》，周书。略。

10.《祭公》，简本篇题作《祭公之顾命》，周书。略。

11.《摄命》，周书，是周王委任伯摄以出纳王命职责的讲话。

三 "尚书"文化生态的学术意义

《尚书》是儒家经典，体现了儒家的思想理念，因此编者在收录符合儒家思想理念的篇章的同时，对一些不符合这一标准的篇章采取了排斥的态度，例如孟子，他说："尽信《书》，则不如无《书》。吾于《武成》，取二三策而已矣。仁人无敌于天下，以至仁伐至不仁，而何其血之流杵也？"① 如此一来，便在无意中割裂了《尚书》与多数"书"类文献的联系，致使后人探讨华夏早期文明历史时，在不知不觉中受到了《尚书》的局限。

从历史学角度看，将《尚书》《逸周书》、清华简"书"类文献结合起来，在"尚书"文化生态系统中，探讨华夏早期文明历史，有较大学术意义。荦荦大者，主要是如下四点：

一是史实的互相结合。例如武王伐纣，记载该项史实的篇章，《尚书》只有《牧誓》一篇，而今本《逸周书》有《克殷》《世俘》《商誓》《度邑》等篇，只有将这些篇章结合起来，才能较为完整地还原武王伐纣的过程。再如雒邑经营，《尚书》中的《召诰》《雒诰》记载了周召二公经营雒邑的过程，而雒邑的规划在传世文献中则首见于《度邑》，只有将这些篇章结合起来，才能较为完整地了解雒邑经营史实的来龙去脉。

二是与礼仪关系的互相发明。《祭公》的性质是惇史，文化背景是源远流长的养老礼。穆王乞言、祭公讲话、穆王拜谢，惇史的各种要素都具备，由此观照《高宗肜日》《皋陶谟》《尧典》，可知三者或全篇是产生于养老礼的惇史，或据以成篇的材料中保存了一些产生于养老礼的惇史。再者，《祭公》对话体例与文本结构提示我们，《召诰》《雒诰》可能也是按照礼节来组织篇章，核心礼节中的对话也是以人物为中心各自集中编排的形式。

三是篇章之间的相互系联。例如记载皋陶事迹与言论的篇章，以前只有《尚书》中的《皋陶谟》，清华简《四告》刊布以后，我们才知道《立政》开始一段文字其实讲的是皋陶的事迹与言论，才知道《立政》形成于祭祀皋陶的典礼之上，才知道《立政》与《皋

---

① 杨伯峻：《孟子译注》，中华书局2005年版，第325页。

绪论 "尚书"学概述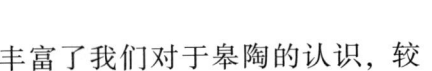

陶谟》是同源关系。这样就极大地丰富了我们对于皋陶的认识，较为真切地了解了《皋陶谟》的形成方式。

四是口头传统的还原。例如《尚书》中的《洪范》，内容是政治纲领，文句是"以数为纪"，这在《尚书》中很另类，但与今本《逸周书》中的《大武》相近。《大武》的内容是军事纲领、文句是"以数为纪"。《洪范》与今本《逸周书》中的《大武》等篇章，共同组成了华夏民族口头传统的一个分支，与《尚书》中的诰命、《诗经》中的雅颂，形成三足鼎立之势。只有在华夏口头传统之中，我们才可以为《洪范》的形成方式、形成时代找到正确的答案。

因此，笔者呼吁：建立"尚书"学。研究对象，在上述可信的"尚书"之外，还可以包括后人改编构拟的也以"尚书"为称的文献。

四　学者论《尚书》与礼仪的关系

古今学者对于《尚书》与礼仪的关系有一些精到的论述，其代表性观点主要有如下十余种。①

《礼记·经解》："孔子曰：入其国，其教可知也。其为人也，温柔敦厚，《诗》教也。疏通知远，《书》教也。广博易良，《乐》教也。洁静精微，《易》教也。恭俭庄敬，《礼》教也。属辞比事，

---

① 笔者按：本目的撰写，参考了丁鼎、马金亮《"六经皆礼"说申论》，《孔子研究》2021年第4期；陈壁生《两种"六经皆礼"》，《中国哲学史》2022年第2期。《尚书》与礼仪的关系，丁鼎先生分为三种类型：起源于礼、具有礼的教化功能、与礼相通。有很大参考价值。但学者的论述有时较为含混，不易辨析，为了避免枝蔓，本目不作区分，以时间为序，统而言之。再，学者的论述，既有《六经》综论，也有《尚书》专论，为了避免枝蔓，本目也不作区分，也统而言之。请读者明鉴。

· 15 ·

《春秋》教也。"①

班固："《六经》之道同归，而《礼》、《乐》之用为急。治身者斯须忘礼，则暴嫚入之矣；为国者一朝失礼，则荒乱及之矣。"②

皇侃："《六经》其教虽异，总以礼为本。"③

张尔岐："《易》之失得，《书》之治乱，《诗》之贞淫，《春秋》之诛赏，皆是物矣。尽《六经》之说，而后可以究《礼》之说"。④

章学诚："《书》亦周礼也，见于外史之官，三皇五帝之名，见于《周官》，所谓人官之纲领也。"⑤

凌廷堪："儒者不明礼，六籍皆茫然。于此苟有得，自可通其全。不明祭祀制，《洛诰》何以诠？不明宫室制，《顾命》何以传？"⑥

皮锡瑞："六经之文，皆有礼在其中；六经之义，亦以礼为尤重。"⑦

王闿运："治经必先知礼，经所言皆礼制。"⑧

曹元弼："六经同归，其指在礼。《易》之象，《书》之政，皆礼也。《诗》之美刺，《春秋》之褒贬，于礼，得失之迹也。《周官》，礼之纲领，而《礼记》则其义疏也。《孝经》礼之始，而《论

---

① 郑玄注、孔颖达疏：《礼记正义》引，阮元校刻：《十三经注疏》，中华书局1980年版，第1609页。笔者按：由下文的论述看，这段话的宗旨是说《六经》的根本是礼。
② 班固：《汉书》，中华书局1962年版，第1027页。
③ 郑玄注、孔颖达疏：《礼记正义》引，阮元校刻：《十三经注疏》，中华书局1980年版，第1609页。
④ 张尔岐著、张翰勋等点校：《蒿庵集》，齐鲁书社1991年版，第24页。
⑤ 章学诚著，仓修良编注：《文史通义新编新注》，商务印书馆2017年版，第72页。
⑥ 凌廷堪：《校礼堂诗集》，《续修四库全书》集部别集类，上海古籍出版社2002年版，第40页。
⑦ 皮锡瑞：《经学通论》，中华书局2017年版，第356页。
⑧ 王闿运：《论习礼》，《湘绮楼诗文集》，岳麓书社1996年版，第525页。

语》则其微言大义也。"①

刘师培："《尚书》一书，首列二典，典与则同，即一代之礼制也。……古代典礼，多赖《尚书》而仅传，则《书》教通于礼教矣。"②

陈钟凡："六经皆古之典礼，百家者礼教之支与流裔也。"③

顾实："然礼名儒书（《左·哀》二十一年传），六经皆礼。"④

蔡尚思："过去不少的学者深信'六经皆史'，经学即史学之说；但我从更本质的一方面来看，觉得在孔子心目中，也未尝不可以说是：六经皆礼（孔门儒家把六经当作礼教的教科书，是主要的一方面），经学即礼学。"⑤

当下学者对于《尚书》与礼仪关系的认识，大体上没有超出这个范围，因此不再一一具引。

以上十多种观点，粗略看来，大致呈现了如下特点。首先，时代主要集中在战国、两汉；清代、民国及当今，两个较大的历史阶段。其次，论述对象从《六经》到《尚书》，再到《尚书》的某些篇章，逐渐具体明确。再次，早期的着眼点主要是《六经》的礼乐教化功能，后期逐渐认识到《六经》的主旨是礼制，最后归纳出"六经皆礼"的结论。

古今学者关于《尚书》与礼仪关系的论述，给笔者以很大启发。为此，在探索"尚书"蕴含的相关礼仪时，笔者心中对先贤时哲充满了敬意。但同时笔者也觉得，如下三个方面仍有较大研究空间，

---

① 曹元弼：《礼经学》，《续修四库全书》经部礼类，上海古籍出版社2002年版，第713页。
② 刘师培：《典礼为一切政治学术之总称考》，《左盫外集》，《刘申叔遗书》，江苏古籍出版社1997年版，第1543页。
③ 陈钟凡：《诸子通谊》，商务印书馆1929年版，第1页。
④ 顾实：《诸子文学略说》，《中国古代文学研究导引》，南京大学出版社2006年版，第132页。
⑤ 蔡尚思：《孔子思想体系》，上海人民出版社1982年版，第282页。

应该继续努力。

第一，将《尚书》与《逸周书》、清华简"书"类文献紧密结合，在"尚书"文化生态系统中，揭示"尚书"与礼仪之间内在的深刻的联系。

第二，将"尚书"学与历史学、古文字学、博物馆学等相邻学科紧密结合，以揭示"尚书"与先秦社会政治之间内在的深刻的联系，因为先秦社会政治是礼仪产生的根源。

第三，将"尚书"分解为具体篇章，揭示某一记言篇章与某一典礼之间的关系；揭示某一记事篇章所载某一史实，以及这一史实中所包含的某一典礼活动。

这个目标很宏大，不可能在短时期内达到。但笔者愿意导夫先路，向着目标先迈出一小步。

壹 《度邑》与征会礼

《度邑》是今本《逸周书》的第四十四篇,是可信的西周文献。① 古今学者一致认为,《度邑》记载了武王临终前意欲传位周公、规划雒邑城址的史实。例如清人陈逢衡云:"此牧野既事之后,武王相视商邑,虑四方未定,欲效殷人传及之法,叔旦涕泣弗敢受。武王于是图度有夏之居,为营洛邑而去。"② 再如当代学者黄怀信先生说:"此篇主要记武王决定让周公继承大位,以及规度洛邑、确定天保之事"③。学者对于《度邑》内容的归纳基本正确,但尚不全面。

其实,《度邑》还记载了一项重大史实,即武王于牧野之战胜利后紧接着举行了"征会"诸侯方国的典礼。对此,古今学者都没有注意。本文尝试着对这个被历史尘埃长期遮蔽的史实进行初步抉发,以就教于方家。

一 "维王克殷国"校订新验

武王"征会"诸侯方国的史实,记载于《度邑》开头一句话之中。为了便于研究,现将这一句话及其所在段落一起抄录于下。

---

① 刘起釪:《尚书学史》,中华书局2017年版,第95页。
② 孔晁注、陈逢衡补注:《逸周书补注》,宋志英、晁岳佩选编:《〈逸周书〉研究文献辑刊》(第三册),国家图书馆出版社2015年版,第404页。
③ 黄怀信:《逸周书校补注译》,三秦出版社2006年版,第215页。

维王克殷国，君诸侯，乃厥献民，征主九牧之师，见王于殷郊。王乃升汾之阜，以望商邑，永叹曰："呜呼，不淑充天对，遂命一日，维显畏弗忘。"王至于周，自囗【鹿】至于丘中，具明不寝。王小子御告叔旦，叔旦亟奔即王，曰："久忧劳，问周【害】不寝？"曰："安，予告汝。"王曰："呜呼！旦，维天不享于殷，发之未生，至于今六十年。夷羊在牧，飞鸿过【满】野。天自幽（删'自幽'）不享于殷，乃今有成。维天建殷，厥征天民名三百六十夫，弗顾，亦不宾成【灭】，用戾于今。呜呼！于【予】忧兹难近，饱于恤，辰是不室。我来【未】所（删'所'）定天保，何寝能欲。"①

　　这段话的原文抄录自明代嘉靖二十二年（1543）章檗本《逸周书》（原名《汲冢周书》），这是今天所见较早《逸周书》版本之一。由于《逸周书》自西晋初年以后一直没人整理，所以字词语句的错讹衍夺较为严重。到了清代，才开始有学者进行校订，经民国时期至今，学者的不断努力使得篇章文句基本上能够通读。上引《度邑》文本中用【　】、（　）标示的文字，就是历代学者校订的结果。

　　但是，对于其中第一句话，即"维王克殷国，君诸侯，乃厥献民，征主九牧之师，见王于殷郊。王乃升汾之阜，以望商邑"的校订，学者之间至今仍然歧见纷出，莫衷一是。代表性的观点主要有两种：（1）朱右曾说："旧作'乃厥献民征主九牧之师'，今依《史记》及《玉海》订。"校订后的文句作"维王克殷国，君诸侯，乃征厥献民九牧之师，见王于殷郊。王乃升汾之阜，以望商邑"②。这

---

① 孔晁注、章檗校刻：《汲冢周书》，《四部丛刊初编》，商务印书馆1922年版。
② 朱右曾：《逸周书集训校释》，宋志英、晁岳佩选编：《〈逸周书〉研究文献辑刊》（第八册），国家图书馆出版社2015年版，第117页。

是将"献民"也看作"征"的对象。(2)庄述祖认为"乃"应是"及"。①孙诒让说:"案《史略》……'乃'字正作'及'。后文云'维天建殷,厥征天民名三百六十夫',则此'征主'二字不误。"②校订后的文句作"维王克殷国,君诸侯及厥献民,征主九牧之师,见王于殷郊。王乃升汾之阜,以望商邑"。

朱、孙二氏校订所据《史记》《玉海》《史略》的文字是这样的:

《史记·周本纪》:武王征九牧之君,登豳之阜,以望商邑。③

《玉海·地理》:维王克殷国,君诸侯,乃厥献民九牧之师,见王于殷郊。④

《史略·竹书·周书》:维王克商邑,君诸侯及厥民。⑤

将这三条材料综合起来看,较为顺畅的文句应是:"献民"与"诸侯"并列,是"君"的宾语,连接词是"及"。"征"是"征主"的简省。武王"征主"的对象是"九牧之师",即"九牧之君";"师"与"君"文意互见。由此可知,三位学者的校订,以孙诒让先生的主张较为优长。但优长只是合理推测,没有除上引三项依据之外的其他材料作旁证。现在,到了重新对学者校订结果进行检验的时候,这是因为我们有了新资料,即近年刊布的战国中晚期

---

① 黄怀信等:《逸周书汇校集注》(修订本),上海古籍出版社2007年版,第465页。
② 孙诒让:《周书斠补》,宋志英、晁岳佩选编:《〈逸周书〉研究文献辑刊》(第八册),国家图书馆出版社2015年版,第406页。
③ 司马迁:《史记》,中华书局1982年版,第128页。
④ 王应麟:《玉海》,文渊阁《四库全书》子部类书类,台湾商务印书馆1983—1986年版。
⑤ 高似孙撰,张艳云、杨朝霞校点:《史略》,辽宁教育出版社1998年版,第90页。

之间的上博简《容成氏》。

《容成氏》记载了卢氏、赫胥氏、轩辕氏、神农氏；尧、舜、禹、汤、文、武等上古帝王的事迹。其中有一节专记商汤征伐夏桀的史实，可以划分为伐桀前的静待时变与积聚力量、伐桀中的鸣条之战等多次攻战、伐桀后的征会诸侯方国与处理政务三个部分。在第一部分中有"汤……慎戒征贤，德惠而不假，柔三十夷而能之"的内容[1]，这与上引《度邑》中武王所讲"维天建殷，厥征天民名三百六十夫"相对应。在第三部分中有"汤于是乎征九州之师，以略四海之内，于是乎天下之兵大起，于是乎亡宗戮族，残群焉服"[2]。这与本节所要校订的《度邑》第一句话相对应（商汤的"征贤"与"征九州之师"的问题下文详论）。由此可见：第一，《度邑》所载商汤"征天民"的史实可信；第二，《度邑》《史记》所载武王"征主九牧之师"的史实，与商汤在伐桀之后"征九州之师"一脉相承，也真实可信。第三，孙诒让先生对于"维王克殷国"所领一句话的校订，既合理又正确，可以成为我们探讨武王"征会"史实的前提条件与坚实基础。

那么，我们将《度邑》开头由"维王克殷国"领起一句话的正确字词与句读可以确定为："维王克殷国，君诸侯及厥献民，征主九牧之师，见王于殷郊。王乃升汾之阜，以望商邑。"

---

[1] 李零：《〈容成氏〉释文考释》，马承源主编：《上海博物馆藏战国楚竹书》（二），上海古籍出版社2002年版，第280页；孙飞燕：《上博简〈容成氏〉文本整理与研究》，中国社会科学出版社2014年版，第20、89—90页；单育辰：《新出楚简〈容成氏〉研究》，中华书局2016年版，第28页。

[2] 李零：《〈容成氏〉释文考释》，马承源主编：《上海博物馆藏战国楚竹书》（二），上海古籍出版社2002年版，第282页；孙飞燕：《上博简〈容成氏〉文本整理与研究》，中国社会科学出版社2014年版，第20、89—90、100—101页；单育辰：《新出楚简〈容成氏〉研究》，中华书局2016年版，第28页。

二 "九牧"新解

"维王克殷国,君诸侯及厥献民,征主九牧之师,见王于殷郊。王乃升汾之阜,以望商邑。"一句话中有许多关键词语,需要逐一探讨,如"九牧""征主""殷郊"等,下面分几节进行解释考证。现在首先对"九牧"作解。

古今学者对于"九牧"的解释,以卢文弨、黄怀信最有代表性。卢氏说:"九牧,九州之牧也。郑康成注《尚书》云:'州立十二人为诸侯师,以佐牧。'"[1] 黄先生云:九,同旧;牧,即领;师,即众;大意是殷贤民以前所统领的民众。[2] 两位学者的解释,都以大家熟知的古代职官"州牧"为依据,离着实际含义较为迂远。

商代晚期与西周初年的甲骨文、金文中有"牧"。这些"牧"字,有的从"牛",有的从"羊";甲骨文中从"牛"的"牧"较多,金文中从"羊"的"牧"较多;有的"牧"字还加"彳""辶"的偏旁,呈现了字形仍然变动不居的状态。由于内容较为丰富,情形较为繁多,"牧"可以细分为多种类型,主要有:作为职官的"牧"、与军事有关的"牧"、以方位或地域标示的"牧"、用数字统领的"牧"等。

1. 作为职官的"牧"。例如:

（1）亚牧。　　　　　　　　（亚牧鬲,殷,《集成》3.456）

---

[1] 孔晁注、卢文弨校:《逸周书》,宋志英、晁岳佩选编:《〈逸周书〉研究文献辑刊》（第一册）,国家图书馆出版社2015年版,第154页。
[2] 黄怀信:《逸周书校补注译》,三秦出版社2006年版,第215页。

(2) 牧正。　　　　（牧正尊，殷周之际，《集成》11.5575）

(3) 牧正。　　（牧正父己觯，殷周之际，《集成》12.6406）

亚，即《酒诰》所载商代职官"惟亚惟服"、《牧誓》所载周初职官"亚旅师氏"[①]中的"亚"，一种内服武官。正，是正长、君长[②]。宋镇豪先生说："商王朝除了有封边地土著国族君长为'边侯田'外，还有'牧'的别置，如甲骨文有'戈田牧'（《屯南》4033），'牧'殆亦指与商有结盟关系的边地部落，唯牧与商王朝之间的依附性似更胜于'边侯田'，然两者亦有若干共性，即其称号的意义，皆并非中原王国对它们有土地民人诸实质上的封赐。"[③] 意思大概是说"牧"的性质类似于侯、甸。亚牧鬲出土于河北丰宁，牧正尊出土于陕西陇县，牧正父己觯出土于四川彭县。由此可见，商代的"牧"分布于广大的疆域之内。林欢先生说："（甲骨卜辞）各期材料中，'牧'的地点出现了由

---

① 杨筠如：《尚书核诂》，陕西人民出版社1959年版，第190、132页。

② 笔者按：《左传》哀公元年云："昔有过浇杀斟灌以伐斟鄩，灭夏后相，后缗方娠，逃出自窦，归于有仍，生少康焉。为仍牧正"（杨伯峻《春秋左传注》，中华书局1990年版，第1605页）。这是追溯传说中的古史，其中的"牧正"与正文所举例证中的"牧正"完全符合。再，《后汉书·西羌传》注引《竹书纪年》云："太丁四年，周人伐余无之戎，克之。周王季命为殷牧师。"（方诗铭、王修龄撰：《古本竹书纪年辑证【修订本】》，上海古籍出版社2005年版，第36页）甲骨卜辞有一条可能记载："□□卜，扶：令箄□匕㚔牧伯【羍】"（《合集》20017）。两条材料中的"牧师""牧伯"与"牧正"的关系不明确，或为王朝官员，或为地方大员，但大致可以反映商代的王朝格局与政治结构。

③ 宋镇豪：《论商代的政治地理架构》，《中国社会科学院历史研究所学刊》第一集，社会科学文献出版社2001年版。笔者按：裘锡圭先生对于商代"牧"的起源及其在后世的流变有过论述，他说："田的驻地有一些在侯、伯的封域内，牧也是这样。……牧也应该是率领着族人以及其他从属于他的人为商王服役的。"又说："一般认为诸侯称'牧'，取牧民之意。其实很可能跟'田（甸）'成为诸侯的称号相类，是由于较早的牧官往往发展成为诸侯而产生的现象。不过，'牧'并没有成为诸侯的正式封号，这是它跟'田（甸）'不同的地方。"见氏著《甲骨卜辞中所见的"田""牧""卫"等职官的研究——兼论"侯""甸""男""卫"等几种诸侯的起源》，《裘锡圭学术文集》（5），复旦大学出版社2012年版。裘先生的论述，足资取法。

近及远的发展过程，也就是说从近畿向外服区的外围地带转移。'牧'的性质发生了变化，由实质性的放牧场所转化为一种控制外服附属国族的方式——牧官制。"① 三例铭文反映的正是商代末期"牧"在疆域边缘地带的分布情况，而"亚牧"则较为典型地折射了"牧"由内服向外服转移的基本态势。

2. 与军事有关的"牧"。例如：

（4）丁亥卜，□贞：牧□禹册朁□【王】……

（《合集》7424）

（5）□□卜，宾贞：牧禹□【册】……登人，敦……

□□【卜】，宾贞：惟今秋……牧其枼自……

（《合集》7343）

两例中的"牧□禹册""牧禹□【册】"之"禹册"是一种册命典礼仪式。齐文心先生说："当时商王的命令就书写在简册之上，以册命的形式发布。'禹册'意为举册，双手举册以示郑重，实意即接受册命，当是商朝册命之礼的最简单的表述。"② "牧"所受册命可能是一项军事职官，与征伐有较大关系。例（5）中的"登人"即征发民众；"敦"即《世俘》中的"凡憝国九十有九国"之"憝"，宗周钟（西周晚期，《集成》1.260）"敦伐其至"之"敦"，都是征伐的意思。这两个词语可以成为观察此处"牧□禹册"内容与目的的参照。

---

① 林欢：《甲骨文诸"牧"考》，宋镇豪、肖先进主编：《殷商文明暨纪念三星堆遗址发现七十周年国际学术研讨会论文集》，社会科学文献出版社2003年版。

② 齐文心：《释读"沚馘禹册"相关卜辞——商代军事制度的重要史料》，王宇信、宋镇豪、孟宪武主编：《2004年安阳殷商文明国际学术研讨会论文集》，社会科学文献出版社2004年版。

3. 以方位或地域标示的"牧"。例如：

（6）荐鹿其南牧擒？吉。

其北牧擒？吉。　　　　　　　　　　（《合集》28351）

（7）戊戌贞：又【右】牧于冎，攸侯叶嚚。

……中牧于义，攸侯叶嚚。　　　　　（《合集》32982）

（8）壬申卜，在攸，贞：又【右】牧毕告启。王其呼戍从同伐。弗悔。利。　　　　　　　　　　　（《合集》35345）

（9）甲辰卜，在冎，牧遂启有……邑……在盪，引吉。

癸酉卜，戍伐，又【右】牧毕启人方，戍有戋，引吉。

（《屯南》2320）

（10）辛未，贞：在丂，牧来告，辰卫其比【史】，受祐。

（《合集》32616）

"牧"分南北，分右中（左）等，说明其分布可能呈现"丛"或"簇"的状态。裘锡圭先生说："田的驻地有一些在侯、伯的封域内，牧也是这样。"① 大概是这种分布状态形成的主要原因。林欢先生认为："南牧北牧在晋中南汾水流域原台骀族住地，丂牧则在晋南长子族住地西北面山西祈【祁】县一带。冎牧、义牧在殷南攸侯领地附近。"② 例（8）、例（9）中的"牧"后面有人名毕，这个"人"在甲骨卜辞中被冠以多种称号，如亚、小臣等。张亚初先生说："毕在甲骨文中出现的次数非常频繁，是商代最重要的人物之

---

① 裘锡圭：《甲骨卜辞中所见的"田""牧""卫"等职官的研究——兼论"侯""甸""男""卫"等几种诸侯的起源》，《裘锡圭学术文集》（5），复旦大学出版社2012年版。

② 林欢：《甲骨文诸"牧"考》，宋镇豪、肖先进主编：《殷商文明暨纪念三星堆遗址发现七十周年国际学术研讨会论文集》，社会科学文献出版社2003年版。

一。毕是人名，也是族名。从其称'子毕'和他'告于丁'、'祭于河'等卜辞看，他是商王的同姓贵族。他时常随王左右，经常带兵出征。他的职官名称是小臣，有时省称为'臣毕'。毕的后裔在四期卜辞中又担任过亚职，称为'亚毕。'① 张先生所说的"毕"就是此处所引甲骨卜辞中的"畀"。由此可知，商代担任"牧"的官职的人，有的可能来自王室，有较高的宗法政治地位。

4. 用数字统领的"牧"。例如：

（11）乙丑卜，宾贞：二牧又……用自……至于多后。

（《甲编》1131）

（12）……叀兹三牧……于唐。　　　（《合集》1309）

（13）辛未贞：……三牧告。

辛未贞：于大甲告牧。　　　（《屯南》1024）

（14）王其祈，弜祈？惟九牧告。　　（《天理》519）

例（12）中的"三牧"近于"唐"，唐是一个古老的国族，位于今山西南部地区。林欢先生说："'三牧'应该就是商人在汾水流域台骀族住地设立的三个牧。"② 地望大致不误。将"牧"编以数目的原因，应当与"牧"分南北、右中左一样，其驻地处于侯伯的封域之内，分布呈现"丛"或"簇"的状态。③ 林欢先生称，"这一类

---

① 张亚初：《商代职官研究》，《古文字研究》第十三辑，中华书局1986年版。
② 林欢：《甲骨文诸"牧"考》，宋镇豪、肖先进主编：《殷商文明暨纪念三星堆遗址发现七十周年国际学术研讨会论文集》，社会科学文献出版社2003年版。
③ 笔者按：商代不唯"牧"以数目统领，方国的"邦"、宗法的"族"也是如此，例如甲骨卜辞中有一邦、二邦方、三邦方、四邦方、南邦方、多方；一族、三族、五族、左族、右族。分别见宋镇豪《论商代的政治地理架构》，《中国社会科学院历史研究所学刊》第一集，社会科学文献出版社2001年版；王震中《商代都鄙邑落结构与商王的统治方式》，《中国社会科学》2007年第4期。这可能是一个与联盟或集团有关的政治军事现象，值得深入研究。

的'牧'大多近于王都"①。宋镇豪先生说,"商王朝利用周围隙地辟为牧场、据点或田猎地,用数目加以编次"②。这可能是此类"牧"的最初性质。后来"牧"如同"甸"一样,逐渐发展成为拥有强大政治军事权力的地方组织③,但这些"牧"保持了传统做法,继续编以数目,以便统计与号令。此处必须强调,这些离王都较近的"牧"与《尔雅·释地》"邑外谓之郊。郊外谓之牧。牧外谓之野"④中的"牧",或仅有起源意义上的关系,而在现实中的性质与作用已经大相径庭,不可同日而语。

总之,商代"牧"的特点,可以简要概括为七项:(1)"牧"起源于畜牧业;(2)"牧"最初处于侯伯的封域之内;(3)离商都较远的"牧"如同"甸"一样逐渐发展成为一方诸侯;(4)有的"牧"的首领可能是王室成员;(5)外服中的一些"牧"担负控制附属国族的责任;(6)边疆地区设有"牧正";(7)离商都较近的"牧"以数目编排;这类"牧"不是诸侯,但实力与诸侯接近,地位也大致相当。

大家请注意,例(14)中有"九牧"。"九牧"与"二牧""三

---

① 林欢:《甲骨文诸"牧"考》,宋镇豪、肖先进主编:《殷商文明暨纪念三星堆遗址发现七十周年国际学术研讨会论文集》,社会科学文献出版社2003年版。

② 宋镇豪:《论商代的政治地理架构》,《中国社会科学院历史研究所学刊》第一集,社会科学文献出版社2001年版。

③ 笔者按:裘锡圭先生说:"由职官发展成为诸侯的可能性,是受地理条件的限制的。在担任斥候保卫以及田、牧等工作的职官里,大概只有驻地离商都较远的那些人,才有可能发展成为诸侯。在商都范围内或离商都较近的地方担任这些工作的职官,其情况约略相当于周代所谓侯人、甸人、牧人等官,他们一般不会有发展成为诸侯的可能。"见氏著《甲骨卜辞中所见的"田""牧""卫"等职官的研究——兼论"侯""甸""男""卫"等几种诸侯的起源》,《裘锡圭学术文集》(5),复旦大学出版社2012年版。裘先生的观点可资借鉴。"牧"能否发展成为诸侯,应具体问题具体分析,不可一概而论。

④ 邵晋涵撰,李嘉翼、祝鸿杰点校:《尔雅正义》,中华书局2017年版,第595页。笔者按:甲骨卜辞中有一条记载了"牧鄙",作"癸酉卜,贞贞:呼伇取𤔲于牧鄙。"(《合集》11003)"鄙"即"野","牧鄙"即"牧野"。这个"牧"与职官的"牧"或也仅有起源意义上的关系。

牧"并列，表明"九"不是虚数，而是实数。"九牧"的行为是"告"，表明"九牧"不仅可以是九个"牧"的单位，而且可以指代九牧之长，或称九牧之君、九牧之师。"九牧告"之前是"王其祈"，表明"九牧"与商王的关系很密切，二者的互动很频繁。这个"九牧"与《度邑》"征主九牧之师"中的"九牧"正相对应，这不是偶然的巧合，而是以现实为根据的不同载体对于相同事物的相同表述。结合商代"牧"的情况，我们可以大致确定，"九牧"或"九牧之师"的含义，是九个离着商都较近的"牧"的君长①。

三 "征主"新释

"九牧"或"九牧之师"是离商都较近的九个"牧"的君长。将这一认识放到《度邑》的"维王克殷国，君诸侯及厥献民，征主九牧之师，见王于殷郊。王乃升汾之阜，以望商邑"的语境之中，可以发现"九牧"是与"诸侯""献民"前后并列的一类人物。但

---

① 笔者按：宋镇豪先生说："此'九牧'原本当是与商王朝盟好的边地大小土著部落，其倒向周国，率所部之师助周伐商，进入商郊见周武王，说明当时的国际关系中，轻名义而看重实际，实力的较量，外交上的拉拢争夺和利害交割，以致兵戎交戈，时在摆移变化中，介于大国和邦方之间的大小地方部落，在各种政治力量纠葛交织背景下，自不得不审时度势频频作出关乎自己存亡的政策调整和倒向抉择。"见氏著《论商代的政治地理架构》，《中国社会科学院历史研究所学刊》第一集，社会科学文献出版社2001年版。这是古今学者对于《度邑》中"九牧"的最好的解释，足资取法借鉴。

再，清华简《殷高宗问于三寿》云："殷邦之妖祥并起。八纪则紊，四严将行。四海之夷则作，九牧九矣【有】将丧。惶惶先反，大路用见兵。龟筮孚忒，五宝变色，而星月乱行。"见清华大学出土文献与保护中心编、李学勤主编《清华大学藏战国竹简（伍）》，中西书局2015年版，第150页。李均明先生注云："九牧，九州之牧。《左传》宣公三年'贡金九牧'，杜注：'使九州之牧贡金。'矣，读为'有'，皆匣母之部字。九矣，即九有，指九州。《诗·玄鸟》'方命厥后，奄有九有'，毛传：'九有，九州也。'《荀子·解蔽》杨倞注：'九有、九牧，皆九州也。抚有其地则谓之九有，养其民则谓之九牧。'"见清华大学出土文献与保护中心编、李学勤主编《清华大学藏战国竹简（伍）》，中西书局2015年版，第154页。李先生的注释由传世文献而来，不太准确。《殷高宗问于三寿》作为所谓"商书"有"九牧"，说明据以成篇的材料有一定的根源。

武王对于三者采取的行动却很不一样，"君诸侯及厥献民"，即成为诸侯以及献民的君主，是"王克殷国"的自然结果。《克殷》云："（牧野之战当日）武王乃手大白以麾诸侯，诸侯毕拜，遂揖之。商庶百姓咸俟于郊。群宾佥进曰：'上天降休。'再拜稽首，武王答拜。"①讲的就是这个意思。而"征主九牧之师，见王于殷郊"，相对而言，是在"克""成为……君"的前提之下，对没有参与牧野之战的"九牧"主动采取的进一步军政措施。其中"见"的含义很明显，不必作解；"征主"则意蕴深长，值得特别关注。

首先看"征"。对于"征"的解释，古代学者主要有两种代表性观点。潘振云："征，召也。"陈逢衡云："张惠言曰：'征，进也。'"②所谓征召，就是召而致之；所谓征进，就是进而用之。当代学者黄怀信、周宝宏、张闻玉等大致不离这两种说法，不必具引。这只是就字面做出的解释，没有深入"征"所赖以产生的时代背景之中，因而并不正确。

"征"的含义应该是"征会"。"征会"是先秦时代新崛起的政治人物，为确立自己的权威，以武力为依托，以讨伐不服从者为目的，一般在重大战争胜利前后举行的大会诸侯方国的活动。已知最著名的"征会"，由春秋霸主晋文公于公元前632年举行。

《春秋》《左传》用较大篇幅分三个阶段详细记载了晋楚城濮之战及战后晋文公为确立自己霸主地位而举行"征会"等典礼活动的过程。一是鲁僖公二十八年四月的城濮之战；二是五月的名义上由周襄王主导的献俘、饮至、盟誓等一系列典礼活动；三是五月到十月的晋

---

① 朱右曾：《逸周书集训校释》，宋志英、晁岳佩选编：《〈逸周书〉研究文献辑刊》（第八册），国家图书馆出版社2015年版，第90页。
② 黄怀信等：《逸周书汇校集注》（修订本），上海古籍出版社2007年版，第465、466页。

文公于晋都、温举行的盟誓、献俘、征会、讨贰等一系列典礼活动。为了条理清晰，便于考察，现将三个阶段的典礼内容做成表格如下：

表1 城濮之战及战后晋文公为确立霸权而先后举行的各类典礼活动对照表

日期（夏正）	日历	晋文公向周襄王献俘等典礼	晋文公为确立霸权而举行的献俘、征会、讨贰等典礼
夏四月己巳	二日	《春秋》：晋侯、齐师、宋师、秦师及楚人战于城濮，楚师败绩	
（四月）癸酉	六日	《左传》：晋师三日馆、谷。及癸酉而还	
（四月）甲午	二十七日	《左传》：至于衡雍，作王宫于践土	
五月丙午	九日	无	《左传》：晋侯及郑伯盟于衡雍
（五月）丁未	十日	《左传》：献楚俘于王	无
（五月）己酉	十二日	《左传》：王享醴，命晋侯宥	无
五月癸丑	十六日	无	《春秋》：晋与鲁、齐、宋、蔡、郑、卫、莒盟于践土
（五月）癸亥	二十六日	《左传》：王子虎盟诸侯于王庭	无
（六月）壬午	十六日	无	《左传》：济河
秋七月丙申	？	无	《左传》：振旅，恺以入于晋，献俘、授馘、饮至、大赏、征会、讨贰
冬	？	无	《春秋》：冬，晋与鲁、齐、宋、蔡、郑、陈、莒、邾、秦会于温。《左传》：会于温，讨不服也。……执卫侯……是会也，晋侯召王，以诸侯见，且使王狩
（十月）壬申	七日	无	《春秋》：公朝于王所
（十月）丁丑	十二日	无	《左传》：诸侯围许

从上表可知，"征会"出现在第三个阶段之中，举行于献俘饮至等典礼之后，是晋文公确立霸权的一个重要步骤。这次"征会"的通知时间可能是在七月，具体举行是在十月；参加者不仅有鲁、齐、宋、蔡、郑、陈、莒、邾、秦，还有周襄王，目的是"讨贰""讨不服"，实际行动就是"执卫侯""围许"。所谓"执卫侯"，就是"归

之于京师,寘诸深室",这是因为卫成公先是"出奔楚",回国后又杀掉代表卫国参加践土之盟与王庭之盟的摄政的叔武,逼走了辅佐叔武的元咺[1]。所谓"围许",就是围困讨伐许国,这是因为"从楚诸国,郑自子人九行成而从晋,卫以叔武受盟而从晋,陈以陈侯如会而从晋,独许负固不至;襄王在践土、河阳,相距不远,亦不朝,因而伐之"[2]。卫成公的表现是"贰",许国的表现是"不服",因此晋文公征会诸侯予以讨伐。这次"温之会"与此前的"践土之会"都是会,但前者是征会,后者是盟会。二者性质的不同,彰显了征会相对于盟会确实有自己独特的意义。

在晋文公的"征会"之外,春秋时代还有几次"征会",例如公元前681年(鲁庄公十三年)的北杏之会。《春秋》云:"十有三年春,齐侯、宋人、陈人、蔡人、邾人会于北杏。夏六月,齐人灭遂。"《左传》云:"十三年春,会于北杏,以平宋乱。遂人不至。夏,齐人灭遂而戍之。"[3] 所谓"不至",就是不认可、不服从、不参会,所以齐国将其消灭。主持这次"征会"的是春秋霸主齐桓公,杨伯峻先生注云:"以诸侯而主天下之盟会,以此为始。"[4] 再如公元前592年(鲁宣公十七年)的断道之会。《左传》云:"十七年春,晋侯使郤克征会于齐。"《春秋》云:"(六月十五日)己未,公会晋侯、卫侯、曹伯、邾子同盟于断道。"《左传》又云:"夏,会于断道,讨贰也。盟于卷楚"。卷楚即断道。[5] 所讨之"贰",杨伯峻先生说:"《传》未言何国,是时宋已与楚平,郑、陈、蔡亦皆附楚,贰或指诸国也。"[6] 这

---

[1] 杨伯峻:《春秋左传注》,中华书局1990年版,第466、468—470、472—473页。
[2] 杨伯峻:《春秋左传注》,中华书局1990年版,第451页。
[3] 杨伯峻:《春秋左传注》,中华书局1990年版,第193、194页。
[4] 杨伯峻:《春秋左传注》,中华书局1990年版,第193页。
[5] 杜预:《春秋经传集解》,上海古籍出版社1988年版,第627、628页。
[6] 杨伯峻:《春秋左传注》,中华书局1990年版,第773页。

次"征会"的举行,可能是晋景公想趁去年(前593)春晋国消灭赤狄甲氏及留吁铎氏、三月向周定王献狄俘的形势而称霸诸侯。其他"征会",详情可见《春秋会要》①,此不赘述。

由《春秋》《左传》记载的"征会"可知,"征会"的举行多是在战争胜利之后,发起人是战争的主导者、胜利者,时机既可以在盟誓之前,也可以在盟誓之后,也可以与盟誓同时进行,视具体情况而定,是为了讨伐怀有贰心者与不服从者。②

其次看"主"。古代学者有两类解释,其一,认为是动词,潘振云:"主,守也。"其二,认为是名词。分为两个亚型,(1)将"主"单独作解,陈逢衡云:"主,即《周礼》所谓主以利得民者,主谓大夫。"(2)将"主"与"征"看成一个名词,庄述祖云:"征主,未仕者。"③ 当代学者多数沿袭旧说,只有黄怀信先生认为,"主,当作'及'"④。这些解释多数没有展示证据,只有陈逢衡摆了证据,但并不充分。再者,由于对字词语句的校读存在较大差异,学者都是根据自己的主张做出解释,难免有较大的随意性,因而分歧较大,准确率较低。

其实,这个"主"是名词动用,与前面"君"的含义相近,词性、用法相同,是"成为……主"的意思。从与"主"相对的一方来说,就是"以……为主",如《国语·晋语八》云:"三世事家,君之;再世以下,主之。"⑤ 因此,所谓"征主"就是"征而主之"。

在先秦时代盟誓典礼中,主盟者被参盟者称为"主"。例如,侯

---

① 王贵民、杨志清:《春秋会要》,中华书局2009年版,第389页。
② 笔者按:《周礼·春官·司常》:"凡军事,建旌旗;及致民,置旗,弊之。"郑玄注:"始置旗以致民,民至仆之,诛后至者。"(郑玄注、贾公彦疏、彭林整理《周礼注疏》,上海古籍出版社2010年版,第1060页)可以作为正文所论"征会"的参照。
③ 黄怀信等:《逸周书汇校集注》(修订本),上海古籍出版社2007年版,第465—466页。
④ 黄怀信:《逸周书校补注译》,三秦出版社2006年版,第215页。
⑤ 上海师范大学古籍整理研究所校点:《国语》,上海古籍出版社1988年版,第451页。

马盟书有旧称"宗盟类"的一类盟书，黄盛璋先生说："此字不是'宗'，而是'主'。"进而认为此类盟书开头一句话"敢不剖其腹心，以事其宗"之"宗"应是"主"，这个"主"就是盟主。① 盟会的主导者是盟主，依例而言，征会的主导者也可以称征主，那么武王"征主九牧之师"，使用了"主"字，与"征"组成一个词，并且名词动用，非常符合这次征会的性质。

在先秦的王室玺印中，有一枚玺文作"王又【有】主正"，何琳仪先生说："玺文'主正'可读'主政'。《管子·禁藏》'故主政可往于民，民心可系于主。'注'谓系属于主。'玺文与《管子》互证，可知'主政'应是先秦习见成语。……'王又主正'……是罕见王室之玺。"② 上古时代军政合一，正、政、征三字的意思相通，可以互换互用，因此"主正"既可以释读为"主政"，也可以释读为"主征"。"征而主之"与"主而征之"，语序不一样，侧重点不一样，但意思大体接近，可证《度邑》使用"征主"一词，有其时代语言的根源③。

辨析、明确了"征""主""征主"的含义，再回过头来看《度邑》《世俘》记载的武王事迹。"征主九牧之师"之前是"克殷国，君诸侯及厥献民"，之后是回到镐京举行隆重的献俘盟誓典礼④，那么《度邑》的这个"征"应当就是"征会"，"征主九牧之师"就是强力征召九牧的君主前来参加由武王主持的大会，承认武王为自己

---

① 黄盛璋：《关于侯马盟书的主要问题》，《中原文物》1981年第2期。
② 何琳仪：《古玺杂释再续》，《中国文字》（新十七期），中国文字社、美国艺文印书馆1993年版。
③ 笔者按：裘锡圭先生说："《大戴礼记·五帝德》也说禹'主名山川'。同篇又说禹'巡九州，通九道，陂九泽，度九山，为神主，为民父母'。看来'主名山川'的'主名'大概是并列结构，'主'指为山川之神的祭主，'名'指为山川定名。"见氏著《说"格物"——以先秦认识论的发展过程为背景》，《裘锡圭学术文集》（5），复旦大学出版社2012年版。主与名并列，可以互倒，"征主"的情形与之类似。
④ 拙作：《〈世俘〉与武王献俘盟誓典礼》，《古代文明》2022年第3期。

的新君主，以表输诚，以示臣服①。由此，一位英武君主在大战胜利后，志得意满、雄视天下的姿态，跃然而出。

与《春秋》《左传》所载"征会"不同的地方，是《度邑》没有记载"讨贰""讨不服"的内容。其实，武王"征主九牧之师"之后紧接着进行了"讨贰""讨不服"，只不过这项史实记载于《商誓》《世俘》之中，需要专门研究，为此留待后面的节目再进行探讨。

四 "见王于殷郊"新考

武王"征主九牧之师"之后，紧接着的行动，是让他们"见王于殷郊"，即在殷郊朝拜武王，以结成君臣关系。其中的"殷郊"是武王举行这次"征会"的地点。

与"殷郊"紧密相连的还有两个地点，即下文继续交代的"王乃升汾之阜，以望商邑"中的"汾之阜"与"商邑"。这三个地点应该是武王举行"征会"活动的大致场域。那么，"殷郊""汾之阜""商邑"是在什么地方呢？

古今学者解决这个问题的思路既有所同，也有所异。认为"商邑"是朝歌，"殷郊"是朝歌郊外，是相同点。不同点是对"汾之阜"的看法，张守节认为《周本纪》"武王征九牧之君，登豳之阜，以望商邑"中的"豳"，在陕西豳州的黄土高原之上，是周先祖公刘的都城。② 豳即汾。陈逢衡认为在山西蒲州的汾河之滨。③ 卢文弨、潘振认

---

① 笔者按：痶钟（西周中期，《集成》1.251—256）云："雩武王既𢦏殷，微史烈祖来见武王，武王则令周公舍寓，以五十颂处。"微史烈祖在武王克殷之后来见武王，或与这次"征会"有关。

② 司马迁撰，裴骃集解、司马贞索隐、张守节正义：《史记》，中华书局1982年版，第129页。

③ 孔晁注、陈逢衡补注：《逸周书补注》，宋志英、晁岳佩选编：《〈逸周书〉研究文献辑刊》（第三册），国家图书馆出版社2015年版，第406—407页。

为"汾之阜"即"汾丘",在黄河以南的河南襄城。① 这些学者的思路都是围绕着"汾"而展开,对于"商邑"顾及不周。试问:相隔数百里,怎么可能在"汾之阜"上"望商邑"呢?当代学者黄怀信、周宝宏、张闻玉不拘泥于"汾"的含义,而是着眼于"殷郊"与"商邑"的关系,一致认为,"汾之阜"是殷郊的土丘、小山,然后指出"商邑"是朝歌,"殷郊"是"朝歌郊外"②。相对于古代学者,当代学者的解释,较为顺畅,也较为圆融。首先,当时当地类似于"汾之阜"的地名还有"康丘",见清华简《系年》③,可知"汾之阜"可能就是一个很普通的小地名。其次,照顾了"殷郊""汾之阜""商邑"三个地点在同一个场域的地理情势。第三,符合了《度邑》记载"征会"之后"王至于周,自□【鹿】至于丘中,具明不寝"的叙述文势。④因而是一个很好的思路,值得借鉴。但笔者同时也认为,三位先生将"商邑"看作"朝歌"仍然不确切。朝歌是离宫别馆,地位如同邯郸、

---

① 孔晁注、卢文弨校:《逸周书》,宋志英、晁岳佩选编:《〈逸周书〉研究文献辑刊》(第一册),国家图书馆出版社 2015 年版,第 154 页;潘振:《周书解义》,宋志英、晁岳佩选编:《〈逸周书〉研究文献辑刊》(第二册),国家图书馆出版社 2015 年版,第 56 页。

② 黄怀信:《逸周书校补注译》,三秦出版社 2006 年版,第 215、216 页;周宝宏:《〈逸周书〉考释》,社会科学文献出版社 2001 年版,第 134 页;张闻玉:《逸周书全译》,《张闻玉文集》(经学卷),贵州大学出版社 2020 年版,第 315、316 页。

③ 清华简《系年》云:"周成王、周公既迁殷民于洛邑,乃追念夏商之亡由,旁设出宗子,以作周厚屏,乃先建卫叔封于康丘,以侯殷之余民。卫人自康丘迁于淇卫。"见清华大学出土文献研究与保护中心编、李学勤主编《清华大学藏战国竹简(贰)》,中西书局 2011 年版,第 144 页。

④ 笔者按:李零先生说:"《逸周书·度邑》:'王至于周,自□至于丘中,具明不寝。'所缺字,卢文弨据《文选》卷四十六王融《三月三日曲水诗序一首》李善注补'鹿',各家从。学者推测,此'鹿'即《左传·昭公十七年》之甘鹿,在今河南嵩县东北。"见氏著《〈容成氏〉释文考释》,马承源主编:《上海博物馆藏战国楚竹书》(二),上海古籍出版社 2002 年版,第 286 页。从商都,经管(今河南郑州)、鹿(今河南嵩县),到镐京,是武王胜利班师的路线,表明武王"征主九牧之师"是在商都。再,武王班师经过了"管",可以参见于省吾《利簋铭文考释》,《文物》1977 年第 8 期;杜勇《武王伐纣日谱的重新构拟》,《古代文明》2020 年第 1 期,此不赘述。

壹 《度邑》与征会礼

沙丘，商邑是都城，二者判然有别，不可混为一谈。①

朝歌在今河南淇县东北淇河沿岸②，至今那里仍有鹿台、钜桥等地名；商邑在今河南安阳洹河的南岸，即大家熟知的今河南安阳的殷墟，二者相距大约五六十公里。张国硕先生说："尽管朝歌在商代末年已具有都城性质，但这时的安阳殷都并未废弃，仍是商王朝的都城，纣王并未明确提出要废弃殷都而迁都朝歌。只是由于纣王在朝歌居留时间较长，又曾率领军队在朝歌南郊的牧野与周人决战，兵败后又在朝歌之鹿台自杀，周武王又在朝歌斩纣王首示众，故后人错把朝歌当作当时商王朝惟一的都城。殊不知，商王朝真正的都城仍是在殷，朝歌在扮演着名义上为离宫别馆实际上为辅都的角色。"③ 在甲骨文、金文，以及传世文献中，商都称商、兹商、大邑商、天邑商、商邑、王邑等④。朝歌称沬、沬邑、妹、妹邦等⑤，唐兰先生为沬司徒疑簋（西周早期，《集成》7.4059）中的"沬"作解云："沬是殷纣所都，一作妹，《书·酒诰》'明大命于妹邦'，郑玄注：'纣之都所处也。'《诗·桑中》：'沬之乡矣'，毛苌传：'卫邑。'《水经·淇水注》引《晋书地道记》说：朝歌城'本沬邑也'。据赵一清《水经注释》说，当在今河南省浚县与淇县

---

① 笔者按：张守节《史记·殷本纪》正义云："《括地志》云：……《竹书纪年》自盘庚徙殷至纣之灭二百五【七】十三年，更不徙都，纣时稍大其邑，南距朝歌，北据邯郸及沙丘，皆为离宫别馆。"见司马迁撰，裴骃集解、司马贞索隐、张守节正义《史记》，中华书局1982年版，第106页。再，《史记·殷本纪》记载："（纣王）益广沙丘苑台，多取野兽蜚鸟置其中。慢于鬼神。大聚乐戏于沙丘，以酒为池，县肉为林，使男女裸相逐其间，为长夜之饮。"（司马迁：《史记》，中华书局1982年版，第105页）不能据此说沙丘是商都，情形与朝歌同。

② 夏商周断代工程朝歌遗址调查组：《1998年鹤壁市、淇县晚商遗址考古调查报告》，《华夏考古》2006年第1期。

③ 张国硕：《论夏商时代的离宫别馆》，宋镇豪、肖先进主编：《殷商文明暨纪念三星堆遗址发现七十周年国际学术研讨会论文集》，社会科学文献出版社2003年版。

④ 王震中：《商代都鄙邑落结构与商王的统治方式》，《中国社会科学》2007年第4期。

⑤ 笔者按："沬"与"妹"二字所从"未"与"末"，学者的认识有所差异，晁福林先生说："一为指出枝叶为木之末端，义即'末'；一为指出枝叶尚未成长为木之主干，寓有未成之意，义即'未'。"见氏著《殷卜辞所见"未（沬）"地考》，《中国史研究》2019年第2期。为了准确引述学者主张，笔者对学者的隶定不做改动，而本文表述一律采用"沬"字。

· 37 ·

交界处。"① 此地正是今天淇河北边的鹿台、钜桥一带。

甲骨卜辞也可以证成朝歌与商邑是两地,例如花东卜辞第 36 片②:

（15）丁卜,在㡀:其东狩。

（16）丁卜,其。

（17）不其狩,入商。在㡀。

（18）丁卜:其涉河,狩。

（19）丁卜,不狩。

（20）其涿【遂】河狩,至于🀆。

（21）不其狩。

晁福林先生对这几条卜辞中的地点及其相互关系进行了深入考证,然后说:"㡀地往东可以狩猎,再往东就是'河',若不狩猎,在一天之内即可到'商',若沿河而行,则可以到'🀆'。"又说:㡀是未（沬）,即牧野;🀆是其（淇）,即朝歌;商应当就是卜辞所载的"大邑商",即后来的殷墟之地。③ 仔细体会晁先生的考证结果,我们似可认为:朝歌与牧野,密迩相连,自内言之,一城一郊,是两个地方,自外言之,城郊可以统称为朝歌④;从朝歌到商都大约是一天的路程。这就更加坐实了笔者所持朝歌与商邑是两个地点的主张。

---

① 唐兰:《西周青铜器铭文分代史征》,中华书局 1986 年版,第 28 页。
② 中国社会科学院考古研究所编著:《殷墟花园庄东地甲骨》（第一分册）,云南人民出版社 2003 年版,第 136、137 页。
③ 晁福林:《殷卜辞所见"未（沬）"地考》,《中国史研究》2019 年第 2 期。
④ 张守节《史记》正义:"《括地志》云:'卫州城,故老云周武王伐纣至于商郊牧野,乃筑此城。郦元《注水经》云自朝歌南至清水,土地平衍,据皋跨泽,悉牧野也。'《括地志》又云:'纣都朝歌在卫州东北七十三里朝歌故城是也。本妹邑,殷王武丁始都之。'"见司马迁撰,裴骃集解、司马贞索隐、张守节正义《史记》,中华书局 1982 年版,第 123 页。由此可见,古代学者也是将朝歌与妹邑当作一地。

其实,在传世文献及古代学者的注释中,对于武王与纣王决战于朝歌、胜利后进入商都的史实,有所记载与说明。例如《吕氏春秋·仲夏纪·古乐》云:"武王即位,以六师伐殷。六师未至,以锐兵克之于牧野。"高诱注云:"未至殷都而胜纣于牧野。"① 这是说牧野与殷都是两地。再如《礼记·乐记》记载孔子的话说:"武王克殷反【及】商。未及下车而封黄帝之后于蓟,封帝尧之后于祝,封帝舜之后于陈;下车而封夏后氏之后于杞,投殷之后于宋,封王子比干之墓,释箕子之囚,使之行商容而复其位。"② 孔子将"克殷"与"及商"并列,明显表示这是两件先后发生的事情。再如《尚书大传》云:"武王与纣战于牧之野,纣之卒辐分,纣之车瓦裂,纣之甲鱼鳞下。贺乎武王,纣死。武王皇皇若天下之未定,召太公而问曰:'入殷奈何?'"然后询问召公、周公,得到满意的答复之后,于是"武王旷乎若天下之已定,遂入殷。封比干之墓,表商容之闾,发钜桥之粟,散鹿台之财,归倾宫之女,而民知方"③。众所周知,

---

① 高诱注:《吕氏春秋》,《诸子集成》(6),上海书店出版社1986年版,第53页。
② 王文锦:《礼记译解》,中华书局2001年版,第555页。笔者按:郑玄注《礼记·乐记》云:"'反'当为'及'字之误也。'及商'谓之纣都也。《牧誓》曰'至于商郊牧野'。"孔颖达疏云:"'反商'者,'反'当为'及',言武王牧野克殷已毕,及至商纣之都也。"(郑玄注、孔颖达疏:《礼记正义》,阮元校刻:《十三经注疏》,中华书局1980年版,第1542、1543页)郑玄注中的"《牧誓》曰'至于商郊牧野'",似乎表明郑玄把"及商"当作了武王到达牧野,而孔颖达疏中的先"牧野克殷已毕",后"及至商纣之都",表明孔颖达认为是连续发生的两件事情。笔者采孔颖达说。再,"封夏后氏之后于杞,投殷之后于宋",或是成王时代的史实,孔子的话是为一定的目的而讲,不免将不同时期的性质类似的史实放在一起述说的情况发生,对此我们应该灵活看待。
③ 郑玄注、王闿运补注:《尚书大传》,王云五主编:《万有文库》,商务印书馆1937年版,第33页。笔者按:其中的"贺乎武王,纣死",通常理解为以纣死贺武王,若果如此,武王所入是朝歌。但由《克殷》所载武王入朝歌之后对纣王尸首的处理方式看,武王不可能在入朝歌之前从容地询问太公、召公、周公如何对待殷遗等善后事宜,伏胜的解释可能糅合了多种史实。但关于武王曾慎重对待"入殷"的说法,或有一定的根据。再,《大聚》云:"维武王胜殷,抚国绥民,乃观于殷政,告周公旦曰:'呜呼!殷政总总若风草,有所积,有所虚,和此如何?'"(朱右曾:《逸周书集训校释》,商务印书馆1940年版,第62页)记载的大约是"征会"期间武王与周公观察殷政的史实。

· 39 ·

"尚书"与礼仪

武王在牧野之战的甲子日傍晚已经进入朝歌,对在鹿台之上已经披玉自焚的纣王的尸首射、击、斩、折,并且在第二天乙丑日又在朝歌城内举行了隆重的祭社典礼①,怎么这里却是"入殷""遂入殷"呢?只有一种可能,那就是这个"殷"不是朝歌,而是往北距离朝歌五六十公里的"大邑商"。

"商邑"是"大邑商"的落实,就可以确定"维王克殷国,君诸侯及厥献民"之后"征主九牧之师,见王于殷郊"的"征会"典礼活动,不是举行于牧野决战之地朝歌,而是举行于没有被战事波及的商都"大邑商",也就是我们熟知的今河南安阳的殷墟。

五 武王"征会"与《世俘》《商誓》关系新证

武王在商都"大邑商"的郊外举行"征会"典礼活动,与今本《逸周书》的第四十篇《世俘》、第四十三篇《商誓》所载史实,无论在时间上,还是在事件上,都相互衔接、洽合。

据《世俘》记载可知,武王从牧野之战到班师西归,在商都只停留了五天。这五天的行程是:甲子日,牧野之战、命令太公望抵御方来;乙丑日,祭社;丙寅日,?;丁卯日,听取太公望的俘获报告;戊辰日,祭祀文王、立政、命令吕他讨伐越戏方。②值得注意的是,丙寅日这一天是空白,没有记载武王的任何活动。这不免令人生疑,大战刚刚结束,戎马倥偬之际,武王怎么可能闲着无事呢?笔者推测,丙寅日武王没有休息,而是行进在赶往"大邑商"的路途之上。

从朝歌到商都,即从今淇县东北淇河北边鹿台、钜桥一带到今

---

① 司马迁:《史记》,中华书局1982年版,第125页。
② 拙作:《〈逸周书〉新研》,中华书局2013年版,第244页。拙作:《〈尚书〉新研》,中华书局2021年版,第61—62页。

安阳小屯殷墟，大约五六十公里，"晚商王朝以殷墟王邑为中枢的道路交通网络，已适应于王权统治而规模大备"①。上节所举花东卜辞第 36 片显示，从"沫"到"商"是一天的路程。那么，武王凭王者的车马装备，以战时的紧急状态，从朝歌出发，于丙寅日一天到达"商邑"，在路况、速度等方面，完全没有问题。

武王于丙寅日到达商都，意味着接下来的两天，即丁卯日听取太公望的俘获报告；戊辰日祭祀文王、立政、下达讨伐命令等，是在商都进行。丁卯日的活动较少，或与丙寅日的车马劳顿有关。戊辰日的活动较多，"立政"是主题，其中包括了下达讨伐命令、封建圣王之后、褒扬贤能、赈济百姓、立武庚续守商祀等。这些活动有的不必武王亲力亲为，只要派遣公卿将佐即可；有的则必须由武王亲自主持不可。

在"立政"的活动中，笔者推测有武王亲自主持的"征会"的内容。参加"征会"的人员，有"九牧之师"，当然还应有已经接受武王成为君主事实的"诸侯"与"献民"。武王在"征会"上对"诸侯""献民""九牧之师"的讲话，应该就是《商誓》②。李学勤先生说："《商誓》之作，是在武王居于殷都的时候。"③ 笔者也曾说："《商誓》之作当以'王立政'的戊辰日有较大可能性。"④ 现在

---

① 宋镇豪：《论商代的政治地理架构》，《中国社会科学院历史研究所学刊》第一集，社会科学文献出版社 2001 年版。
② 笔者按：张利军先生说："克商之后，周与诸侯关系发生了微妙变化。武王曾大会四方诸侯君长，重申四方诸侯君长的义务，《逸周书·度邑》云：'维王克殷国，君诸侯，乃征厥献民，九牧之师，见王于殷郊。'此句明显与《度邑》内容不相干，可能原在《商誓》篇首。"见氏著《商周服制与早期国家管理模式》，上海古籍出版社 2016 年版，第 203 页。张先生的调整不妥，但敏锐地感知二者有一定的关系，很值得肯定、称赞。
③ 李学勤：《〈商誓〉篇研究》，《古文献丛论》，中国人民大学出版社 2010 年版。
④ 拙作：《〈逸周书〉新研》，中华书局 2013 年版，第 254 页。笔者按：《商誓》与《牧誓》都是以宣誓地点为标题，由此说明《商誓》发布于商都，而不是牧野或朝歌，这也证明武王征会确实举行于商都。

"尚书"与礼仪

以此为基础,为《商誓》是戊辰日"征会"之上武王的讲话,作两点论证。

其一,参加人员基本相同。《商誓》开头云:"告尔伊旧何父□□□几、耿、肃、执,乃【及】殷之旧官人序文□□□□,及太史比【友】、小史昔【友】,及百官、里居【君】、献民。"其中的"几、耿、肃、执"是"殷之世家大族";"殷之旧官人"是"职官主事之人";"太史比【友】、小史昔【友】"是毛公鼎中的"太史寮、内史寮";"百官、里居【君】、献民"是百姓、基层组织管理者、民众中的贤良。李学勤先生说:"武王讲话的对象包括殷的贵族、朝臣、民众。"① 大致不误。

这句话的文字多有遗漏,笔者推测,武王讲话对象在上面三类人员之外,还应有诸侯一类的人物,《商誓》的下文一次提到"比【友】冢邦君",两次提到"尔冢邦君"。邦君就是诸侯。这表明诸侯也是武王"征会"讲话的对象。② 那么《商誓》中的诸侯、贵族、朝臣、献民,与《度邑》中的诸侯、献民、九牧之师,大致上能对应起来。也就是说,参加武王"征会"的人员与恭听武王讲话的人员,大约是同一批人。

其二,"征会"的目的是"讨贰""讨不服"得到了印证。《商誓》中武王对诸侯、贵族、朝臣、献民等殷遗,进行了恫吓,即"肆予明命汝百姓,其斯弗用朕命,其斯尔冢邦君,商庶百姓,予则□刘灭之"。在恫吓之外,还有乘胜追击敌人的宣誓,即"尔

---

① 笔者按:此处所引《商誓》文句,以及对文句的隶释,采用的是李学勤先生的观点,见氏著《〈商誓〉篇研究》,《古文献丛论》,中国人民大学出版社2010年版。

② 笔者按:李学勤先生说:"'其友邦冢君'指与纣朋党的诸侯,故武王对之无所顾惜,宣称即将追伐。"见氏著《〈商誓〉篇研究》,《古文献丛论》,中国人民大学出版社2010年版。李先生的看法不对,"邦冢君"的前面有"尔",且出现了两次,是"你""你们",第二人称,指对面的人,因此应是讲话对象,而不是不在现场的纣之朋党。再,"冢邦君",《牧誓》等作"邦宗君",但鉴于《逸周书》早期版本皆是如此,暂且从之。

冢邦君，无敢其有不告，见于我有周，其比【友】冢邦君，我无攸爱。上帝曰：必伐之。今予惟明告尔，予其往追□纣，遂臻集之于上帝"①。其中的"予其往追□纣"，尽管有一个字缺失，但意思很明白，就是"我将继续追击讨伐商纣王的余孽帮凶"。很显然，这就是"讨贰""讨不服"。《世俘》记载戊辰日"吕他命伐越戏方"，就是武王发出的第一道"讨贰""讨不服"的命令②。那么，《度邑》记载的武王"征会"典礼活动，与《商誓》记载的武王"讨贰""讨不服"宣誓，以及《世俘》记载的武王下达的第一道"讨贰""讨不服"命令，便相互连接贯通起来，从而为我们还原了长期淹没于各种文献中的气势磅礴、场面壮观的商周鼎革之际的部分历史景象。

《商誓》的主题与性质，古今学者都有讨论。朱右曾说："'誓'读为'哲'，篇中有'商先誓王'，故以'商誓'名篇。"③李学勤先生说："朱氏之说是不对的，推想他是由于《尚书》的誓多系誓师，所以认为此篇不合誓体。实际誓不限于誓师，《礼记·曲礼》记诸侯之礼，云'约信为誓'，可见凡确定约束之辞都可称誓。《牧【商】誓》作于克殷之后，宣布约束，正合于誓体。"④由上文的论述可知，李先生的主张也有可商之处。武王向诸侯、朝臣、献民表达继续征讨纣王的余孽帮凶的决心，就是宣誓。这既是《商誓》的主题，也是"征会"的宗旨，与《尚书》中以《牧誓》

---

① 朱右曾：《逸周书集训校释》，宋志英、晁岳佩选编：《〈逸周书〉研究文献辑刊》（第八册），国家图书馆出版社2015年版，第116、115页。

② 笔者按：戊辰日"吕他命伐越戏方"是受命讨伐，此前甲子日"太公望命御方来"是受命抵御。抵御的是纣党方来的反扑，这是牧野之战的组成部分；讨伐是敌友界限已明之后对敌人的主动出击，二者性质有很大不同。

③ 朱右曾：《逸周书集训校释》，宋志英、晁岳佩选编：《〈逸周书〉研究文献辑刊》（第八册），国家图书馆出版社2015年版，第113页。

④ 李学勤：《〈商誓〉篇研究》，《古文献丛论》，中国人民大学出版社2010年版。

为代表的"誓"的体裁、性质完全符合，不必再为《商誓》之"誓"作另外的解释。

上文说到《世俘》中的戊辰日"吕他命伐越戏方"是武王下达的第一道"讨贰""讨不服"的命令。之所以强调是"第一道"，是因为紧接着下面一连几天还有数道，即"壬申……侯来命伐靡""甲申，百弇以虎贲誓，命伐卫""庚子，陈本命伐磨，百韦命伐宣方，新荒命伐蜀""乙巳……百韦命伐厉"①。这些命令是武王在班师的路途上连续发出的，都是接续戊辰日"吕他命伐越戏方"而来，因此其性质都是"讨贰""讨不服"。据《周本纪》记载，武王伐纣之前，有两次诸侯集会，"十一年十二月戊午，师毕渡盟津，诸侯咸会"；"二月甲子昧爽，武王朝至于商郊牧野，乃誓。……誓已，诸侯兵会者车四千乘"。②经过战前的两次集会，又经过战后的"征会"，服从天命、接受周家统治的诸侯基本上都来了，剩下没有来的，分明是有贰心者、不服从者。此时，敌我界限已经非常分明，正是"讨贰""讨不服"的恰当时机。于是，武王便携伐纣之威、发雷霆之怒、挥正义之师，对纣王的同盟与国等残敌进行大肆讨伐。

武王讨伐的对象，有越戏方、靡、卫、磨、蜀、厉等，地点多数不能确定，但有少数地望可以大概估计，《世俘》云："乙巳，陈本新荒蜀磨至，告禽【擒】霍侯、艾侯，俘佚侯小臣四十有六，禽【擒】御八百有三十两，告以馘俘。"③ 其中的"霍"，

---

① 朱右曾：《逸周书集训校释》，宋志英、晁岳佩选编：《〈逸周书〉研究文献辑刊》（第八册），国家图书馆出版社2015年版，第94、96页。
② 司马迁：《史记》，中华书局1982年版，第121、122、123页。
③ 朱右曾：《逸周书集训校释》，宋志英、晁岳佩选编：《〈逸周书〉研究文献辑刊》（第八册），国家图书馆出版社2015年版，第96页。

或在霍太山一带，即山西霍州①。佚，甲骨文作"失"，罗琨先生说，商末的失"一直是商王朝的与国"，今山西临汾浮山桥北商代五座大墓，出土青铜器上有多个"失"字，或是失侯的墓葬。②这意味着"佚"可能位于今山西南部地区。林欢先生说，商末甲骨卜辞中的"'三牧'应该就是商人在汾水流域台骀族住地设立的三个牧"③，与霍、佚在地望上大致重合。这表明，受召参加武王"征会"的"九牧之师"，确实驻防于包括今晋南在内的离商都较近的地区，同时，受到检验的诸侯方国也肯定在这一地区，那些因不服从而遭受讨伐的诸侯方国当然也在这一地区。④ 这就是武王伐纣第二期战事"讨贰""讨不服"的大致范围。⑤

---

① 黄怀信等：《逸周书汇校集注》（修订本），上海古籍出版社 2007 年版，第 431 页。
② 罗琨：《殷墟卜辞中的"先"与"失"》，《古文字研究》第 26 辑，中华书局 2006 年版。笔者按：在这个主张之外，还有在今河南洛阳的观点。赵平安先生说："从河南洛阳马坡成批出土失的铜器看，马坡一带当是侯侯故地。把马坡一带看作侯侯故地，和卜辞所反映的失的地理特征适相吻合。"见氏著《从失字的释读谈到商代的侯侯》，《中国社会科学院历史研究所学刊》第一集，社会科学文献出版社 2001 年版。罗琨先生认为，马坡当为迁往洛邑殷遗民的遗存。本文采罗琨先生说。
③ 林欢：《甲骨文诸"牧"考》，宋镇豪、肖先进主编：《殷商文明暨纪念三星堆遗址发现七十周年国际学术研讨会论文集》，社会科学文献出版社 2003 年版。
④ 笔者按：《世俘》对于将领受命征伐商纣与国的记载，有的颇为耐人寻味，例如："庚子，陈本命伐磨，百韦命伐宣方，新荒命伐蜀。乙巳，陈本新荒蜀磨至，告禽霍侯、艾侯，俘佚侯小臣四十有六，禽御八百有三十两，告以馘俘。百韦至，告以禽宣方，禽御三十两，告以馘俘。"（朱右曾：《逸周书集训校释》，宋志英、晁岳佩选编：《〈逸周书〉研究文献辑刊》【第八册】，国家图书馆出版社 2015 年版，第 96 页）其中的"陈本新荒蜀磨至"，没有擒获，也没有告俘，似说明蜀磨虽未参加征会，但已在赶往征会的路上，因此陈本新荒与之相遇后，共同返回武王驻军之处。这能较为顺畅地解释"九牧"距商都确实较近，但路途又互有参差的实际情况。这个发现，由我的博士生侯传峰指出。特此说明。
⑤ 笔者按：武王伐纣经过了三期战事，一是牧野之战；二是"征会"之后的"讨贰""讨不服"，三是"征四方"（《世俘》）。第一期战事，世人都熟悉；第二期战事，就是本文揭示的内容；第三期战事，请见拙作《矢令方彝与〈世俘〉"武王遂征四方"新解》，《青铜器与金文》第十三辑，上海古籍出版社 2024 年版。

再，武王"讨贰"的范围不太大，可由受命讨伐将领的命、至、告的时间推测得出，请见拙作《乖伯簋与〈世俘〉文例》，《中国史研究》2018 年第 3 期。

六 从武王"征会"看商汤"征会"

武王于牧野之战胜利之后在商都郊外举行"征会"典礼活动,在西周开国史上是一大盛举。但"征会"却不是武王的独创、独有,在武王之前有商汤的"征会",在武王之后,有上举齐桓公、晋文公的"征会"等。这些"征会"先后相连,形成源远流长的文化传统。

商汤的"征会"记载于上博简《容成氏》之中。《容成氏》云:

> 桀不述其先王之道……起师以伐岷山氏,取其两女琰、琬,妖北去其邦,堕为倾宫,筑为璿室,饰为瑶台,立为玉门,其骄泰如是状。汤闻之,于是乎慎戒征贤,德惠而不假,柔三十夷而能之。如是而不可,然后从而攻之……桀乃逃之鬲山氏,汤或从而攻之……桀乃逃之南巢氏,汤或从而攻之,遂逃去,之苍梧之野。汤于是乎征九州之师,以略四海之内,于是乎天下之兵大起,于是乎亡宗戮族,残群焉服。[①]

《容成氏》是战国诸子的作品,某些词汇、观念有战国时代特点,如"九州"等,但对于史实梗概的叙述,却很值得仔细体会。这段引文叙述商汤征伐夏桀的经过是:一是"慎戒征贤",积聚力量;二是鬲山之战、南巢之战、苍梧之战;三是"征九州之师,以略四海之内"。这个过程对于今人来说,存在很大疑点。敌人已经消

[①] 李零:《〈容成氏〉释文考释》,马承源主编:《上海博物馆藏战国楚竹书》(二),上海古籍出版社2002年版,第280页;孙飞燕:《上博简〈容成氏〉文本整理及研究》,中国社会科学出版社2014年版,第20、22—23、89—101页;单育辰:《新出楚简〈容成氏〉研究》,中华书局2016年版,第28页。笔者按:个别字词句读,间以己意。

灭，战事已经结束，怎么"汤于是乎征九州之师，以略四海之内，于是乎天下之兵大起，于是乎亡宗戮族，残群焉服"呢？整理者、研究者虽然按照简序文势将文本如此安排了，但并没有对这个问题作出相应的说明，致使学者大惑不解。例如罗琨先生说："'殷革夏命'主要的军事行动结束于伐桀，此后见于记载的仅有扫灭残余势力的伐三朡，没有大战，所以桀亡于苍梧后，'天下之兵大起'说也是没有根据的。"① 现在由上文揭示的武王"征会"，以及《春秋》《左传》记载的齐桓公、晋文公"征会"可知，商汤于消灭夏桀之后"征九州之师"，其实是"征会"，"以略四海之内"其实是包括"伐三朡"在内的"讨贰""讨不服"，以及之后扩大战果的行为，即第二、三期战事。② 至于"天下之兵大起""亡宗戮族""残群焉服"则是总括伐桀、征会、讨贰、讨不服之后的结果。

由此可见，《容成氏》虽然是战国时代诸子的作品，所用词汇也有战国时代的特征，但对于商汤伐桀史实的叙述基本符合实际，有历史素地存于其间，那么商汤于伐桀胜利之后，"征九州之师，以略四海之内"，应该可以视为武王"征会"的源头③。

《容成氏》对于商汤事迹的记载，在"征会"之外，还有

---

① 罗琨：《商代战争与军制》，宋镇豪主编：《商代史》卷九，中国社会科学出版社2010年版，第47页。

② 笔者按：《多士》云："我闻曰：上帝引逸，有夏不适逸；则惟帝降格，向于时夏。弗克庸帝，大淫泆有辞，惟时天罔念闻，厥惟废元命，降致罚，乃命尔先祖成汤革夏，俊民甸四方。"（杨筠如：《尚书核诂》，陕西人民出版社1959年版，第226—227页）其中的"甸四方"与《世俘》所载武王的"征四方"意思相同，都是第三期战事。

③ 笔者按：《史记·五帝本纪》云："蚩尤作乱，不用帝命。于是黄帝乃征师诸侯，与蚩尤战于涿鹿之野，遂禽杀蚩尤。而诸侯咸尊轩辕为天子，代神农氏，是为黄帝。天下有不顺者，黄帝从而征之，平者去之。"（司马迁：《史记》，中华书局1982年版，第3页）黄帝已经成为"天子"，之后对"不顺者"予以征伐，这与汤武"征会"的时机与目的相同。尽管描述有些模糊，但大致可知是"征会"，那么这应是"征会"的源头。之所以如此，是因为有类似的国家结构与天下格局。鉴于黄帝事迹有较为强烈的传说色彩，不是信史，本文将其放在注释中予以说明。

"慎戒征贤，德惠而不假，柔三十夷而能之"，也可以与《度邑》相照应。

《度邑》记载武王在"征会"之后回到镐京对周公讲述想要仿效商汤以定天保的话说："维天建殷，厥征天民名三百六十夫，弗顾，亦不宾成【灭】，用戾于今。"① 其中的"征天民"，《周本纪》作"登名民"②，与《容成氏》的"征贤"，李零先生隶释为"登贤"③，是一样的意思。杨树达先生说："以声类求之，登盖当读为征。《说文》八篇上*止*部云：'征，召也。'登征古音同在登部，又同是端母字，声亦相同，故得相通假也。"④ 这个"征"或"登"与"征会"之"征"含义有较大区别。"征会"是为了检验诸侯方国是否臣服，目的是"讨贰""讨不服"，树立巩固权威，而"征贤"是征召贤良，目的是擢而用之，以共同治理国家天下。商汤如何"登天民"，详情已不得而知，但可以由后世文献的一些记载进行初步窥测。

---

① 笔者按：《墨子·非攻下》云："王既已克殷，成帝之来，分主诸神，祀纣先王，通维四夷，而天下莫不宾，焉袭汤之绪。"（孙诒让撰、孙启治点校：《墨子间诂》，中华书局2001年版，第152页）笔者推测，其中的"焉袭汤之绪"大约指的是《度邑》"维天建殷，厥征天民名三百六十夫"这句话所表露的武王意愿。理解这句话的意思，《史记·周本纪》司马贞《索隐》可作参考。《索隐》云："言天初建殷国，亦登进名贤之人三百六十夫，既无非大贤，未能兴化致理，故殷家不大光昭，亦不即摈灭，以至于今也。亦见《周书》及《随巢子》，颇复脱错。"见司马迁撰、裴骃集解、司马贞索隐、张守节正义《史记》，中华书局1982年版，第130页。再，顾颉刚先生说："徐中舒同志面告：'《周本纪》说殷有"名民三百又六十夫"（按此语系《逸周书·度邑》），疑即殷商三百六十个小氏族；后来分鲁公以殷民六族，康叔七族，疑即此三百六十个小氏族中的一部分。《周礼疏》说"六族，三十姓"，疑此所谓"族"即胞族，所谓"姓"即小氏族。'"见氏著《〈逸周书·世俘篇〉校注、写定与评论》，《文史》第二辑，中华书局1963年版。也可以作为参考。
② 司马迁：《史记》，中华书局1982年版，第129页。
③ 李零：《〈容成氏〉释文考释》，马承源主编：《上海博物馆藏战国楚竹书》（二），上海古籍出版社2002年版，第281页。
④ 杨树达：《释登》，《积微居甲文说》，上海古籍出版社2013年版。

（22）《墨子·尚贤中》引《汤誓》："聿求元圣，与之戮力同心，以治天下。"①

（23）《鹖子·汤政》：汤之治天下也，得庆辅、伊尹、湟里且、东门蜻、南门蜣、西门疵、北门侧。得七大夫佐，以治天下，而天下治。②

（24）《尚书·立政》：亦越成汤陟，丕釐上帝之耿命，乃用三有宅，克即宅；曰三有俊，克即俊。严惟丕式克用三宅三俊，其在商邑，用协于厥邑；其在四方，用丕式见德。③

（25）《尚书·多士》：自成汤至于帝乙，罔不明德恤祀。亦惟天丕建，保乂有殷，殷王亦罔敢失帝，罔不配天其泽。④

（26）《尚书·多方》：我有周惟其大介赉尔。迪简在王庭，尚尔事，有服在大僚。⑤

例（22）、例（23）、例（24）讲的是商汤选拔贤良担任职官以治理天下的事迹。在"七大夫"中，只有伊尹为后人所熟知，其他六人的作为已湮没不彰，但大体上可知他们都是商汤的得力辅佐。"三宅三俊"，是"王左右常伯常任准人"，即"三司"或"三有事""三事大夫"。⑥ 例（25）、例（26）讲的是历代商王获得天佑的德政，以及周家予以效法、选拔服从者担任王朝职官的政策。其中的"惟天丕建"与《度邑》的"维天建殷"大致照应，表明出自同一话语体系，同一思想体系。

---

① 孙诒让撰、孙启治点校：《墨子间诂》，中华书局 2001 年版，第 57 页。
② 鹖熊撰，逢行珪注：《鹖子》，文渊阁《四库全书》子部杂家类，台湾商务印书馆 1983—1986 年版。
③ 杨筠如：《尚书核诂》，陕西人民出版社 1959 年版，第 267 页。
④ 杨筠如：《尚书核诂》，陕西人民出版社 1959 年版，第 227—228 页。
⑤ 杨筠如：《尚书核诂》，陕西人民出版社 1959 年版，第 262—263 页。
⑥ 杨筠如：《尚书核诂》，陕西人民出版社 1959 年版，第 264 页。

《多士》《多方》《立政》都是周公发布的政治文告，在一些字词语句、思想观念等方面与《度邑》的贯通，向我们昭示了一个长久以来很少为学者注意的重大史实：周公在完成武王的拥立太子诵继承王位（后来确定为嫡长子王位继承制）、建筑洛邑以经营天下两项遗嘱之外，还不遗余力地贯彻执行武王的登进贤良以确定天保、维护周家统治的第三项遗嘱。鞠躬尽瘁，死而后已，后世的儒家将周公树立为公卿典范，良有以也！

　　现在回过头来，再看本文第一节所引《度邑》开头一个段落，就会体悟到，无论是记叙武王的"征会"，还是记叙武王的讲话，表面看似乎有些散乱、多有跳跃，实质上都围绕着一个主题进行，这个主题就是如何治理诸侯、方国、天下，也就是《世俘》所载戊辰日的"立政"。这表明，武王的思想已经从伐纣克商，经过"征会"的枢纽，转变为"定天保"，即确保上天护佑、国祚永昌。这一思想状态与《度邑》下文所载武王的意欲传位周公、规划洛邑地址的意图，不仅性质相同，而且前后一贯。因此，三项内容由"征会"领起，放在一篇文章中叙述，并且以"度邑"来概括。足见《度邑》结构的精巧，含义的深刻。真是一篇匠心独运的好文章！

七　从武王"征会"看商周王政

　　上文以《春秋》《左传》所载齐桓公、晋文公的"征会"为参照，对《度邑》记载的武王于伐纣胜利之后在殷郊举行的"征会"典礼活动，进行了初步考察与探讨。现在以此为基础，结合《牧誓》《世俘》《周本纪》等文献，以及学者对于武王伐纣史实及商周国家形态的研究，对武王"征会"显示的殷商周初的王政问题，进行简要论述。

牧野之战是商周两大阵营的生死对决，在此前后双方力量经历了此消彼长的过程。周人阵营中与武王结成君臣或同盟关系的诸侯方国依次是，西方八国、相会于孟津的诸侯、相会于牧野之战前的诸侯。商人阵营中的成员与纣王关系的亲疏程度依次是，牧野之战中反扑的方来、因未参加武王"征会"而遭到讨伐的越戏方、靡、卫、厉、霍、艾、佚等诸侯方国。处于中间地带、采取骑墙态度的诸侯方国是，牧野之战当天在胜负局势已定的前提下接受武王成为君主事实的诸侯方国、戊辰日被召集而来参加武王"征会"的"九牧之师"。

《周本纪》记载的武王伐纣过程也透露了一些见风使舵的军事政治实体的信息。武王伐纣第一次是"诸侯不期而会孟津"；第二次出发前是"遍告诸侯"，渡过孟津是"诸侯咸会"，牧野决战时是"诸侯兵会"。[1] 前者的"不期"说明，大家虽然同仇敌忾，但彼此缺乏联系，竟至于"有未至者"[2]；后者的前后两次"会"说明，彼此方向一致，但步调不一致，相互之间缺乏硬性约束。

将商周两大阵营及介于二者之间的诸侯方国都纳入视野之中，我们看到的是一幅当时天下的基本格局。这样的天下格局建立在商周王朝的复合型国家结构之上。[3] 王震中先生说："商代的国家结构和形态，既非一般所说的'统一的中央集权制国家'，亦非所谓

---

[1] 司马迁：《史记》，中华书局1982年版，第121、121、123页。

[2] 笔者按：《后汉书·刘玄刘盆子列传》云："论曰：周武王观兵孟津，退而还师，以为纣未可伐，斯时有未至者也。"（范晔撰、李贤等注：《后汉书》，中华书局1965年版，第476页）这是"不期"的真实含义。

[3] 笔者按：学者对于"王朝""国家"两个概念的使用较为纷纭，王朝是天下观之下的政治观念，国家是世界观之下的政治观念，使用时间大约以鸦片战争为界，分为前后两个阶段。本文引用学者观点，对于所使用的概念予以照录，自己表述商周天下格局、政治形态时则尽量使用王朝。但有时为了避免重复，也将二者按照相同的意思来交替使用。

'邦国联盟'，而是一种'复合制'国家结构，它由'内服'与'外服'所组成。内服亦即王邦之地，有在朝的百官贵族；外服有诸侯和其他从属于商王的属邦。内、外服关系亦即甲骨文中'商'与'四土四方'并贞所构成的结构关系。维系内、外服'复合制'结构的是商的王权及其'天下共主'的地位。商的王权既直接统治着本邦（王邦）亦即后世所谓的'王畿'地区，也间接支配着臣服或服属于它的若干邦国。王邦对于其他属邦就是'国上之国'；其他属邦则属于王朝中的'国中之国'。这是一种以王为天下共主、以王国（王邦）为中央、以主权不完全独立的诸侯国即普通的属邦为周边（外服）的复合型国家结构。""王国是由邦国发展而来的，它在上升为王国之前，原本就是邦国。例如商王国在商灭夏之前，对于夏而言它只是一个邦国；周王国在周灭商之前，也是一个邦国。由邦国走向王国，就是由普通的属邦即庶邦地位走向了天下的共主地位。"[①] 我们在"征会"前后的武王各种政治军事举措之中，看到的是商周鼎革之际复合型国家结构以新主人为核心进行重新塑造的情形。

复合型国家结构的重新塑造，为我们观察殷商周初王权运作方式即中国王政的具体细节，提供了条件。

其一，王在本邦拥有绝对权威，这是王立足本邦、进而夺取

[①] 王震中：《论商代复合制国家结构》，《中国史研究》2012年第3期。笔者按：刘家和先生说："古代大多数地区性国家是在失去自己的独立的情况下被并入他人的帝国的，而建立起帝国的国家也不过是具有特权的国上之国，对被征服国家实行压榨和统治。"又说："埃及在公元前两千年代下半叶形成为一个地跨北非西亚的奴隶制国家。……在叙利亚巴勒斯坦则任命原来各小王国的统治者继续统治，不过他们要将自己的儿子送到埃及作为人质（当那些老的统治者死后，这些人质就送回去担任总督）。埃及还派遣驻防军控制这些地方。"见氏著《世界上古史》，吉林人民出版社1984年版，第382、64页。刘先生描述的上古时代包括古埃及在内的一些"帝国"的国家结构及统治方式，可以成为我们认识殷商西周"王国"形态的借鉴。

并统治天下的基础。① 其二，在本邦之外，王对于"不完全独立"的诸侯方国是"间接支配"，这既需要有强大的军事政治实力，也需要有强大的道德感召力。孟子说，"以德行仁者王，王不待大——汤以七十里，文王以百里"②。墨子说，"汤奉桀众以克有【夏】"③。《吕氏春秋·离俗览·用民》说，"汤武非徒能用其民也，又能用非己之民"④。讲的是商汤、文武的初兴态势，忽略了壮大的过程，显然与实际有较大距离，但想要说明的本邦力量不足、若成为天下共主、须让诸侯方国乃至敌方属国前来归附的道理，却符合实际。其三，王与诸侯方国建立在实力与道义之上的政治关系，以盟誓的形式进行确认与巩固，形成各自的权利与义务。"用小牲羊犬豕于百神水土，于誓社"（《世俘》），是克商之后武王与诸侯方国的盟誓。殷商周初虽然是复合型国家结构，而不是方国联盟，但由立誓而结盟，确实是维系王朝统治的重要手段，这表明殷商周初的王权具有较大的"有限"性。⑤ 其四，新王朝的崛起，以成为天下共主为目的，而不是以消灭敌人的本邦为目的。顾炎武说："武王伐商，杀纣而立其子武庚，宗庙不毁，社稷不迁，时殷未尝亡也。所以异乎曩日者，不朝诸侯，不有天

---

① 笔者按：针对西周时代有边地异姓小国之君称王的现象，王震中先生说："西周时期，某些边远地区的小邦邦君也有称王的旧俗。……仅就西周而言，王朝的最高统治者称王，这样的'王'体现的是王朝的王权；个别的边远小国也自称为王，这样的'王'体现的是小国的邦君权。"见氏著《中国王权的诞生——兼论王权与夏商西周复合制国家结构之关系》，《中国社会科学》2016年第6期。王先生的论述很中肯，对于我们认识西周时代所谓诸侯称王问题的实质有很大助益。
② 杨伯峻：《孟子译注》，中华书局2005年版，第74页。
③ 孙诒让撰、孙启治点校：《墨子间诂》，中华书局2001年版，第149页。
④ 许维遹撰、梁运华整理：《吕氏春秋集释》，中华书局2009年版，第525页。
⑤ 笔者按：宁镇疆先生从早期"民本"思想的角度论证商周时代的王权是"有限"王权。见氏著《中国早期"民本"思想与商周的有限王权》，《人文杂志》2019年第1期。与本文的论证，异曲同工，可作参考。

下而已。"① 这是很中肯的看法。与此同时，对于不承认自己共主地位的诸侯方国，则予以大肆挞伐，以扩大本邦的领土与势力范围。其五，在不消灭敌人本邦的同时，对于先圣王之后给予充分的尊重，"兴灭国，继绝世"（《论语·尧曰》），以汲取文化传统中的政治合法性的资源。② 其六，天命有决定王朝兴亡的巨大威力，登进贤良以扩大统治基础，是"定天保"（《度邑》）的首要条件③。

综合以上六点可知，处于文明早期的殷商周初王权已经有了较大发展，具备了很大威势，但相对于后世的最高统治权力，在许多方面仍然受到了历史阶段、社会条件的强力制约。侯外庐先生说，"'王者不绝世'指的是本身生产力消化不了对方的氏族"④。《度邑》记载的武王虽然念念不忘"我图夷兹殷"，但又不得不将三项宏大遗愿谆谆嘱托给周公的情景，是对侯先生观点的很好注解。因此笔者认为，"有限

---

① 顾炎武撰，黄汝成集释、栾保群校点：《日知录集释》，中华书局2020年版，第77—80页。

② 笔者按：《史记·五帝本纪》云："舜子商均亦不肖，舜乃豫荐禹于天。十七年而崩。三年丧毕，禹亦乃让舜子，如舜让尧子。诸侯归之，然后禹践天子位。尧子丹朱，舜子商均，皆有疆土，以奉先祀。服其服，礼乐如之。以客见天子，天子弗臣，示不敢专也。"（司马迁：《史记》，中华书局1982年版，第44页）武王的做法当以此为源头，是对舜禹开创的文化传统的效法。

③ 笔者按：晁福林先生说："《史记·周本纪》载武王灭商后'追思先圣王，乃褒封神农之后于焦，黄帝之后于祝，帝尧之后于蓟，帝舜之后于陈，大禹之后于杞'。这类'褒封'的着眼点在于兴灭国、继绝世。与其说武王此举是在实施分封制，毋宁说它只是招徕天下诸侯的姿态。戎马倥偬之中，武王所注目的是灭商大业和政局的稳定，并没有真正把分封诸侯提到议事日程上来。《逸周书·度邑》载武王灭商以后曾经夜不能寐，所担心的是'维天建殷，厥征天民，名三百六十夫，弗顾，亦不宾灭。用庚于今'。考虑如何对待殷商遗留势力。史载表明，武王所走的依然是传统的路子，竭力以周王朝为核心组成新的方国联盟。武王封神农、黄帝、尧、舜、禹的后裔，又封纣子武庚禄父'以续殷祀'，都是以方国联盟领袖的形象出现的。"见氏著《试论西周分封制的若干问题》，陕西历史博物馆编：《第二次西周史学术讨论会论文集》，陕西人民教育出版社1993年版。除了借用的"方国联盟"的概念或可商榷之外，晁先生对于武王于克商成功后采取的政治举措的分析与论证很中肯，可以成为借鉴。

④ 侯外庐：《中国古代社会史论》，河北教育出版社2000年版，第191页。

王权"的性质决定了殷商周初的王政是"有限权力的中国王政"①。

由汤武"征会"所折射的殷商周初的王政,是中国王政的典型形态。②成王以后的西周王政,由于王邦的拓展,宗法分封制度的实行,王权得到了较大扩张,诸侯方国仍然是"国中之国",但独立性已大为减弱。这种王朝结构、政治形势在思想观念上的集中体现,就是最高统治者的称号在"王"之外又增加了"天子"(《顾命》)。王对应的是殷商周初的四方观,天子对应的是西周早中期以后的天下观。四方观具有个体性、分散性,而天下观具有整体性、统一性,后者是秦始皇以后中国帝政的思想根源。

春秋时代也属于王政时代,但天命与军政权力已经二分。周王仍然是天子,是天命的人间代理人,实际军政权力则归于不同时期的霸主齐桓公、晋文公等。霸主号令诸侯方国,在军政权力之外,还需借助周王的名义,这种情形就是霸政。例如《左传》庄公十四年云:"十四年春,诸侯伐宋,齐请师于周。夏,单伯会之,取成于宋而还。"杜预注:"齐欲崇天子,故请师。假王命以示大顺。"③再如《左传》僖公二十四、二十五年记载,周襄王被王子带逼迫,出居于郑国的氾,向诸侯求救,晋文公抓住这个机会,纳襄王于王城。狐偃给出的理由是:"求诸侯,莫

---

① 笔者按:刘泽华先生说:"从甲骨文与文献看,王的确拥有至上的权力","王同一切人对立起来,成为人上人,故自称'余一人'","'余一人'的政治内容,表示天下之大,四海之内,'余一人'为最高"。见氏著《中国古代政治思想史》,南开大学出版社1992年版,第4—5页。由本文的论证看,刘先生的看法显然是夸大了王权的威力。但同时我们也应看到,殷商周初的王权中蕴含着后世君主专制的内核,例如殷商时代作为方国代表而在王朝中任职者称"小臣",西周初年的召公,作为王之匹偶的公卿,开始在王面前自称"小臣"(《召诰》)。"臣"本是奴仆,身份卑贱,再加"小"字,以示更加卑贱,标志着王邦内部王与公卿关系的蜕变。

② 笔者按:商汤之前有王政,夏启将"邦国联盟的盟主权"据为己有,是中国王权形成的标志。见王震中《中国王权的诞生——兼论王权与夏商西周复合制国家结构之关系》,《中国社会科学》2016年第6期。笔者赞同王先生的观点。但鉴于是传说时代的历史,不是信史,因此本文暂且存而不论。

③ 杜预:《春秋经传集解》,上海古籍出版社1988年版,第160、161页。

如勤王。诸侯信之，且大义也。"① 侯外庐先生说："如果说'王者不绝世'指的是本身生产力消化不了对方的氏族，那末，'霸者无强敌'，便只是企图消化对方却又做不到的一种不顺利地妥协。"② 也就是说，霸政是在没有获得天命且实力不足的条件下的变通的结果。从这个角度看，霸政实际上是王政在特殊历史条件下的一种演化形式。③

战国时代是郡县制基础上的霸政。秦始皇统一六国，开创了帝政，王政时代结束。但历史的进程不是一条直线，在秦汉之间经历了帝政—霸政—郡国交织基础上的不完全帝政等几个阶段，直到汉武帝实行推恩令等政治措施，才最终完成并巩固了帝政。④ 从此，王政隐含于中国人的记忆深处，成为革命家、思想家汲取精神力量与思想资源的无尽宝藏。

附 《度邑》⑤

维王克殷国，君诸侯乃【及】厥献民，征主九牧之师，见王于殷郊。王乃升汾之阜，以望商邑，永叹曰：呜呼！不淑充天对，遂命一日，维显畏弗忘。

---

① 杨伯峻：《春秋左传注》，中华书局1990年版，第430页。
② 侯外庐：《中国古代社会史论》，河北教育出版社2000年版，第191页。
③ 笔者按：孟子说："以力假仁者霸，霸必有大国。"又说："尧舜，性之也；汤武，身之也；五霸，假之也。"（杨伯峻：《孟子译注》，中华书局2005年版，第74、314页）霸主之所以"假仁"，当时人的说法是"未有代德"，所谓代德，"谓取周室代有天下之德"（杨伯峻：《春秋左传注》，中华书局1990年版，第433页）。这个解释可作参考。
④ 笔者按：李开元先生说："秦末历史回到战国，从秦楚之间一直到西汉初年，历史进入后战国时代，列国并立纷争，诸子百家、游侠豪杰重现，王业—霸业—帝业转移的种种历史特点，延续变迁约有六十年之久。直到汉武帝即位，第二次统一完成，历史才又进入新的统一帝国时代。"见氏著《秦崩——从秦始皇到刘邦》，生活·读书·新知三联书店2015年版，第171页。李先生的观点很中肯，值得借鉴。
⑤ 选自朱右曾《逸周书集训校释》，宋志英、晁岳佩选编：《〈逸周书〉研究文献辑刊》（第八册），国家图书馆出版社2015年版，第117—121页。笔者按：开头一句话依据孙诒让的观点及本文的论证进行了校正。

壹 《度邑》与征会礼

王至于周，自鹿至于丘中，具明不寝。王小子御告叔旦，叔旦亟奔即王，曰：久忧劳，问害不寝？曰：安，予告汝。

王曰：呜呼！旦，维天不享于殷，发之未生，至于今六十年。夷羊在牧，飞鸿满野。天自幽不享于殷，乃今有成。维天建殷，厥征天民名三百六十夫，弗顾，亦不宾灭，用戾于今。呜呼！予忧兹难近，饱于恤，辰是不室。我未定天保，何寝能欲。

王曰：旦，予克致天之明命，定天保，依天室，志我其恶，俾从殷王纣，日夜劳来，定我于西土。我维显服，及德之方明。

叔旦泣涕于常，悲不能对。

王□□传于后。王曰：旦，汝维朕达弟，予有使汝，汝播食不遑暇食，矧其有乃室。今维天使予，惟二神授朕灵期，予未致于休，予近怀于朕室，汝维幼子大有知。昔皇祖厎于今，勖厥遗得显义，告期付于朕身。肆若农服田，饥以望获。予有不显，朕卑皇祖，不得高位于上帝。汝幼子庚厥心，庶乃来班朕大环，兹于有虞意，乃怀厥妻子。德不可追于上，民亦不可答于下。朕不宾在高祖，维天不嘉，于降来省，汝其可瘳于兹。乃今我兄弟相后，我筮龟其何所，即今用建庶建。

叔旦恐，泣涕共手。

王曰：呜呼！旦，我图夷兹殷，其惟依天室，其有宪命，求兹无远。天有求绎，相我不难。自雒汭延于伊汭，居易无固，其有夏之居。我南望过于三途，我北望过于岳鄙，顾瞻过于有河，宛瞻延于伊洛。无远天室。

其名【曰】兹曰度邑。

（《〈度邑〉与征会礼》，原题《〈度邑〉与武王征会典礼——兼论殷商周初的王政》，《中原文化研究》2023 年第 2 期）

贰 《世俘》与献俘礼

《世俘》是一篇可靠的西周文献,顾颉刚、李学勤等学者都进行了充分细致的论证。对此,笔者深表赞成。然而,《世俘》是怎样形成的,文本结构有什么特点,却未见学者研究。本文尝试着对这个问题进行初步探讨。

一 《世俘》文本存在的两个问题

《世俘》开头的一段文字是:

> 维四月乙未日,武王成辟四方通殷命有国。

最后一段文字是:

> 商王纣于南郊。时甲子夕,商王纣取天智玉琰五,环身厚以自焚。凡厥有庶,告焚玉四千。五日,武王乃俾千人求之,四千庶玉则销,天智玉五在火中不销。凡天智玉,武王则宝与同。凡武王俘商旧宝玉万四千,佩玉亿有八万。①

---

① 笔者按:该段引文依据的是朱右曾《逸周书集训校释》中的文字。朱右曾说:"故书作'俘商旧玉亿有八万',兹依《北堂书钞》、《艺文类聚》、《太平御览》增补。"(商务印书馆1940年版,第58页)正文引用的某些学者的话,仍然保持原来文字,不予改动,请读者明鉴。

贰 《世俘》与献俘礼

开头一段文字的核心是"武王成辟"。对于这段文字，顾颉刚先生依据"乙未"在武王伐纣后于镐京举行献俘礼的四月"庚戌"等历日的前面，与武王成辟的"追记"有矛盾，以及"乙未日"不符合古代文例两个理由，认为该段是"低手人笔墨"，是"后人羼厕"，因此在自己整理写定的《世俘》中将该句话排除了。①

最后一段文字记载的是"武王俘玉"的内容。② 这段文字在文意上与其前面的武王在镐京举行祭祀的内容不相联属，给人一种游离于正文之外的感觉，于是孔晁、卢文弨、罗琨等学者试图将其缀联到前文中去。但缀联的方案有多种，或主张缀联到武王伐纣一段之后，或主张缀联到武王俘获总计一段之后，彼此矛盾较大，不好调和。③

---

① 顾颉刚：《〈逸周书·世俘篇〉校注、写定与评论》，《文史》第二辑，中华书局1963年版。

② 笔者按：《世俘》所载内容，顾颉刚先生分作七部分：1. 武王克商；2. 武王遣将伐商属国；3. 武王在殷都之祭祀；4. 武王在殷郊狩猎获兽总计；5. 武王伐国、俘人总计；6. 武王归国后之祭祀；7. 武王俘玉。见氏著《〈逸周书·世俘篇〉校注、写定与评论》，《文史》第二辑，中华书局1963年版。本文对《世俘》段落大意的表述，依据的就是顾先生的归纳。

③ 笔者按：魏晋之际的孔晁说："更说始伐纣时。"见氏注《逸周书》，《丛书集成初编》，中华书局1985年版，第116页。意指该段是在记叙了武王俘获、献祭之后，回过头来接着本文开始的"武王克商"一段，再次记叙武王克商的事情。

清代的卢文弨说："谢（墉）云：自'商王纣于商郊'始，其文皆当在前'甲子朝至接于商'下，句'则咸刘商王纣于商郊'，此处'商王纣'三字，衍文也。'俘商玉亿有百万'，下乃接'武王在祀'至'燎于周庙'而止，则时日亦符，而文义无舛矣。"见氏注《逸周书》，《丛书集成初编》，中华书局1985年版，第116页。意思是说将该段前面的"商王纣于商郊"等文字放到"武王克商"一段中，将剩下的文字放到"武王伐国、俘人总计"一段中。

当代学者中，赵光贤先生在肯定《世俘》所载武王伐纣史实的前提下，把"商王纣于商郊。时甲子夕，商王纣取天智玉琰五，环身厚以自燎"句，前移到"武王克商"一段的后面，而将后面的大部分与"武王在殷郊狩猎获兽总计"与"武王伐国、俘人总计"两段，判为"是改窜者添加的内容"，都予以删除。见氏著《说〈逸周书·世俘〉篇并拟武王伐纣日程表》，《历史研究》1986年第6期。

罗琨先生在编排武王伐商日谱时，将该段由"甲子夕"与"五日"领起的两句话与"武王克商"的材料对等看待，但对最后一句话"凡武王俘商旧宝玉万四千，佩玉亿有八万"，则意味深长的省略号来代替。见氏著《从〈世俘〉探索武王伐商日谱》，《周秦文化研究》，陕西人民出版社1998年版。

将该段前移到"武王克商"部分后面的方案，理由是该段中有记载武王克商的内容。但这样的缀联，对于"甲子夕"领起的纣王披玉自焚与"五日"领起的武王派人寻玉两句话来说是合适的，而对于最后一句"凡武王俘商旧宝玉万四千，佩玉亿有八万"，即交代武王俘玉总数的话则不合适。

（转下页）

如此一来，我们面临一个尖锐的问题，武王成辟与"武王俘玉"两段文字在《世俘》中所处位置是否恰当？如果不恰当，意味着《世俘》现在的篇章结构可能不合理。如果恰当，那么《世俘》的篇章结构为什么是现在这个样子？

《世俘》篇章结构不合理的可能，似乎可以不予考虑，因为无论是《尚书》中的《周书》篇章，还是今本《逸周书》中已经被证明是西周文献的篇章，脉络都很清楚，结构都很完整。尤其记载武王伐纣史实的篇章——《牧誓》《克殷》《商誓》——更是如此，难道唯独《世俘》是个例外？虽然"例外"不能完全排除，但毕竟概率太小，我们应当从正面多加关照。因此不妨先设定《世俘》的篇章结构合理，然后用同时代材料予以证明。

二　由小盂鼎所载献俘礼看《世俘》的结构

能用以证明《世俘》篇章结构合理的材料，是西周时代的献俘礼。记载献俘礼的西周青铜器有堲方鼎、敔簋、多友鼎、兮甲

（接上页）将该段前移到"武王伐国、俘人总计"后面的方案，理由是该段中有记载武王俘获的内容。这样的缀联，对于最后一句话来说是合适的，而对于前面的两句话则不合适。

将该段分解为前后两部分，分别与"武王克商""武王伐国、俘人总计"两段缀联，在当代学者中也有类似做法。为了迁就自己观点，将一个整体段落肢解得支离破碎，为学术规范所不允许。

与上述学者的解释不同，顾颉刚先生认为该段处于《世俘》文后是合适的，他说："按以俘人与俘玉较，则俘人之重要性远过于俘玉，故俘玉之时间虽前，而其事则记于献俘之后。"见氏著《〈逸周书·世俘篇〉校注、写定与评论》，《文史》第二辑，中华书局1963年版。这是从思想观念的角度对该段所处位置恰当做出的解释。但是，顾先生忽略了一个基本事实，那就是人的价值高于物，尤其像宝玉一样贵重的物，大约是在春秋时代的中后期才产生的观念，商周之际无论如何都是不可能具有的，所以这样出于臆测的解释，不足为据。

在武王成辟与"武王俘玉"两段文字之外，《世俘》文本中还有一个问题，即从"辛亥，荐俘殷王鼎"句，到"乙卯，籥人奏《崇禹生开》三终，王定"句一段文字，可能是错简。关于对该问题的介绍与论述，请参见拙作《〈世俘〉错简续证》，《中国史研究》2013年第1期。此不赘述。

贰 《世俘》与献俘礼

盘、小盂鼎等①，其中记载较为全面的是康王二十五年的小盂鼎。为了便于考察，现将小盂鼎铭文按照仪式程序，编以号码，抄录于下。

（1）唯八月既望，辰在甲申，昧爽，三左三右多君入服酒。明，王格周庙，□□□邦宾，延邦宾尊其旅服，东向。

（2）盂以多旂佩鬼方子□□入南（？）门，告曰：王令盂以□□伐鬼方，□□□聝□，执酋三人，获聝四千八百又二聝，俘人万三千八十一人，俘马□□匹，俘车卅辆，俘牛三百五十五牛，羊卅八羊。盂又告曰：□□□□，乎蔑我征，执酋一人，获聝二百卅七聝，俘人□□人，俘马百四匹，俘车百□辆。

（3）王〔若〕曰：□！

（4）盂拜稽首，以酋进，即大廷。王令荣讯酋。荣即酋讯厥故，□趩伯□□鬼獻，鬼獻虘以新□从。咸。

（5）折酋于□。

---

① 笔者按：这些青铜器的时代，及在《殷周金文集成》中的编号分别是：西周早期，5.2739；西周晚期，8.4323；西周晚期，5.2835；西周晚期，16.10174；西周早期，5.2839。
商代甲骨刻辞中也有对献俘礼的记载，比如著名的小臣墙刻辞（《合集》36481 正）。为了分析比较的方便，现将其编以序号，抄录于下（据朱凤瀚《重读小臣墙骨版刻辞》，《古文字研究》第三十一辑，中华书局 2016 年版）：
（1）……小臣墙比伐，擒危羌……人（？）廿人四，馘千五百七十，罢百……丙，车二丙，楯百八十三，函五十，矢……兄。（2）又〔侑〕白【伯】髮于大乙，用羌白【伯】印……晏于祖乙，用羌于祖丁。（3）隻甘京易【赐】……
该刻辞记载的是举行于商末帝乙时期的一次献俘礼，该礼仪由三部分组成：（1）是第一部分，记载的是伐危的俘获（告俘）。（2）是第二部分，记载的是杀俘祭祖（献俘）。（3）是第三部分，记载的是献俘之后的赏赐（赏赐）。与《世俘》、小盂鼎所载西周献俘礼相比，礼仪程序大致类似，反映了商周在礼制方面的继承的关系。个别细节有所不同，原因或是商周文化有所区别，或是战争规模、俘获数量存在差异。该条刻辞可以证明《世俘》所载献俘礼的真实性，但为了行文简洁，笔者将其置于注释中加以分析比较，以为小盂鼎所载西周献俘礼的补充。

61

(6) 王乎费伯令盂以人馘入门，献西旅。

(7) □□入燎周庙。

(8) 盂以□□□□入三门，即立中廷，北向。盂告。费伯即位，费伯□□□□于明伯、继伯、□伯，告。咸。盂与诸侯暨侯、甸、男□□从盂征。

(9) 既咸，宾即位，赞宾。王乎赞盂，以□□□进宾。

(10) □□大采，三周入服酒，王格庙，祝延□□□□□邦宾，丕祼，□□用牲禘周王、武王、成王。□□卜有藏，王祼，祼述，赞邦宾。

(11) 王乎□□□令盂以区入，凡区以品。

(12) 零若翌日乙酉，□三事□□入服酒。王格庙。赞王邦宾，诞王令赏盂，□□□□□，弓一、矢百、画㫃一、贝胄一、金干一、戠戈二、矢䟱八。用作□伯宝尊彝。

(13) 唯王廿又五祀。

小盂鼎记载的献俘礼在甲申与乙酉两天内举行，按照刘雨先生的划分，其仪注共有十项：一、告俘（2，指的是引文中的第二个段落，下同）；二、讯酋（4）；三、折酋（5）；四、献人馘［馘］（6）；五、燎祭（7）；六、告成（8）；七、饮至（9）；八、禘祖（10）；九、献俘获（11）；十、赏赐（12）。[1]

对于这些仪注，陈梦家、唐兰、李学勤、王贵民等学者都与《世俘》进行了比较，总的思路是，用《世俘》解释小盂鼎所载献

---

[1] 刘雨：《西周金文中的军事》，《胡厚宣先生纪念文集》，科学出版社1998年版。笔者按：献俘礼的第一、第四项仪注，刘雨先生称之为"告献""献馘"，然而结合整个献俘礼的内容与过程来看，改为"告俘""献人馘［馘］"，可能更为准确。另外，馘刘雨先生隶定为馘，这个字如何隶定对于本文的论证没有妨碍，笔者在表述时采用多数学者隶定的馘，此处及下文径予改正，下文不再说明，请读者明鉴。

俘礼的仪注，再反过来用小盂鼎证明《世俘》所载献俘礼的可信。①综观这些学者的论证，笔者发现学者对于献俘仪式的细节都比较关注，但对于献俘仪式的整体过程则有所忽略。而忽略的结果，则是对《世俘》中关于武王成辟与"武王俘玉"两段文字被分别置于全篇开头与最后的原因没有给予说明，反过来，又使得学者对献俘礼仪的认识有所疏漏。

如果从献俘仪式的整体过程来看小盂鼎，就会发现刘雨先生对献俘仪注的概括有的地方可能不很准确，比如第九项"献俘获"的仪注——"王乎□□□令盂以区入，凡区以品"，刘先生只是笼统地解释说"入献分区、分品类"②，所分是什么，则没有说明。于是我们不禁要问，"献俘获"与第一项仪注"告俘"，第四项仪注"献人馘"有什么区别呢？

对于"以区入，凡区以品"的正确解释，应当从"区"与"品"的实际含义中获得。区，指的是玉，王国维先生云："余意，古制贝玉皆五枚为一系，合二系为一珏、若一朋。《释器》'玉十谓之区'。区、毂双声，且同在侯部，知区即毂矣。知区之即毂，则知区之即为珏矣。"③ 区、珏、毂，既是玉的单位，又可指代玉。品，"有繁庶众多之义"，"有等级之义"。④ 在商末西周品既可以表示玉，也可以表示土田、臣民等，比如：

（1）尹姞鬲：穆公作尹姞宗室于繇林。唯六月既生霸乙卯，

---

① 陈梦家：《西周铜器断代》，中华书局2004年版，第104—113页；唐兰：《西周青铜器铭文分代史征》，中华书局1986年版，第179—190页；李学勤：《小盂鼎与西周制度》，《历史研究》1987年第5期；王贵民：《商周制度考信》，台北：明文书局1989年版，第257—259页。
② 刘雨：《西周金文中的军事》，《胡厚宣先生纪念文集》，科学出版社1998年版。
③ 王国维：《说珏朋》，《观堂集林》，河北教育出版社2001年版。
④ 徐中舒：《甲骨文字典》，四川辞书出版社1989年版，第197页。

休天君弗忘穆公圣粦明臷事先王，格于尹姞宗室豩林。君蔑尹姞历，赐玉五品、马四匹。　　　（西周中期，《集成》3.754）

（2）鲜盘：唯王卅又四祀，唯五月既望戊午，王在菩京，禘于昭王。鲜蔑历，祼王韐，祼玉三品，贝廿朋。

（一作鲜簋，西周中期，《集成》16.10166）

（3）寝䀠鼎：庚午，王令寝䀠省北田四品，在二月。

（殷，《集成》5.2710）

（4）荣作周公簋：唯三月，王令荣暨内史曰：介邢侯服，赐臣三品：州人、重人、鄘人。　　（西周早期，《集成》8.4241）

例（1）、例（2）中的"品"，都是玉的单位。例（3）、例（4）中的"品"分别是土田与臣民的单位。由此可见，在品的含义中，作为玉的单位，是其重要的义项。

梳理了区与品的含义，再来看小盂鼎中的"以区入，凡区以品"一句话，就可以明白，区与品的结合，说明"献俘获"的仪注，实际上与"告俘""献人馘"有所区别。区别之处在于，告俘，是报告俘获总数；献人馘，是展献斩获的敌人，或其耳朵，或其首级；所谓"献俘获"应当改为"献俘玉"，即展献俘获的宝玉。李学勤先生曾经说："王命某人'令盂以区入，凡区以品'。'区'，前人多读为'驱'，以为与'俘'义同。按师寰簋铭云'驱俘士女牛羊'，'驱'仍是驱赶。多友鼎铭有'驱'，所说的也是马。假如这里的'区'是指俘获的人畜，其数量甚大，进入宗庙是不大可能的。'凡区以品'，'以'训为'有'，文献和金文中用'品'计算的是金、玉。《尔雅·释器》：'玉十谓之区。'鼎铭的'区'可能指玉而言。古代征伐，特别重视玉的夺取，如《世俘》所记：'凡武王俘商旧宝玉万四千，佩玉亿

贰 《世俘》与献俘礼

有八万。'"①李先生的解释可谓剖中肯綮。西周晚期的多友鼎、师寰簋中有"驱"字，作"毆""毆"等形，是一个在"区"之上加意符而形成的文字，与区的含义不可混同。②

小盂鼎所载献俘礼的前后仪式之所以有这样的区别，原因在于这些献俘仪式是在不同的地点连续进行的。比如，"告俘"举行于盂"入南（？）门"之后，"折酋"举行于盂"即大廷"之后，"献人馘"举行于盂"入门"之后，"告成"举行于盂"入三门，即立中廷"之后，"献俘玉"则是举行于"王格庙"之后。将展献所俘宝玉的仪注安排在最后于王庙中举行，是宝玉不同于酋、馘的性质所决定的必然程序。

明确了献俘礼各项仪注的具体内容之后，我们可以将献俘礼十项仪注再进一步归结为四部分：一是告俘；二是献俘（从"讯酋"到"禘祖"七项仪注）；三是献俘玉；四是赏赐。

以此为标准来衡量《世俘》，就会发现《世俘》的篇章结构是按照献俘礼的四部分仪注程序来安排的。

从"武王克商"一段，到"武王伐国、俘人总计"一段，记载的都是俘获情况，每一个段落中虽然都有对时间、地点、人物、事件的交代，但没有像《克殷》一样纠缠于细节描写，而是一笔带过，其落脚点无疑是以"告以馘俘"为代表的最后一句话。"告以馘俘"实际上是在点明整个部分的主旨。其性质类似小盂鼎中的"告俘"。

---

① 李学勤：《小盂鼎与西周制度》，《历史研究》1987年第5期。
② 笔者按：甲骨文字中有"区"字，比如"贞，王其狩区？"（《合集》685正）"丁丑，贞，其区擒？"（《屯南》300）关于"区"字的含义，李孝定先生认为"为地名"。见《甲骨文字集释》，"中研院"历史语言研究所专刊之五十，1970年，第3815页。甲骨文字中的品作"品"形，区作"𠙴"形。区由品孳乳而来。但品与区的造字本义以及二者的关系，目前仍然不明朗。李孝定先生说："古文从ㅂ若口之字每无确诂。"见《甲骨文字集释》，"中研院"历史语言研究所专刊之五十，1970年，第645页。

· 65 ·

"尚书"与礼仪

从"时四月既旁生魄,越六日庚戌,武王朝至燎于周"句,到"用小牲羊豕于百神水土社二千七百有一"句,记载的是献俘礼的核心内容。告天、折酋、荐俘、燎祭、献人馘、禘祖等不同仪注的组合,在从庚戌到乙卯的六天中连续举行。其性质类似小盂鼎的"献俘",但仪式之隆重,延续的时间之长,是小盂鼎无法比拟的。原因是"这是王的亲自征伐,又是推翻商朝的大事,仪节自然有其特色"①。

最后的"武王俘玉"一段,性质类似小盂鼎的"献俘玉"。其中"甲子夕"领起的一句话乍看起来似是记述纣王的自焚经过,但仔细辨别,就会发现其实是在交代宝玉的去向,与下文说宝玉在火中的"销"与"不销"正相呼应。而宝玉经过火的焚烧,有的销毁了,有的没有销毁,说的是宝玉的品质,紧扣的正是小盂鼎所载"献俘玉"仪注中"凡区以品"之"品"字的意思。

开头的一句话,"维四月乙未日,武王成辟四方通殷命有国",性质类似于小盂鼎的"赏赐"。与作为公卿的盂受到康王的赏赐不同,武王是最高统治者,除了上天之外,没有任何人能对其进行赏赐。"武王成辟"正是曲折地表达了上天奖赏武王以天下的意思。

需要特别强调的是,"维四月乙未日,武王成辟四方通殷命有国"一句话,按照献俘礼仪的程序,本应放在"武王俘玉"一段的后面,但为了引起读者的阅读兴趣,采用倒叙的艺术手法,特意将其提到最前面,说明《世俘》必定有"作者"存在。

对于这句话,罗琨先生认为"'乙未'当为'己未'误,不仅

---

① 李学勤:《小盂鼎与西周制度》,《历史研究》1987年第5期。

贰 《世俘》与献俘礼

在古文字中乙、己形近容易混淆，而且己未正在武王返周连续数日祭典结束后的第四日，即四月二十三日。这时武王已将灭商斩纣之事告祭于天、于稷以至列祖，而且正国伯、正邦君，行政事告一段落，正合颁克殷之命于列邦的时机"，并且"'乙未日'之日实为旦字之误"，符合古代文例。① 另外，这句话与宣王后期的佐盘开头的"丕显朕皇高祖单公，桓桓克明慎厥德，夹召文王、武王，达殷，膺受天鲁命，匍有四方"一句话②，无论内容、句式、词汇，都比较接近。"达殷"在《顾命》、史墙盘中也曾出现。"达殷"之"达"，杨筠如先生说汉石经作"通"③，与《世俘》该句话用字相同。两相比较，《世俘》这句话的句读应当是"武王成辟四方，通殷命，有国"，"通殷命"就是"达［通］殷，膺受天鲁命"的缩略。《世俘》的文字较为简略，佐盘的文字较为繁复，当是时代先后使然，但二者相距又不会太远，否则不会有类似的用语习惯。佐盘是宣王后期的器物，因此《世俘》这句话的时代大约是在夷、厉到宣王中期之间。既然与佐盘开头的话在用语与文意两方面类似，说明这句话是《世俘》的原有文字，是"作者"在原始档案的基础上使用了自己时代的字词语句。既符合古代文例，又与西周青铜器铭文照应，那么顾先生将该句话予以删除是不妥当的，应予恢复。

通过以上将小盂鼎与《世俘》的对比、分析，我们可以强烈地感受到，《世俘》的"作者"是在依据献俘礼仪程序来组织材料，同时又依据审美原则来布局谋篇。既然如此，《世俘》有鲜明

---

① 罗琨：《从〈世俘〉探索武王伐商日谱》，《周秦文化研究》，陕西人民出版社1998年版。

② 李学勤：《眉县杨家村新出青铜器研究》，《中国古代文明研究》，华东师范大学出版社2005年版。

③ 杨筠如：《尚书核诂》，陕西人民出版社1959年版，第277页。

的主题是必然的。笔者认为,《世俘》的主题,既不是记叙武王伐纣的经过,也不是记叙武王俘获之多,而应当是记叙武王举行隆重的献俘礼。① 从本次献俘礼"告俘""献俘""献俘玉"之数量巨大的角度看,该文当然就是"大俘",大俘就是"世俘"。② 从献俘礼的隆重举行标志着武王成为天下之君的角度看,该文也可以叫"武成"。"武成"取自开头一段话的"武王成辟",顾颉刚先生认为《世俘》与《武成》是"一书而二名"③。主题既然明确,那么建立在明确主题之上的《世俘》的篇章结构就必然是合理的、有机的。④ 至于"武王成辟"与"武王俘玉"两段文字所处位置的恰当,则更不待多言。

先有原始记录,后有布局谋篇,因此《世俘》的"作者"不应只有一个,而是有多个,他们在前后两个阶段、上下两个层次为《世俘》的形成做出了贡献,因此笔者在上文的论述中于"作者"之上加了引号,以示强调。

---

① 笔者按:认为《世俘》的主题为记载武王伐纣经过,是传统的看法,可以不论。以顾颉刚为代表的一些学者认为《世俘》的主题是"武王俘获",顾先生说:"本篇所载,有俘人、俘车(擒御)、俘鼎、俘玉、俘兽之事,且所俘均有巨大数量,故以《世俘》为名。"见氏著《〈逸周书·世俘篇〉校注、写定与评论》,《文史》第二辑,中华书局1963年版。只看到俘获数量之巨,而没有看到对俘获及俘获数量的交代都是围绕着献俘礼仪进行的,是一些学者看待《世俘》主题时共同存在的问题。有些学者虽然注意到了《世俘》记载了献俘礼,比如罗琨先生,她说《世俘》是"通过伐国俘人、俘玉、行狩获兽、告庙献俘、献祭用牲的巨大数量展示战绩的辉煌和礼仪的隆重"(《从〈世俘〉探索武王伐商日谱》,《周秦文化研究》,陕西人民出版社1998年版)。但仍然将献俘礼与武王伐纣的战绩混合起来。而将战绩与礼仪混合,是没有将《世俘》的主题提炼精确的表现。
② 笔者按:朱右曾说:"世、大古通用,世俘者,大俘也。"见氏著《逸周书集训校释》,商务印书馆1940年版,第53页。
③ 顾颉刚:《〈逸周书·世俘篇〉校注、写定与评论》,《文史》第二辑,中华书局1963年版。
④ 笔者按:说《世俘》结构有机是相对而言,与后世文章相比,《世俘》有三个缺点:一是结尾突然;二是段落之间没有过渡;三是原始记录痕迹较多。

三 《世俘》与原始记录的关系

《世俘》"作者"在依据献俘礼仪程序来组织材料,依据审美原则来布局谋篇时,对待原始记录的取舍采取了谨慎的态度,使用了科学的方法。比如对武王克商、武王遣将伐商属国、武王回到镐京举行献俘礼仪,都是逐日编排,时间、人物、事件清清楚楚,没有机械地依照献俘礼的"告俘""献俘"仪注,简单地罗列俘获类别、数量以及献祭程序就算完事。与此同时,对于武王祭祀时的告神祈神的话,像"维予冲子绥文……"则舍弃全篇,"只摘录片断,示意而已"[1]。在取舍得当、详略有度之间,我们感受到的是"作者"对待材料的慎重态度与高超的改编技巧。

在这几点大的改动之外,《世俘》作者对原始材料还有一些小的改动,比如对武王的称呼,凡是"作者"为了布局谋篇而作了调整的地方几乎都称呼"武王",而一些按历日编排史事的地方,则多称呼武王为"王"。我们似乎可以认为,前者或是经过作者的修改,或本身就是作者的概括之语,后者则保持了原始记录的本来面貌。

既然《世俘》是由"作者"在原始记录的基础上按照献俘礼仪程序改编而来,那么何以证明《世俘》材料的来源是原始记录?笔者的依据主要有如下四项:

其一,《世俘》按照时、地、人、事等要素记载武王伐纣经过的方式,在商末间接记载商王征伐人方史实的甲骨卜辞中已经有所体现。比如《世俘》有"惟一月丙午旁生魄,若翼日丁未,王乃步自于周,征伐商王纣","越若来二月既死魄,越五日甲子,朝至接于

---

[1] 李学勤:《〈世俘〉篇研究》,《古文献丛论》,上海远东出版社1996年版。

商，则咸刘商王纣，执矢［大］恶［亚］臣［人］百人"，"戊辰，王遂御循追祀文王"等句。间接记载商王征伐人方史实的甲骨卜辞中则有："癸卯王卜，贞，旬无咎？在十月又一，王征人方，在商"；"癸丑王卜，贞，旬无咎？在十月又一，王征人方，在亳"等。[1] 人物都是商王，事件都是征伐人方。两相比较，我们可以发现两者的区别主要有两点，一是纪时词语有异；二是记事有详有略。前者的原因在于商周文化传统有所不同；后者的原因在于史记与卜辞的性质有所差别。两者的共同点主要有一点，即记事都是依据时、地、人、事四项要素进行的。这一个共同点告诉我们，商人、周人对于重大事件的记载，在时间的连续与地点的转换等方面，都已经能够做到有条不紊。那么，由甲骨卜辞作参照，我们似可以认为，《世俘》中按日编排的武王伐纣的条文应当来自原始记录，而原始记录的行文格式，大概与甲骨卜辞按日间接记载商王征伐人方史实的条文相似。

其二，《世俘》语言中的一些被动句式与主动句式在形式上没有分别，这一特点与甲骨卜辞、西周早期金文相同。比如"太公望命御方来""吕他命伐越戏方""甲申，百弇以虎贲誓，命伐卫"等。太公望、吕他、百弇都是"命"的被动者，而施动者显然是武王，但文中没有出现。因此，罗琨先生说："宾语前置与不前置的句型，在形式上也并非有严格界限，反映了语法尚不成熟，被动句尚在萌芽中。这种情况商代多见，西周前期的金文中也常出现，西周晚期以后，主动被动不分的句型逐渐被有形式标志的被动句取代。《世俘》在文字上大量保存这种古老形式的被动句，不可能由后人伪造。即使传世本成书稍晚，它使用的资料相当一部分也应

---

[1] 笔者按：《英国所藏甲骨集》2524—2525条卜辞。参见姚孝遂、肖丁《殷墟甲骨刻辞摹释总集》，中华书局1988年版，第829—830页。

形成于西周早期。"① 罗先生将《世俘》成篇的时代与其据以成篇资料的时代分别开来,并且判定后者形成于西周早期,与历史实际相符。

其三,《世俘》所载献俘礼中的某些细节与商末甲骨卜辞所载祭祀时的射牲之礼相同。《世俘》所载献俘礼中有一项是:"武王乃废于纣矢［大］恶［亚］臣［人］百人,伐右［右伐］厥甲［六十］,小子鼎;大师伐厥四十夫,家［冢］君鼎"。这句话的校读,采纳了裘锡圭先生的观点。裘锡圭先生将其与甲骨卜辞进行了比较,认为其中的"'废'字当读为'发'","'发'字古训'射'","发于纣大亚臣百人,与卜辞所说的'发廿人'、'羌发五十',是同类的事情",即祭祀时的射牲礼。而"'伐右厥甲'当指武王射殷俘后砍其头以祭之事"。因此裘先生断定《世俘》所载"是一条极为宝贵的人祭史料"②。

其四,《世俘》所载献俘礼的某些细节与西周金文所载献俘礼完全相同。《世俘》云:"武王在祀,大师负商王纣县首白旂,妻二首赤旂,乃以先馘入,燎于周庙。"即大师肩扛白、赤二旗,白旗上悬挂着纣的头,赤旗上悬挂着纣二妻的头。与此类似的记载,除了上举小盂鼎中的"盂以多旂佩鬼方子□□入南(?)门"之外,还有敔簋(《集成》8.4323)中记载的当敔追击南淮夷胜利归来后,"长榜载首百,执讯卌,夺俘人四百"。大师、盂、敔对斩获的敌酋首级的处理方式,都是以西周时代的献俘礼仪来行事,所以才出现了类似的情景。

除了这四条依据,《世俘》在历日、方国、思想观念等方面的可

---

① 罗琨:《从〈世俘〉探索武王伐商日谱》,《周秦文化研究》,陕西人民出版社1998年版。

② 裘锡圭:《释"勿""发"》,《古文字论集》,中华书局1992年版。

靠性，已经被学者反复证明，不必赘言。这些依据足以能证明《世俘》是由原始记录改编而来的篇章。

《世俘》据以改编的原始记录的行文格式，上文已经指出，可能类似甲骨卜辞按日间接记载的商王征伐人方史实的条文。那么这些按日记载、按日编排的原始记录中肯定还有其他重大事项与历时四个月的武王伐纣过程穿插在一起，比如武王迁一部分殷遗民上层分子于西土，与武王登临太室山以确定计划营建的雒邑的地址。但"作者"却将这些事情省略掉，只围绕着记叙武王举行隆重献俘礼的主题来选择材料，这实际上已经具备了纪事本末史学体裁的雏形。对此，朱熹曾在《跋通鉴纪事本末》一文中有过评论，他说："古史之体，可见者《书》《春秋》而已。《春秋》编年通纪，以见事之先后。《书》则每事别记，以具事之首尾。意者当时史官既以编年纪事，至于事之大者，则又采合而别记之。若二典所记，上下百有余年，而《武成》《金縢》诸篇，其所纪载或更数月，或历数年，其间岂无异事？盖必已具于编年之史而今不复见矣。"[①] 朱熹将《世俘》认作纪事本末体的源头，很有道理，可以成立，而上文对《世俘》篇章结构及材料来源的分析则使之落在了实处。

四 对《世俘》年代的判断

"武王成辟"与"武王俘玉"两段文字在《世俘》中所处位置恰当，《世俘》的篇章结构合理，《世俘》是按照西周时代的献俘礼仪程序组织材料、布局谋篇，这些结论都促使我们得出一个共同的判断：《世俘》是一篇西周文献。同时，《世俘》所载礼仪细节，所

---

① 朱熹：《跋通鉴纪事本末》，《晦庵先生朱文公文集》（三十八）卷八十一，《四部丛刊初编集部》，上海书店1989年版。

用语言及语法等，都与商末周初的甲骨文、金文类似，尤其开头一句话与宣王后期的佐盘开头一句话在用语、文意两方面非常接近，因此我们进一步判断：《世俘》据以改编的档案文书被记录于西周初年，而档案文书被改编为"书"篇，大约是在西周后期。

先有西周初年的原始记录，后有西周后期的改编成篇，《世俘》的制作过程几乎经历了整个西周时代。《世俘》的制作，昭示了今本《逸周书》《尚书·周书》中的某些记事类篇章的制作可能都有类似的过程，因而具有普遍意义。

（《〈世俘〉与献俘礼》，原题《小盂鼎与〈世俘〉新证》，《中国史研究》2008年第1期。收入《〈逸周书〉新研》，中华书局2013年版）

叁 《世俘》与盟誓礼

《世俘》是今本《逸周书》的第四十篇，记载了武王伐纣的过程。近代以来，随着经学在意识形态领域地位的衰落，《世俘》的史学价值受到学者的重视，顾颉刚、赵光贤、李学勤、罗琨，以及笔者分别从史实、思想、历日、礼制、语言文字、篇章结构等方面，进行了深入研究，取得了一系列重要成果①。达成的共识是：（1）《世俘》是一篇可靠的西周文献。（2）《世俘》所载武王伐纣过程历经四个月，其中夹杂在武王派兵遣将征伐商人属国之间的段落，即从"辛亥，荐俘殷王鼎"到"乙卯，籥人奏《崇禹生开》三终，王定"是错简，正确位置应当在四月庚戌日武王"燎于周庙"之后，乙卯日"武王乃以庶国祀馘于周庙"之前。②（3）《世俘》对武王伐纣过程

---

① 顾颉刚：《〈逸周书·世俘篇〉校注、写定与评论》，《文史》第二辑，中华书局1963年版；赵光贤：《说〈逸周书·世俘〉篇并拟武王伐纣日程表》，《历史研究》1986年第6期；李学勤：《〈世俘〉篇研究》，《古文献丛论》，中国人民大学出版社2010年版；罗琨：《从〈世俘〉探索武王伐商日谱》，《周秦文化研究》，陕西人民出版社1998年版；拙作：《小盂鼎与〈世俘〉新证》，《中国史研究》2008年第1期。

② 朱右曾说："辛亥即下文辛亥……此篇非一人所记，故错出于此。"见氏著《逸周书集训校释》，商务印书馆1940年版，第55页。

赵光贤先生说："按原文自'辛亥荐俘殷王鼎'至'乙卯籥人奏崇禹生开，三终，王定'乃武王归镐京后，献馘俘于祖庙的文字，误置于此……置此段文字于此，遂使武王命将出师之事，打成两段。……此段错简中还有错简，即'谒戎殷于牧野'，此句当在牧野之战后不久，不应插入武王祭祖庙之中。"见氏著《说〈逸周书·世俘〉篇并拟武王伐纣日程表》，《历史研究》1986年第6期。

李学勤先生说："'辛亥，荐俘殷王鼎'一段有一句话是：'甲寅，谒我殷于牧野。''我'字误，卢文弨校改为'戎'，这样'谒戎殷'似乎是在牧野当地，但是'谒'训为（转下页）

叁 《世俘》与盟誓礼

的叙述，依据的不是时间的顺序，而是西周献俘礼仪节①，即告俘、献俘、赏赐。为了达到先声夺人的效果，作者将赏赐仪节，即"武王成辟四方"，放在文本开头，从而形成现在《世俘》的篇章结构。②

笔者赞成上述观点，但同时认为，部分学者对于《世俘》所载献俘礼的研究，用以参照的材料主要是小盂鼎，着眼点是《世俘》的

(接上页)'告'，意思是告于上，谒告戎殷未免不词。实际《逸周书》还有此类的误字，见于《商誓》篇：'命予小子肆我殷戎。''我'不能改为'戎'字。这两处'我'字，都应校正为'伐'。《商誓》是说上帝命武王伐商，《世俘》是说以伐商于牧野之事告于先王。明白了这一点，即可确定'辛亥，荐俘殷王鼎'到'乙卯，籥人奏《崇禹生开》'一段确系错简。"见氏著《〈世俘〉篇研究》，《古文献丛论》，中国人民大学出版社2010年版。

笔者按：最近，"清华简"《四告一》刊发，其中有句云："上帝弗若，乃命朕文考周王殪戎有殷，达有四方。在武王弗敢忘天威命明罚，至戎于殷，咸戡厥敌。"（黄德宽主编、清华大学出土文献研究与保护中心编《清华大学藏战国竹简（拾）》，中西书局2020年版，第110页）这里的两个"戎"，意思是"动用武力，征伐"（同上书，第113页）。由此可证，"戎殷"就是伐殷，卢文弨的校正可从。李学勤先生对于"戎"字的校改，虽显迂远，但对于整个句意的理解还是正确的。

罗琨先生说："这连续五天的祭典十分隆重，武王在不同的祭仪中着不同祭服、用不同的礼仪和乐舞，这显然不可能在灭商的戎马倥偬之时，只能在凯旋之后。"见氏著《从〈世俘〉探索武王伐商日谱》，《周秦文化研究》，陕西人民出版社1998年版。

此外，笔者认为《世俘》错简产生的原因，可能是西周的史官有太史内史之分，职责有记事记言之别。见拙作《〈世俘〉错简续证》，《中国史研究》2013年第1期。

① 笔者按：为了论证顺畅，逻辑统一，有几个概念需要界定：典礼，也可简称礼，是对整个礼仪活动的总称，如献俘礼、册命礼等，是一级概念；同时，这个概念有一些模糊性，也可以笼统地称谓一些行礼活动。仪节，是典礼的组成部分，如献俘礼中的告俘、献俘、赏赐等，其中包含多个礼的小目，是二级概念。仪注，是礼的具体小目，如献俘礼节中的祭天、祭祖、告成、饮至等，是三级概念。仪式，是礼的外在形式，与仪仗的概念较为接近。礼仪，其中的仪既可以是行礼者的仪表神态，与威仪的概念较为接近；也可以是仪式、仪节。

② 笔者按：这个看法的得出，学者主要依据了小盂鼎（西周早期，《集成》5.2839）。将《世俘》与小盂鼎进行对比的代表性学者及其著作有，陈梦家：《西周铜器断代》，中华书局2004年版，第108页。李学勤：《小盂鼎与西周制度》，《当代学者自选文库：李学勤卷》，安徽教育出版社1999年版。裘锡圭：《释"勿""发"》，《裘锡圭学术文集》（1），复旦大学出版社2012年版。拙作：《小盂鼎与〈世俘〉新证》，《中国史研究》2008年第1期。

应该补充的是，《世俘》记载的是献俘礼，篇章结构依据献俘礼仪程序来安排，还可以得到商末小臣墙刻辞（《合集》36481正）的证明。见拙作《小臣墙刻辞与商末献俘礼——兼论商代典册问题》，《河北师范大学学报》2013年第6期。如此一来，小臣墙刻辞、小盂鼎，以及下文引用的敔簋、鲁僖公二十八年《左传》等，记载的商代、西周、春秋的献俘礼，上下贯通起来，对于我们从整个先秦时代献俘礼的背景中，认识《世俘》记载的武王献俘典礼的性质，有较大裨益。

文本结构，目的是揭示《世俘》的形成方式，因而对这个问题以外的内容没有太注意，留下了较大的探讨空间。比如，（1）四月庚戌日的献俘仪节与小盂鼎基本对应，能否在此基础上再对某些细节作进一步的对比，以深化我们对于西周献俘礼的认识？（2）从辛亥日到乙卯日武王在献俘之外还进行了另外一些活动，如辛亥日的"告天宗上帝""语治庶国"等，这些活动在献俘礼中处于怎样的位置，有什么独特的意义？（3）庚戌日武王献俘、祭祖、告天，辛亥日武王献俘、祭祖、告天，到了乙卯日武王仍然献俘、祭祖、告天，与此同时还祭祀了"百神水土社"等。乙卯日武王祭祀如此之多的神灵的目的是什么？它在献俘礼中处于怎样的位置，有什么独特的意义？

这些问题，既是《世俘》所载献俘礼中存在的问题，也是武王伐纣过程中存在的问题，还是西周开国史中存在的问题，弄清这些问题对于华夏早期历史的研究很重要。为此，笔者不揣谫陋，尝试着对这些问题进行探讨，以就教于方家。

一　庚戌日武王献俘仪节的再考察

武王伐纣成功，胜利归来，于四月庚戌日举行的献俘仪节，是整个献俘典礼的开场节目。

> 时四月既旁生魄，越六日庚戌，武王朝至燎于周，"维予冲子绥文……"武王降自车，乃俾史佚繇书于天号。武王乃废于纣矢【大】恶【亚】臣人百人，伐右【右伐】厥甲【六十】，小子鼎；大师伐厥四十夫，家【冢】君鼎。帅司徒司马初厥于郊号。武王乃夹于南门用俘，皆施佩，衣衣，先馘入。武王在祀，大师负商

叁 《世俘》与盟誓礼

王纣县首白旗，妻二首赤旗，乃以先馘入，燎于周庙。①

这段引文的句读，依据的是裘锡圭、李学勤、谢肃三位先生的观点。② 其中有两点疑问，需要在考察之前作一说明。首先，"维予冲子绥文……"武王类似的话语，在下文又出现了三次，"看来当时专录有文辞全篇，这里只摘录片段，示意而已"。③ 这是因为《世俘》的主旨是记事，而不是记言。冲子，也见于《尚书》的《盘庚》《大诰》等，即西周早期它簋（《集成》8.4330）中的"沈子"，如同祭祀天地祖考时祭者在神灵面前谦称的"小子"。④ 这句话出现在这里显得很突兀，与上下文的关系不明朗。其次，"繇书于天号""初厥于郊号"，由字面意思看，大约是向天神宣读文书，文书的内容可能是报告伐纣成功之类，但进一步的情况却不能确知。

在这两点疑问之外，其他字词、语句，以及礼制等，由于学者的不懈努力，基本上得到了解决，使我们对相关仪注的认识较为清晰。

第一，"武王乃废于纣矢【大】恶【亚】臣人百人，伐右【右伐】厥甲【六十】，小子鼎；大师伐厥四十夫，家【冢】君鼎"。废，读为发，训射，与甲骨卜辞"羌发五十"（《合集》26909）中的"发"是一样的意思，都是射牲仪注。大亚，高级官员，即西周晚期龖簋（《集成》8.4215）中"诸侯大亚"的大亚。臣，王的近侍，商周甲骨文金文常作"多臣"或"小臣"。右，可能是甲骨卜辞中的祭

---

① 笔者按：本文所引《世俘》，底本是朱右曾的《逸周书集训校释》（商务印书馆1940年版），然后根据具体情况再参以当代学者顾颉刚、李学勤、裘锡圭等先生的意见。请读者明鉴。
② 裘锡圭：《释"勿""发"》，《裘锡圭学术文集》（1），复旦大学出版社2012年版；李学勤：《〈世俘〉篇研究》，《古文献丛论》，中国人民大学出版社2010年版；谢肃：《〈世俘〉"皆施佩，衣衣，先馘入"解》，《中国史研究》2017年第1期。
③ 李学勤：《〈世俘〉篇研究》，《古文献丛论》，中国人民大学出版社2010年版。
④ 董珊：《释西周金文的"沈子"和〈逸周书·皇门〉的"沈人"》，《出土文献》第二辑，中西书局2011年版。

名"又";伐右,或为"右【又】伐"的倒置,与甲骨卜辞"辛巳卜,行贞,王宾小辛,又伐羌二卯二宰,无咎"(《合集》23106)的文例相同。伐,以戈击人,砍杀。甲,与下文的"四十夫"相对,或是"六十"合文的讹变。鼎,动词,大概是指把砍下的人头或砍头后所截之耳盛在鼎里献祭,文例与甲骨卜辞"其鼎,用四……玉犬羊……"(《合集》30997)相同。裘锡圭先生在作出了上述校正与解释之后,将这句话的大意概括为:"武王射杀被俘的纣的高级的亚和臣一百人,并砍下了其中六十个人的头,由小子们盛在鼎里献祭。大师砍下了其中四十个人的头,由邦君们盛在鼎里献祭。"①

第二,"武王乃夹于南门用俘,皆施佩,衣衣,先馘入"。南门,王宫的皋门,因为在最外面且南向,故称南门。② 施,施加。佩,也可作珮,珠、玉、贝等饰物。第一个"衣"是动词,穿戴、装扮;第二个"衣"是名词,衣服、文绣。馘,首级,或截断的左耳。"皆施佩,衣衣,先馘入",即俘虏都被饰以贝玉、妆以文绣,作为献祭的牺牲而先于首级或左耳,被带进宗庙。③

第三,"武王在祀,大师负商王纣县首白旗,妻二首赤旗,乃以先馘入,燎于周庙"。大师,就是上面"大师伐厥四十夫"的大师,由其与武王大致并列的地位看,应该是太公望。④ 这句话的大意是,在武王进行献祭的同时,大师肩扛白赤二旗,白旗上悬挂着纣王的头颅,赤旗上悬挂着纣王两个妻妾的头颅,先于其他首级进入宗庙,然后举行燎祭。

---

① 裘锡圭:《释"勿""发"》,《裘锡圭学术文集》(1),复旦大学出版社2012年版。
② 李学勤:《小盂鼎与西周制度》,《当代学者自选文库:李学勤卷》,安徽教育出版社1999年版。
③ 谢肃:《〈世俘〉"皆施佩,衣衣,先馘入"解》,《中国史研究》2017年第1期。
④ 笔者按:"大师"是谁,学者有乐师、太公望等不同看法,见顾颉刚《〈逸周书·世俘篇〉校注、写定与评论》,《文史》第二辑,中华书局1963年版。本文采纳大师是太公望的观点。

叁 《世俘》与盟誓礼

这三个仪注都属于献俘礼中的献俘仪节，但所献之俘的类型与级别，有较为明显的区别。被武王先废后伐的"纣矢【大】恶【亚】臣人百人"，是级别最高的生俘。"武王乃夹于南门用俘"之俘，显然与已经遭到废伐的亚臣不同，是级别低于亚臣的生俘。在生俘之外是馘，即首级或左耳，与生俘相对；同样是首级，被带进宗庙时，纣王及其妻妾的首级在前，其他首级在后。这个分类，即亚臣、人、馘，与西周中期或簋（《集成》8.4322）的"获馘百，执讯二夫……俘人百又十又四人"；西周晚期敔簋（《集成》8.4323）的"长榜载首百，执讯四十，夺俘人四百"完全相同。讯，既区别于俘人，也区别于馘首，与《世俘》对应的是"大亚臣"。

或簋、敔簋所载是对战争俘获类型与数量即战绩的说明，而不是献俘礼，所以《世俘》与之的可比性，只是表现在类别上。相对而言，西周早期康王二十五年的小盂鼎（《集成》5.2839）记载的是献俘礼，《世俘》与之的可比性，不仅在于类别上，而且在于献俘仪注及其程序上。

（1）盂以多旂佩鬼方子……入南门，告曰："王令盂以……伐鬼方……执兽【酋】二人，获馘四千八百又十二馘，俘人万三千八十一人，俘马……匹，俘车……辆，俘牛三百五十五牛、羊卅八羊。"盂或【又】告曰："……乎蔑（？）我征，执兽【酋】一人，获馘二百卅七馘，俘人……人，俘马百四匹，俘车百……辆。"①

---

① 笔者按：本文对于小盂鼎铭文的隶定与句读，主要采纳了李学勤先生的见解，见氏著《小盂鼎与西周制度》，《当代学者自选文库：李学勤卷》，安徽教育出版社1999年版。同时，在个别字词的隶释上，借鉴了刘雨先生的主张，见氏著《西周金文中的军事》，《胡厚宣先生纪念文集》，科学出版社1998年版。请读者明鉴。

这是献俘礼中的告俘仪节。这次战争攻伐的对象可能有两个，或者战争分两期进行，因而盂向康王报告战俘也有两次。又由于战争规模较大，俘获较多，所以盂报告俘虏的类别与数量也较大较多。其中尤其值得注意的是，俘获的类别在羊、马、车之外，是酋、人、馘，《世俘》与之完全相同。

接下来，是告俘之后的献俘：

（2）盂拜稽首，以兽【酋】进，即大廷。王令荣……兽【酋】，讯厥故，【曰】："趞伯……鬼闻，鬼闻虘以亲……从。"咸，折酋于……以人、馘入门，献西旅；以……入，燎周【庙】。

这是告俘仪节之后的献俘仪节。其中第一个仪注是"以酋进"，即献酋。酋是酋长或首领，级别与《世俘》中的"大亚臣"大致相当。献上来之后，由荣进行审讯，荣在康王二十三年的大盂鼎（《集成》5.2837）中是王朝公卿，是盂的上司[①]。讯，审讯、审问。这个"讯"字，可能是彧簋、敔簋等西周青铜器铭文中称呼高级生俘为"讯"的来源，二者是动名相因的关系。审讯为讯，被审讯对象因而也叫讯，如同《尚书·康诰》中的"庸庸、祗祗、威威"[②]。审讯之后是"折酋"，即斩首。《世俘》与这个过程相比，没有审讯的环节，但最后的处理结果完全一样，这是因为"大亚臣"助纣为虐的罪行是明摆着的，毋需审讯。第二个仪注是折酋之后"以人、馘入门"，即进献人与馘，然后是燎祭，结束了这个阶段的仪节。由文字的顺序看，进献的程序是先人后馘，即先是级别低于酋的生俘，后是斩获的敌人首级或其左耳，《世俘》与

[①] 唐兰：《西周青铜器铭文分代史征》，中华书局1986年版，第160、171、176页。
[②] 蔡沉撰，王丰先点校：《书集传》，中华书局2017年版，第145页。

之完全相同。①

无论是俘获种类与级别的划分，还是献酋、献人、献馘的仪注及其程序，《世俘》与小盂鼎都完全相同，这在进一步证明《世俘》可信的同时②，也深化了我们对于西周献俘礼细节的认识。

二 "告天宗上帝""语治庶国"与"告成饮至"仪节的关系

武王在献俘仪节之后继续举行盛大的典礼活动，其中主要仪注有"荐俘殷王鼎""告天宗上帝""王烈祖……以列升""维告殷罪""语治庶国""正国伯""正邦君"等。

> 辛亥，荐俘殷王鼎。武王乃翼矢珪、矢宪，告天宗上帝。王不革服，格于庙，秉黄钺，语治庶国；篇人九终。王烈祖自太王、太伯、王季、虞公、文王、邑考以列升，维告殷罪。篇人造；王秉黄钺，正国伯。壬子，王服衮衣，矢琰，格庙。篇人造；王秉黄钺，正邦君。癸丑，荐殷俘王士百人。篇人造；王矢琰，秉黄钺，执戈。王入，奏庸；大享一终，王拜手稽首。

---

① 张怀通：《小盂鼎与〈世俘〉续证》，复旦大学出土文献与古文字研究中心网站，http://www.gwz.fudan.edu.cn/Web/Show/4228。
② 笔者按：《世俘》记载"庚戌""乙卯"两天武王献俘活动的主语是"武王"，而与记载"癸巳""戊辰""壬子"等天武王伐纣、封缁诸侯等活动的主语"王"，有显著区别。对此，章宁依据西周金文中周王生称王而死称谥的通例，认为："（该段文字）是后世史官为了实现某种特定的撰写目的，通过整理既有材料改编撰写而成的记事专篇"，"粗放地说……（该段文字）整体追述于两周之际。"见氏著《〈世俘〉编纂考》，载《经学文献研究集刊》第二十三辑，上海书店出版社 2020 年版。笔者认为，章先生的观点大致可以接受。后世作者"整理既有材料"与此处所讲"《世俘》可信"协调统一。再，下节开头所引"辛亥，荐俘殷王鼎。武王乃翼矢珪、矢宪，告天宗上帝"一句话，其中的"天宗"，不见于西周金文，而见于较晚的《礼记·月令》，可能是作者将后世词语带入。章先生依据其中的主语"武王"，将这句话归入"庚戌""乙卯"类型，认为其性质是"改编撰写"。可以成为笔者判断的佐证。

王定，奏庸；大享三终。甲寅，谒戎殷于牧野。王佩赤白旗。篙人奏《武》。王入，进《万》，献《明明》三终。乙卯，篙人奏《崇禹生开》三终，王定。

这段仪节延续的时间较长，辛亥、壬子、癸丑、甲寅、乙卯，一连五天，与举行献俘仪节的庚戌日相连。地点是"庙"，即周人的宗庙，与庚戌日献俘活动的地点相同。一些仪注与庚戌日仪注有所差异但前后照应，如"荐俘殷王鼎""荐殷俘王士百人""王烈祖……以列升""王佩赤白旗"等。这是五天活动可以总体上归入献俘礼的主要原因。

除此之外，有两个仪注显示了五天活动与献俘仪节又有细微区别。第一个仪注是"告"，即报告。武王于五天中举行的各项礼仪，如"秉黄钺""服衮衣"等，进行的各项仪式，如"奏庸；大享三终"等①，看似纷纭复杂，令人应接不暇，但其中有一条主线，那就是"告"的仪注：辛亥日有"告天宗上帝""维告殷罪"，这两个"告"当然是报告。甲寅日有"谒戎殷于牧野"，大意是以伐殷于牧野之事告庙，其中的谒，是告、报告。② 这三个报告的主语是武王，对象是天帝或祖考。辛亥日、壬子日、癸丑日有三个"篙人造"，其中的造，也是告、报告，文例与西周晚期师同鼎（《集成》5.2779）的"师同从，折首执讯……用造【告】王"一样。③ 三个报告的主

---

① 笔者按：《左传》僖公二十八年记载，晋文公在城濮之战胜利后，"秋七月丙申，振旅，恺以入于晋"。杨伯峻先生说：恺，恺乐、恺歌，恺也作凯。见氏著《春秋左传注》，中华书局1990年版，第471页。该段仪节中反复出现的"奏庸；大享三终"等，可能是与恺乐恺歌一样性质的音乐及其演奏活动。

② 李学勤：《〈世俘〉篇研究》，《古文献丛论》，中国人民大学出版社2010年版。

③ 笔者按：对于"造"字的隶定，请见中国社会科学院考古研究所编《殷周金文集成》（修订增补本），中华书局2007年版，第1446页。张亚初：《殷周金文集成引得》，中华书局2001年版，第48页。

叁 《世俘》与盟誓礼

语是籥人，报告的事项不明朗，但由西周早期矢令方尊（《集成》11.6016）的"王令周公子明保，尹三事四方，受卿事寮。丁亥，令矢告于周公宫"，即下属可以受命代替主人向祖考报告，以及《周礼》所载大祝"掌六祈，以同鬼神示……二曰造"，即王出师时大祝"造于祖"等情形看①，这三个"籥人造"应是武王举行报告仪注的辅助性或补充性仪式。

第二个仪注是"语治庶国"。语治，发布文告；庶国，总指各诸侯国。② 这是辛亥日的活动。同日还有"正国伯"，紧接着第二天壬子日有"正邦君"。正，封绌；国伯，诸侯之长；邦君，即《尚书·牧誓》中的"友邦冢君"，也就是方国诸侯；"可见两天间武王是在处理封绌各地诸侯的大政"③。《史记·周本纪》云："（武王）乃罢兵西归。……封诸侯，班赐宗彝，作《分殷之器物》。武王追思先圣王，乃褒封神农之后于焦，黄帝之后于祝，帝尧之后于蓟，帝舜之后于陈，大禹之后于杞。于是封功臣谋士，而师尚父为首封。封尚父于营丘，曰齐。封弟周公旦于曲阜，曰鲁。封召公奭于燕。封弟叔鲜于管，弟叔度于蔡。余各以次受封。"④ 这些史实有些是后世追记，有不太确切的地方，例如齐、鲁、燕等在东方建国，不可能早到武王时期，因此受到了学者的批评，但从总体上看，或可部分地反映武王"语治庶国"的史实。

---

① 郑玄注、贾公彦疏、彭林整理：《周礼注疏》，上海古籍出版社2010年版，第954、968、969页。
② 李学勤：《〈世俘〉篇研究》，《古文献丛论》，中国人民大学出版社2010年版。
③ 李学勤：《〈世俘〉篇研究》，《古文献丛论》，中国人民大学出版社2010年版。
④ 司马迁：《史记》，中华书局1982年版，第126—127页。笔者按：《史记·周本纪》所载武王对于先圣王之后的封建，可能源于《礼记》。《礼记·乐记》云："武王克殷反【及】商，未及下车而封黄帝之后于蓟，封帝尧之后于祝，封帝舜之后于陈；下车而封夏后氏之后于杞，投殷之后于宋。"见王文锦《礼记译解》，中华书局2001年版，第555页。可以互相参考。二者所载虽然略有出入，但无关本文论证的大局。

"尚书"与礼仪

这两个仪注,既包含在献俘礼之中,又具备一些自己的特点,对此我们不禁要问,它们在整个献俘礼中居于怎样的地位?具有怎样的意义?要回答这个问题,仍然需要将其与小盂鼎作对比。小盂鼎记载的献俘礼在斩杀敌酋、燎祭周庙之后,是如下仪节。

(3)……入三门,【立】中廷,北向。盂告:费伯即【位】,费伯……于【与】明伯、继伯……伯告。咸,盂以【诸】侯:侯田【男】……盂征告。咸,宾即【位】,赞宾。王乎赞盂于厥……进宾……大采,三周入,服酒。王格庙,祝延……二人,邦宾不裸。……用牲,禘周王、【武】王、成王有逸。王裸裸,遂赞邦宾。

这段仪节的要点,刘雨先生认为是献俘礼中"告成"与"饮至"的仪注①,李学勤先生认为是"报告"与"献酒"的仪注。就措辞准确性来讲,刘先生的概括较为贴切。对具体内容的解释,李先生则较刘先生稍胜一筹。对于前者,李先生说:"(盂报告。)盂报告后,费伯继之报告,他应为盂在战事中的副手。然后又有'……于(与)明伯、继伯、×伯'进行报告,他们应为从盂出征的将佐。盂在入南门后的报告,限于俘获数目,此时各人分别禀告,大约是讲述战争的详细过程和有关种种情况。依次报告后,盂还将诸侯出兵支持盂征讨的事迹

---

① 刘雨:《西周金文中的军事》,《胡厚宣先生纪念文集》,科学出版社1998年版。笔者按:刘先生说:"告成:有费伯、明伯、继伯等接受盂的告成功礼仪","饮至:王亲自为盂祝贺,'王呼献盂',以示荣宠,以庆胜利,这实际上是进行一次大飨礼"。在盂与费伯等人的关系上,似有误解。由其他仪注都是王与盂的互动看,告成应该是王接受盂等人的报告。

再,李学勤先生说:"小盂鼎的情况有些差别,王没有亲自出征,而是命盂率军征伐;盂战胜归来,是告于王,不是告于宗庙,所以不能称为饮至。不过,王也为此事举行了在庙中饮酒为乐的典礼,和饮至还是近似的。"见氏著《青铜器与古代史》,台北:经联出版事业股份有限公司2005年版,第247—248页。李先生的观点值得重视。

叁　《世俘》与盟誓礼

专门作了禀告。"对于后者，李先生说："盂等向王报告之后，才请邦宾即位，向他们献酒。随后，王命人向盂和他的下属费伯等献酒。"①二位先生的概括与解释各有所长，都为我们将《世俘》与之比较，奠定了坚实的基础。

上面已经指出，《世俘》这段仪节中较有特色的第一个仪注是"告"，正与小盂鼎中的"告成"相互对应，那么这段仪节中武王的告（谒、造）等一系列仪式，就应当是献俘礼中的"告成"仪注，其意义就是向天祖报告伐纣克商的成功。而实际上，"荐俘殷王鼎"与"告天宗上帝"，"王烈祖……以列升"与"维告殷罪"，"荐殷俘王士百人"与"籥人造"等基本对应。据此，这是告成仪注，可以确定。

第二个仪注是"语治庶国"，从与小盂鼎的对应关系上看，应该是"饮至"，但记载这段仪节的字里行间都没有饮或飨、宴的踪影，这是为什么？要回答这个问题，需要将视野稍微放宽一些。请看下列材料对于献俘礼中饮至仪注的记载。②

——————————

①　李学勤：《小盂鼎与西周制度》，《当代学者自选文库：李学勤卷》，安徽教育出版社1999年版。笔者按：其中的赞，是李学勤先生的隶定，他说："按'赞'字从'口'旁，和'献'字从'口'旁相通，所以这里的'赞'也可读为'献'。"唐兰先生认为该字假为献，他说："鬳为甗之本字，此读为献，金文也常借献为鬳。周代典礼中常有献宾的仪节，《仪礼·乡饮酒礼》：'主人坐，取爵，实之宾之席前，西北面，献宾。'注：'献，进也。进酒于宾。'"见氏著《西周青铜器铭文分代史征》，中华书局1986年版，第186—187页。二位学者的隶定虽然不同，但在礼制的认定上则完全相同，对于本文的论证是一个有力的支持。后来，李学勤先生对于此处的隶释有所修正，他说："（该）字读为'赞'，是对的，但过去以之与饮至联系，恐不正确。"见氏著《睽簋铭文读释》，《出土文献》第八辑，中西书局2016年版。如果李先生的后说正确，那么小盂鼎所载饮至仪注可能只有策勋而没有舍爵，这与下文所论《世俘》记载的武王举行的饮至仪注中只有策勋而没有舍爵完全符合，更加凸显了小盂鼎之于《世俘》的重要价值，以及本文将二者联系起来进行比较的学术意义。鉴于"赞"字及小盂鼎含义有待进一步揭示，此处两说兼采。

②　笔者按：虢季子白盘云："桓桓子白，献馘于王，王孔嘉子白义，王格周庙宣榭，爰飨。王曰：'伯父孔扬有光，王赐乘马，是用佐王。赐用彤弓彤矢，其央，赐用钺，用征蛮方。'"（西周晚期，《集成》16.10173）可以与塱鼎前后互证，说明献俘礼有较大的保守性，这为本文利用春秋时代材料印证西周献俘礼中的"饮至"仪注提供了条件。

"尚书"与礼仪

(4)塱鼎：惟周公于征伐东夷，豐伯、薄姑咸戈。公归禦于周庙。戊辰，饮秦饮。公赏塱贝百朋，用作尊鼎。① （西周早期，《集成》5.2739）

(5)《左传》桓公二年：凡公行，告于宗庙；反行，饮至、舍爵、策勋焉，礼也。②

塱鼎记载了周公东征的史实，关键字词是，于、征、伐、戈、归、禦、饮、赏，完整地记述了周公东征的出发、征伐、胜利、凯旋、祭祀、饮至、赏赐的过程，与《世俘》对于武王伐纣史实的记述几乎可以一一对应起来。其中"饮秦饮"，是"举行饮酒礼"③，与《世俘》的"语治庶国"等大致对应，这在小盂鼎之外，再次提示我们，"语治庶国"与饮至仪注有较大的关系。

《左传》桓公二年记载的饮至仪注，相对于其他文献，较为完整，其中增加了舍爵与策勋两项内容。对此，杨伯峻先生解释说："（诸侯）或出师攻伐……返……祭告【祖庙】后，合群臣饮酒，谓之饮至。舍……置也。爵，古代酒杯……设置酒杯，犹言饮酒。策，此作动词用，意即书写于简册。勋，勋劳。"④ 由杨先生的注释可知，饮至与舍爵、策勋不是并列关系，而是饮至包容了舍爵与策勋，因此这句话的句读应该是"反行，饮至：舍爵、策勋"，这样就将舍爵与策勋是饮至仪注组成部分的意思表达清楚了。

---

① 唐兰：《西周青铜器铭文分代史征》，中华书局1986年版，第41页。笔者按：个别字词的隶释间以己意，请读者明鉴。
② 杨伯峻：《春秋左传注》，中华书局1990年版，第91页。
③ 唐兰：《西周青铜器铭文分代史征》，中华书局1986年版，第41、44页。
④ 杨伯峻：《春秋左传注》，中华书局1990年版，第91页。

叁 《世俘》与盟誓礼

饮至仪注中如何舍爵、策勋？《左传》的记载提供了参照。《左传》僖公二十八年云："（晋文公于城濮之战胜利后，）丁未，献楚俘于王：……己酉，王享醴，命晋侯宥。王命尹氏及王子虎、内史叔兴父策命晋侯为侯伯。"所谓侯伯，就是"诸侯之长"[①]，与《世俘》中"国伯"的地位大致对等。其中的"王享醴，命晋侯宥"就是舍爵[②]，"策命晋侯为侯伯"就是策勋，二者共同组成了这场献俘典礼中的饮至仪注。

将小盂鼎、塑鼎、《左传》等出土与传世文献结合起来看，献俘礼中的饮至仪注包括了舍爵与策勋两项内容，是确定无疑的。青铜器铭文对于饮至仪注的记载较为简略，可能是受到了载体的限制，传世文献记载的简略，可能是叙述的着眼点有所不同，但这都不应成为我们了解献俘礼饮至仪注的障碍。现在回过头来看《世俘》，所谓"语治庶国""正国伯""正邦君"，即发布文告、封绌诸侯，以表彰各自在伐纣过程中的功勋，体现各自在伐纣过程中的作为，可以较为肯定地说，对应的就是策勋。之所以其中没有"舍爵"即饮飨，或是因为举行献俘典礼的主体是武王，是最高统治者，已经没有任何人能够对武王施以带有酬劳性质的饮飨了。虽然有策勋而无舍爵，也已不妨碍我们对其性质是饮至仪注的认定。

从辛亥日到乙卯日五天之内，武王在周庙中于献俘的同时，一方面告天告祖，一方面封绌诸侯，二者分别形成告成与饮至的仪注，这便与庚戌日武王在周庙中于祭祖告天的同时，举行献酋、献人、

---

① 杨伯峻：《春秋左传注》，中华书局1990年版，第463页。
② 笔者按：陈梦家先生认为这里的"宥"就是小盂鼎中的"赞"，他说："'赞宾''王乎赞'……当为王享宴诸侯邦宾"，"'赞宾'即'宥宾'"，"赞与宥同训助"。见氏著《西周铜器断代》，中华书局2004年版，第111页。

· 87 ·

献馘的献俘仪注，区别开来，从而彰显了各自的价值，昭示了各自的意义。

三 "用小牲羊犬豕于百神水土""于誓社"与"盟誓"仪节的关系

从辛亥日到乙卯日一连五天，武王举行告成饮至典礼，是一个笼统的说法。实际上，该段记载的乙卯日武王的活动很少，只有"籥人奏《崇禹生开》三终，王定"。是否乙卯日武王仅有这一点儿活动？不是的。乙卯日武王仍然举行了盛大的献俘典礼，只是这场典礼记载于《世俘》的下面一段文字之中。①

若翼【翌】日辛亥，祀于位，用籥于天位。越五日乙卯，武王乃以庶国祀馘于周庙，"翼予冲子……"断牛六，断羊二。庶国乃竟，告于周庙曰："古朕闻文考修商人典……"以斩纣身告于天子【于】稷，用小牲羊犬豕于百神水土，于誓社曰："维予冲子绥文考，至于冲子……"用牛于天于稷五百有四，用小牲羊豕于百神水土社二千七百有一。

这段仪节与武王举行的告成饮至的仪节，在人员方面完全相同，主持者是武王，参与者是庶国诸侯。在时间方面既彼此套合又

---

① 笔者按："武王乃以庶国祀馘于周庙"，是朱右曾的校订，朱氏可能依据了《汉书·律历志》的记载（班固《汉书》，中华书局1962年版，第1016页）。但顾颉刚先生却将其校改为"武王乃以庶国馘祀于周庙"，认为"'庶国馘'，即伐越戏方、宣方、磿、蜀诸国所得之馘，非殷馘"。见氏著《〈逸周书·世俘篇〉校注、写定与评论》，《文史》第二辑，中华书局1963年版。顾先生没有注意这里的"庶国"与告成饮至仪注中"庶国"的联系，从而将上下两个仪节割裂开来了，不可取。

· 88 ·

叁 《世俘》与盟誓礼

相互衔接，从"若翼【翌】日辛亥"到"越五日乙卯"，其间正是武王举行告成饮至典礼的辛亥、壬子、癸丑、甲寅、乙卯的五天，但叙述的重心已经是最后的乙卯日。在地点方面有连续也有转移，先是周庙，后是土社。在祭祀对象方面有延续也有转换，先是祖、天，后是百神、水、土、社、稷。在仪式仪注方面有接续也有转化，先是"告"，后是"用"，再是"誓"。这表明，该段仪节既与告成饮至的仪节紧密相连，又有不同于告成饮至仪节而专属于自己的特点。

那么，这段仪节有何特点？性质是什么？它在献俘礼中处于怎样的位置？具有怎样的意义？对于这个问题，历代学者都没有给予解答，而只是从字面的意思出发，含混地认为是将牛羊豕作为牺牲向祖、天、稷、社等神灵献祭的活动。例如李学勤先生，他说："第六天乙卯，武王率各诸侯'祀馘于周庙'，当为以馘进献，并以六牛、二羊为牲。同一天还祭祀百神、水土与社，作为整个典礼的结束。"[①] 如此一来，其与此前的献俘与告成饮至两个仪节的区别就模糊不清了。造成这个局面的原因，主要是学者对于西周献俘礼及记载西周献俘礼材料的认识有些僵化。首先，西周时代的献俘礼，有一定的仪节仪注，但在实行的过程中，可能还要根据具体情况适当地作一些调整。其次，小盂鼎、塱鼎等青铜器铭文对于西周献俘礼的记载，可能各有侧重，各有增减，在使用这些材料探讨西周献俘礼时，不能过于机械，而要灵活应用。

无须讳言，小盂鼎、塱鼎与《世俘》记载的献俘礼虽然大致对应，但二者都没有与《世俘》这段仪节相对应的地方。为此，我们

---

① 李学勤：《〈世俘〉篇研究》，《古文献丛论》，中国人民大学出版社2010年版。

· 89 ·

"尚书"与礼仪

将探寻的目光投向传世文献。鲁僖公二十八年的《春秋》与《左传》，记载了公元前632年晋楚"城濮之战"后晋文公向周襄王献俘的典礼，这个典礼可以成为我们的借鉴。现将两种文献记载的战事与典礼的四个主要节点，全文抄录于下①：

A.《春秋》：夏四月己巳，晋侯、齐师、宋师、秦师及楚人战于城濮，楚师败绩。

B.《左传》：（五月）丁未，献楚俘于王：驷介百乘，徒兵千。郑伯傅王，用平礼也。

C.《左传》：（五月）己酉，王享醴，命晋侯宥。王命尹氏及王子虎、内史叔兴父策命晋侯为侯伯，赐之大辂之服、戎辂之服，彤弓一、彤矢百，玈弓矢千，秬鬯一卣，虎贲三百人，曰："王谓叔父，'敬服王命，以绥四国，纠逖王慝。'"晋侯三辞，从命，曰："重耳敢再拜稽首，奉扬天子之丕显休命。"受策以出。出入三觐。

D.《左传》：（五月）癸亥，王子虎盟诸侯于王庭，要【约】言曰："皆奖王室，无相害也！有渝此盟，明神殛之，俾队【坠】其师，无克祚国，及而玄孙，无有老幼。"②

这次献俘礼从五月丁未日开始，至五月癸亥日结束，仪注是：献俘，饮至，策命（勋），赏赐，盟誓。其中策命（勋）仪注包

---

① 笔者按：《春秋》《左传》记载的僖公二十八年"城濮之战"后的献俘礼，一共有两个，即晋文公向周襄王献俘的典礼与晋文公为确立霸权而在回到晋国后举行的献俘典礼（杨伯峻：《春秋左传注》，中华书局1990年版，第448—475页）。前者举行于五月，后者举行于七月。文本所论是前者，请读者明鉴。

② 杨伯峻：《春秋左传注》，中华书局1990年版，第448、463、463—466、466—467页。笔者按：个别句读依据西周青铜器铭文的文例进行了调整改正。请读者明鉴。

叁 《世俘》与盟誓礼

括赏赐之后的册命。这里的册命之所以在赏赐之后出现，原因在于王命是由"内史读之"①，不是王在现场亲命。将这次献俘礼与小盂鼎、聖鼎等比较，可以发现多出了一个仪注，即盟誓。盟誓未必是献俘礼的规定性仪注，但在改变历史进程的重大战事之后的献俘礼中可能也不可或缺。但无论如何，"王子虎盟诸侯于王庭"都提示我们，乙卯日武王举行的典礼的性质应该与盟誓有关。②

首先，武王"于誓社"③，即在社神面前起誓，这显然是盟誓的仪注。虽然武王的誓词"只摘录片段，示意而已"，但已不影响我们得出武王的这个行为是盟誓的判断。其次，武王祭祀的对象是祖、天、稷、百神、水、土、社，与王子虎的盟誓对象"明神"对应。何谓明神？《左传》《国语》可以解答。《左传》襄公十一年记载晋国主持会盟，其誓词是，"或间兹命，司慎、司盟，名山、名川，群神、群祀，先王、先公，七姓、十二国之祖，明神殛之"。司慎、司盟是天神。④ 这些神灵包括了天神、地祇、人鬼。再，《国语·齐语》记载齐桓公南征北战之后，各地诸侯"莫敢不来服"，于是"与诸侯饰牲为载，以约誓于上下庶神，与诸侯勠力

---

① 杨伯峻：《春秋左传注》，中华书局1990年版，第466页。
② 笔者按：在晋文公为确立霸权而举行的献俘典礼中，于献俘之后有"征会、讨贰"的内容，笔者认为武王举行献俘典礼之前也有类似的活动，这就是《度邑》开头记载的"维王克殷国，君诸侯及厥献民，征主九牧之师，见王于殷郊"。请见拙作《〈度邑〉与武王征会典礼——兼论殷商周初的王政》，《中原文化研究》2023年第2期；也见本书第一篇。
③ 笔者按："于誓社"，顾颉刚先生校改为"誓于社"，见氏著《〈逸周书·世俘篇〉校注、写定与评论》，《文史》第二辑，中华书局1963年版。本文采纳传统的说法。但无论哪种说法，都不影响本文论证的大局。
④ 杨伯峻：《春秋左传注》，中华书局1990年版，第989—990页。笔者按：此处的"司慎"是皋陶，清华简《四告（一）》记载周公举行祭祀皋陶的典礼，一则"拜手稽首，者鲁天尹皋繇配享兹馨香"，再则说"先告受命天丁辟子司慎皋繇"。见清华大学出土文献研究与保护中心编、黄德宽主编《清华大学藏战国竹简（拾）》，中西书局2020年版，第110—111页。天尹、司慎、皋陶"三位一体"，证明会盟誓词中的"司慎"就是皋陶。

同心"①。所谓上下庶神，指的是所有天地神灵。由此可见，明神就是天神、地祇、人鬼，这不正是乙卯日武王祭祀与盟誓的对象吗②？最后，武王祭告各种明神时，"断牛六，断羊二""用小牲羊犬豕"，符合《礼记·曲礼下》记载的盟誓性质，即"约信曰誓，莅牲曰盟"③。

将这三点综合起来看，乙卯日"武王乃以庶国祀馘于周庙""庶国乃竟，告于周庙""以斩纣身告于天子【于】稷""用小牲羊犬豕于百神水土""于誓社"等，就是武王率领诸侯在上下庶神面前举行盟誓的典礼。武王是主盟者，诸侯是参与者，庶神是监盟者。孔颖达《礼记·曲礼下》疏云："盟者，杀牲歃血，誓于神也。"④"于誓社"之誓，当然是盟誓，同时孔晁注该"誓"字云"誓，告也"⑤，"誓、告"二字可以互训，这说明前面的两个"告"，也可以理解为誓。向祖、天、稷报告，就是孔颖达所说的"誓于神"，那么这两项活动也应是盟誓。由此乙卯日典礼的性质是盟誓，则完全可以确定。

---

① 上海师范大学古籍整理研究所校点：《国语》，上海古籍出版社1988年版，第242页。
② 笔者按：《墨子·明鬼下》云："昔者，武王之攻殷诛纣也，使诸侯分其祭，曰：'使亲者受内祀，疏者受外祀。'"（孙诒让撰，孙启治点校：《墨子间诂》，中华书局2001年版，第233页）墨子没有说明该事的具体时间与场合，但足以成为本文的佐证与参考。
再，王玉哲先生说："西周、春秋以来，周人为了团结更多的群体，除了用以血缘为纽带的'宗法组织'把姬姓同族的人群组成一个大的群体以外，最重要的还创造出一种'宗盟'组织，用以团结那些与周没有血缘关系的其他群体。'宗盟'组织不知初起于何时，至少自周时即已广泛流行了。用这种组织去团结，不是靠血缘关系，而是依靠向鬼神盟誓，请鬼神作保证。"见氏著《中华民族早期源流·自序》，天津古籍出版社2010年版。巴新生先生说："宗盟的确立，应在周人克殷践奄以后的宗法大分封之际。"见氏著《西周"宗盟"初探》，《东北师范大学学报》1997年第2期。笔者认为，武王此次与诸侯的盟誓典礼和"宗盟"的形成或有一定的关系。
③ 王文锦：《礼记译解》，中华书局2001年版，第48页。
④ 郑玄注、孔颖达疏：《礼记正义》，阮元校刻：《十三经注疏》，中华书局1980年版，第1266页。
⑤ 孔晁注、卢文弨校勘：《逸周书》，《丛书集成初编》，中华书局1985年版，第116页。

叁 《世俘》与盟誓礼

乙卯日武王典礼的盟誓性质，学者曾有所认识，例如清代陈逢衡，注解"于誓社"说："张惠言曰：'社所以誓众，故曰誓社。'"① 再如清代朱右曾，注解武王的话"翼予冲子……"说："翼，佐助也。武王戒诸侯于乙卯助祭也。"② 陈氏虽只是解释词义，但"誓众"的说法仍然值得肯定。朱氏的解释很有见地，"翼"即佐助之义表明，"武王乃以庶国祀馘于周庙"与此前"燎于周庙""格于庙"的性质有所不同，已经开始逐渐转变为盟誓的典礼了。③ 这是一个探求乙卯日武王典礼性质的契机，但或受注释体例的束缚，灵感刚一闪现便戛然而止了。笔者也曾撰文指出，《世俘》记载了武王"与诸侯进行盟誓典礼"的史实④，应该说看到了问题的本质。但限于文章体裁，既没有说明哪段哪句是盟誓，也没有对之进行深入严谨的论证，那么对于乙卯日武王典礼的性质，及其与此前各种献俘仪节的关系，就必定缺乏深入认识、整体把握，因而仍然不能揭示盟誓之于武王举行的盛大献俘典礼的意义。现在经过本节的论证，则将学者对于这个问题的认识向前推进了一大步，使得笔者的初步认识完全落在了实处。

确定了乙卯日武王典礼活动的性质是盟誓之后，我们还必须指出，从祭祀场所的转换等方面来看，武王举行的盟誓与王子虎、齐桓公等人举行的盟誓有很大不同，主要表现就是较为详细地区分了对象，对于各个各类神灵，都采用不同的仪式仪注，献祭了不同种类与数量的牺牲，可谓繁复而隆盛。最后该段总结说，"用牛于

---

① 黄怀信等：《逸周书汇校集注》（修订本），上海古籍出版社 2007 年版，第 442 页。
② 朱右曾：《逸周书集训校释》，商务印书馆 1940 年版，第 57 页。
③ 笔者按：朱氏的进一步解释，即武王"戒诸侯"，则没有把握这次活动的实质。即使在"戒"之后加入下文的"于誓社"之"誓"，作"戒誓"，也与本文揭示的"盟誓"不同其性质。
④ 拙作：《"尚书"源于礼仪说》，《中国社会科学报》2021 年 1 月 11 日。

天于稷五百有四,用小牲羊豕于百神水土社二千七百有一"①,虽不是空前,但肯定是绝后。这样隆重的盟誓典礼,确实与武王所处时代的思想观念相符合,与武王伐纣克商的丰功伟绩相匹配!

遗憾的是,武王与诸侯向上下庶神盟誓的誓词,《世俘》没有全录,详情已不得而知,但主旨还是可以推测的。同是誓体的今本《逸周书·商誓》②,记载了武王对商人的这样一句讲话,"予天命维既咸,汝克承天休于我有周"③,大意是,我已经膺受天命,你们只有从我周家这里才能获得上天的福佑。就当时武王的思想状况看,这句话表达的意思,应该就是武王率领诸侯在上下庶神面前举行的盟誓的主题。

盟誓的举行,承接着告成饮至仪节而来,标志着武王与天神的新宗教关系的建立,标志着武王与诸侯的新政治关系的建立④,这才是武王举行献俘典礼乃至伐纣克商的终极目的。到了五天后己未日"武王成辟四方",向世人宣告作天下的君主,就已经是水到渠成的事情了。由此,一个新王朝的统治开始了,一个新时代的帷幕开启了。如果说《世俘》记载的武王举行隆重献俘礼是西周王朝的开国大典,那么武王率领诸侯在上下庶神面前进行盟誓就是

---

① 笔者按:李学勤先生说:"段末所说各种祀典用牲之数,可能是总计前后所用,不一定都是乙卯一天的事情。"见氏著《〈世俘〉篇研究》,《古文献丛论》,中国人民大学出版社2010年版。李先生没有充分认识到乙卯日武王典礼性质的特殊性,因而这个观点不能成立。

② 李学勤:《〈商誓〉篇研究》,《古文献丛论》,中国人民大学出版社2010年版。

③ 朱右曾:《逸周书集训校释》,商务印书馆1940年版,第69页。

④ 笔者按:《左传》庄公二十三年云:"故会以训上下之则,制财用之节;朝以正班爵之义,帅长幼之序;征伐以讨其不然。"见杨伯峻《春秋左传注》,中华书局1990年版,第226页。可以作为参证。

再,武王与天的关系,由祭祀所用较多牺牲看,仍然充满了神性,因而此时武王对于天的认识是天命观,与周公东征之后的天道观,有较大区别。武王与诸侯的关系,由翼即佐助的字眼看,是诸侯对于武王的述、匹、耦,与周初诰命接近,而与《召诰》中召公开始自称"予小臣",有较大区别。这正表明武王的思想观念与政治作为处于商末与周公摄政后期的中间过渡状态。

这场开国大典的高潮。①

　　上文依据小盂鼎、㽙鼎、《春秋》《左传》等出土与传世文献，对《世俘》所载武王伐纣胜利后举行的献俘典礼进行了考察与辨析，得出了一些看法，现在将其归纳如下，以为本文的结语。

　　第一，四月庚戌日武王在周庙举行向祖考与天帝献酋、献人、献馘的献俘典礼，无论是所献之俘的类别，还是进献的仪注及其程序，都与西周早期康王二十五年的小盂鼎所载献俘礼完全相同。这既深化了我们对于西周献俘礼细节的认识，又进一步证明《世俘》是一篇可靠的西周文献。

　　第二，从辛亥日到乙卯日一连五天，武王在周庙继续举行仪式繁复、威仪庄严的典礼活动，其中连续出现的"告（谒、造）"，如"告天宗上帝""维告殷罪""谒戎殷于牧野""籥人造"等，是献俘典礼中的告成仪注。所谓告成，就是武王向天祖报告伐纣克商成功。与此同时，武王还进行了"语治庶国""正国伯""正邦君"等活动，这是献俘典礼中的饮至仪注。饮至包括舍爵与策勋两项内容，但此次饮至没有舍爵，只要策勋。《周本纪》记载的武王"封诸侯，班赐宗彝，作《分殷之器物》"等，或与此有关。

　　第三，乙卯日武王举行的"乃以庶国祀馘于周庙""庶国乃竟，

---

① 笔者按：《逸周书·殷祝》云："汤放桀而复薄，三千诸侯大会。汤取天子之玺，置之天子之坐，左退而再拜，从诸侯之位。汤曰：'此天子位，有道者可以处之。天下非一家之有也，有道者之有也。故天下者，唯有道者理之，唯有道者纪之，唯有道者宜久处之。'汤以此三让，三千诸侯莫敢即位，然后汤即天子之位。与诸侯誓曰：'阴胜阳即谓之变，而天弗施；雌胜雄即谓之乱，而人弗行。故诸侯之治政，在诸侯之大夫治与从。'"（朱右曾：《逸周书集训校释》，商务印书馆1940年版，第146—147页）《殷祝》的许多词汇有战国时代特征，政治思想也有战国时代色彩，可能是一篇形成于战国时代的文献。但其所借以成篇的史实梗概或有一些史影，汤即位之后与诸侯盟誓，和《世俘》相互对照，应是开国的政治举措，可以谨慎肯定。

告于周庙""以斩纣身告于天子【于】稷""用小牲羊犬豕于百神水土""于誓社"等典礼活动,既是告成饮至仪节的继续,又具有自身的特色。这个特色就是盟誓。盟誓的主持者是武王,参与者是庶国诸侯,祭祀告誓对象即监盟者是祖、天、稷、百神、水、土、社等,与《左传》《国语》等文献记载的监盟"明神",即"司慎、司盟,名山、名川,群神、群祀,先王、先公,七姓、十二国之祖"基本对应。祭祀这些神灵,所用牺牲众多,"用牛于天于稷五百有四,用小牲羊豕于百神水土社二千七百有一"。如此隆重盛大的典礼,与武王所处时代的思想观念相符合,与武王伐纣克商的丰功伟绩相匹配。

第四,盟誓的举行,标志着武王与天神的新宗教关系的建立,标志着武王与诸侯的新政治关系的建立,一个新王朝的统治开始了,一个新时代的帷幕开启了。如果说武王举行隆重的献俘礼是西周王朝的开国大典,那么武王率领诸侯在上下庶神面前进行的盟誓就是这场开国大典的高潮。

第五,召集诸侯盟誓,以加强王朝权威,是先秦时代最高统治者经常使用的方法,如"夏启有钧台之享,商汤有景亳之命,周武有孟津之誓"等,武王赫然在列。后人认为这些盟誓的贯彻始终的主题是,"夫六王、二公之事,皆所以示诸侯礼也,诸侯所由用命也"。其中的六王是夏启、商汤、周武王、成王、康王、穆王。[①] 其他人姑且不论,只就武王来说,孟津之誓与"示诸侯礼",名实不副。如果将孟津之誓换作乙卯日的盟誓典礼,倒是非常合适。不过,这次盟誓隐藏于《世俘》之中,包含于武王举行的献俘典礼之内,为世人所不知。现在经过本文的揭示,应该引起学者的重视。笔者希望,今后学者撰作西周史,一定要添上这浓墨重彩的一笔。

---

① 杨伯峻:《春秋左传注》,中华书局1990年版,第1250、1252页。

附 《世俘》[1]

维四月乙未日,武王成辟四方,通殷命,有国。

惟一月丙午旁生魄,若翼日丁未,王乃步自于周,征伐商王纣。

越若来二月既死魄,越五日甲子,朝,至接于商。则咸刘商王纣,执矢恶臣百人。

太公望命御方来。丁卯望至,告以馘俘。戊辰,王遂御循追祀文王。时日王立政。吕他命伐越戏方。壬申荒新至,告以馘俘。侯来命伐靡,集于陈。辛巳至,告以馘俘。甲申,百弇以虎贲誓,命伐卫,告以馘俘。

辛亥,荐俘殷王鼎。武王乃翼,矢珪矢宪,告天宗上帝。王不革服,格于庙,秉黄钺,语治庶国,篯入九终。王烈祖自大王、大伯、王季、虞公、文王、邑考以列升,维告殷罪。篯人造。王秉黄钺,正国伯。壬子,王服衮衣,矢琰,格庙。篯人造。王秉黄钺,正邦君。癸丑,荐殷俘王士百人。篯人造。王矢琰,秉黄钺,执戈。王入,奏庸,大享一终,王拜手稽首。王定,奏庸,大享三终。甲寅,谒戎殷于牧野。王佩赤白旂,篯人奏《武》。王入,进《万》,献《明明》三终。乙卯,篯人奏《崇禹生开》三终,王定。

庚子,陈本命伐磨。百韦命伐宣方。新荒命伐蜀。乙巳,陈本新荒蜀磨至,告禽霍侯、艾侯,俘佚侯小臣四十有六,禽御八百有三十两,告以馘俘。百韦至,告以禽宣方,禽御三十两,告以馘俘。百韦命伐厉,告以馘俘。

---

[1] 选自朱右曾《逸周书集训校释》,宋志英、晁岳佩选编:《〈逸周书〉研究文献辑刊》(第八册),国家图书馆出版社 2015 年版,第 92—99 页。

武王狩，禽虎二十有二，猫二，麋五千二百三十五，犀十有二，氂七百二十有一，熊百五十有一，罴百一十有八，豕三百五十有二，貉十有八，麈十有六，麝五十，麇三十，鹿三千五百有八。

　　武王遂征四方，凡憝国九十有九国，馘𩪘亿有十万七千七百七十有九，俘人三亿万有二百三十。凡服国六百五十有二。

　　时四月既旁生魄，越六日庚戌，武王朝至燎于周，维予冲子绥文……武王降自车，乃俾史佚繇书于天号。武王乃废于纣矢恶臣百人，伐右厥甲，小子鼎；大师伐厥四十夫，家君鼎。帅司徒司马，初厥于郊号。武王乃夹于南门用俘，皆施佩，衣衣，先馘入。武王在祀，大师负商王纣县首白旂，妻二首赤旂，乃以先馘入，燎于周庙。

　　若翼日辛亥，祀于位，用箫于天位。越五日乙卯，武王乃以庶国祀馘于周庙，翼予冲子……断牛六，断羊二。庶国乃竟，告于周庙，曰：古朕闻文考，修商人典……以斩纣身告于天子稷。用小牲羊犬豕于百神水土。于誓社，曰：维予冲子，绥文考，至于冲子……用牛于天于稷五百有四，用小牲羊豕于百神水土社二千七百有一。

　　商王纣于南郊。时甲子夕，商王纣取天智玉琰五，环身厚以自焚。凡厥有庶，告焚玉四千。

　　五日，武王乃俾千人求之，四千庶玉则销，天智玉五在火中不销。凡天智玉，武王则宝与同。凡武王俘商旧宝玉万四千，佩玉亿有八万。

（《〈世俘〉与盟誓礼》，原题《〈世俘〉与武王献俘盟誓典礼》，《古代文明》2022年第3期）

肆 《康诰》与封建礼

《康诰》的体例，与《酒诰》《召诰》等周初诰命相比，有一个显著特点，即文本中有两个"王若曰"，而且由两个"王若曰"领起的章节在篇幅上极不对称。第一个"王若曰"领起的章节由一个"王若曰"和十几个"王曰"或"又曰"组成，而第二个"王若曰"则只有一节，共二十个字。

　　王若曰："往哉，封！勿替敬，典听朕诰，女乃以殷民世享。"①

对于这一特殊体例，于省吾、陈梦家等学者依据青铜器铭文所载西周中后期册命格式，认为第二个"王若曰"是"王曰"的衍误，"《康诰》乃一独立完整的命书"②。如此一来，问题似乎就不存在了。

笔者认为，二位学者忽略了西周中后期的册命与《康诰》这一西周早期的诰命，在内容与礼制等方面的分别，从而失掉了一个进入《康诰》文本，以探讨其形成途径的机会。因此，有必要在承认《康

---

① 笔者按：这句话的句读，学者间有一些差异，笔者采纳了杨筠如先生的观点，见氏著《尚书覈诂》，陕西人民出版社1959年版，第183页。请读者明鉴。

② 于省吾：《"王若曰"释义》，《中国语文》1966年第2期。陈梦家：《王若曰考》，《尚书通论》，河北教育出版社2000年版。

诰》现有体例是原初体例的基础上，对其重新进行考察、论证，并对《康诰》的性质及其制作方式等问题，做出较为符合实际的解释。

一 第二个"王若曰"的仪式性

《康诰》第二个"王若曰"领起的一节，尽管只有二十个字，但内涵丰富，尤其"勿替敬，典听朕诰，女乃以殷民世享"一句话，是传世文献、西周青铜器铭文、新出战国竹简等资料，所载诰命或册命礼仪中经常出现的类似词语的已知源头。由后者所在诰命或册命场景看，这句话具有较强的仪式性。请看下面所举几个较为典型的例证。

（1）《雒诰》：王曰："……公勿替刑，四方其世享。"

（2）《封许之命》：王曰："……汝亦惟淑章尔虑，祗敬尔猷，以永厚周邦，勿废朕命，经嗣世享。"①

（3）大盂鼎：王曰："盂！若敬乃政，勿废朕命。"

（西周早期，《集成》5.2837）

（4）微栾鼎：王令微栾总司九陂。栾作朕皇考龘彝尊鼎，用享孝于朕皇考……其万年无疆，栾子子孙永宝用享。

（西周晚期，《集成》5.2790）

例证（1）的《雒诰》是《尚书·周书》篇章，是传世文献，记载的是雒邑建成后成王令周公镇守成周以经营天下四方的诰命。例证（2）的《封许之命》是清华简，是出土文献，记载的是西周初年周王封建吕丁于许立国的诰命。节选的两篇诰命中的话语，只

---

① 清华大学出土文献研究与保护中心编、李学勤主编：《清华大学藏战国竹简（伍）》，中西书局2015年版，第118页。

是个别字词稍有变化，但核心词汇，如"世享"等，以及主要思想和语气，都与《康诰》第二个"王若曰"基本相同。

例证（3）、（4）是青铜器铭文。大盂鼎记载的是西周早期康王为盂"授民授疆土"的诰命，微栾鼎记载的是西周晚期周王册命微栾职掌九陂、微栾为此作鼎并祈盼子孙永宝用享的史实。节选的大盂鼎的这段话相当于《康诰》"勿替敬，典听朕诰，女乃以殷民世享"的前半段。替，《尔雅·释言》"废也"[1]，替、废可以互训。微栾鼎所载微栾的祈愿之语相当于后半段，是"世享"语义的铺展，只是讲话的主体，由册命的发布者变成了接受者。这一点应当特别强调，因为它标志着最高统治者的思想及其表达用语，向其他社会阶层的推广。再看两个这样的例证。

（5）祖日庚簋：祖日庚乃孙作宝簋，用世享孝，其子子孙孙永宝用。　　　　　　　　（西周早期，《集成》7.3991）

（6）逆钟：叔氏若曰："逆！……用司于公室，仆庸臣妾，小子室家，毋有不闻知，敬乃夙夜，用屏朕身，勿废朕命，勿坠乃政。"　　　　　　（西周晚期，《集成》1.60—3）

祖日庚簋没有记载册命之类的内容，可能是作者的自作器。其中的"用世享孝"，就是"用之世享世孝"的省略。"子子孙孙永宝用"，就是"子子孙孙永宝用享"的省略。西周青铜器铭文中"永宝用"或"永宝用享"，比比皆是，此处不必赘举。逆钟记载的是叔氏对家臣逆的册命，所用词语与《康诰》、大盂鼎等基本相同，只是侧重点有所区别而已，这是因为西周中后期贵族家族形成了一套

---

[1] 徐朝华：《尔雅今注》，南开大学出版社1994年版，第95页。

模仿王朝的廷礼制度。①

无论国王,还是一般贵族;无论诰命,还是册命;无论诰命或册命的发布者,还是接受者;从西周初期到西周晚期,都使用基本相同的词语,说明这些词语已经是套话。这些套话基于相同的思想意识,而思想意识则产生于反复表演的仪式化的礼制之中。据陈汉平先生研究,西周时代的册命典礼有十多项仪式:周王即位,傧者右受命者入门,受命者北向站立,史官宣读命书;受命者拜手稽首,受命册佩以出,反入堇章,对扬王休等。②《周礼·春官·大宗伯》云:"以九仪之命,正邦国之位:一命受职,再命受服,三命受位,四命受器,五命赐则,六命赐官,七命赐国,八命作牧,九命作伯。"郑玄注:"每命异仪,贵贱之位乃正。《春秋传》曰:'名位不同,礼亦异数。'"③古今学者的观点,可以互相参照,共同印证西周册命典礼仪式的繁复。上举《雒诰》《封许之命》、大盂鼎、逆钟,有的对诰命或册命仪式进行了描写,有的没有描写,但既然是诰命或册命,就必然有典礼仪式,则是可以肯定的。至于微栾鼎、祖日庚簋,这些类似词语出自受命者之口,可视为对诰命或册命仪式所用词语的模仿。可见由于与神圣仪式相连,影响已经深入人心,其套话性质更加突出。

套话在书面创作中是最为忌讳的语言形式,但在口头传统和礼制的实行中,却有独到的艺术价值和使用价值。文化学者坦比亚(Tambiah)说:仪式是"文化建构起来的象征性交流体系,它由模式化、秩序化的言语与行为序列组成,往往通过多重媒介表达,这些媒介的内容与编排以不同程度的形式主义(传统性)、

---

① 朱凤瀚:《商周家族形态研究》(增订本),天津古籍出版社2004年版,第320页。
② 陈汉平:《西周册命制度研究》,学林出版社1986年版,第101—130、305—311页。
③ 郑玄注、贾公彦疏、彭林整理:《周礼正义》,上海古籍出版社2010年版,第674—679页。

套话（刻板僵化）、凝练（融合）、冗赘（重复）为特征"①。套语与反复表演的仪式相结合，在彼此辅成衬托的同时，也为礼制生成了无尚的神圣性。

在西周青铜器铭文记载的包含了这类套语和仪式的礼制中，册命礼显然是最为重要的类别之一。由册命礼在西周时代的发展脉络看，《康诰》的第二个"王若曰"无疑居于时代的最顶端，这意味着《康诰》的第二个"王若曰"是西周册命礼部分仪节的源头（册命与诰命的异同，下文详论）。

这种受到后世仿效的礼制还有"武王礼""平礼"等。何尊（西周早期，《集成》11.6014）记载成王"初迁宅［度］于成周"时，曾经"复禀武王礼"②，即武王克商后度邑成周、祼祭神明的礼仪；《左传》僖公二十八年记载晋文公献楚俘于周襄王时，周襄王曾经"用平礼"以待之，即使用当年平王册命晋文侯的礼仪。据此鲁鑫先生说："周王主持的一些重大活动，其典礼仪节都会被史官详细记录下来，作为以后在举行同类活动时可资借鉴的'礼'。"③ 鲁先

---

① Tambiah, S. J., "A Performative Approach to Ritual", *Proceedings of the British Academy*, LXV, 1979, pp. 113 - 169. 笔者按：引文的汉译，采纳刘倩先生的意见，见［美］柯马丁《秦始皇石刻——早期中国的文本与仪式》，刘倩译、杨治宜、梅丽校，上海古籍出版社2015年版，第136—137页。

② 笔者按：将宅隶定为度，采纳的是鲁鑫先生的意见，见氏著《何尊与成王度邑》，《青铜器与金文》第十辑，上海古籍出版社2023年版。

③ 见鲁鑫《何尊与成王度邑》，《青铜器与金文》第十辑，上海古籍出版社2023年版。德方鼎（西周早期，《集成》5.2661）云："唯三月，王在成周，延武祼自郊。"所谓"武祼"，或是"武王所举行过的祼礼"的省称。见董珊《"宅兹中国"——何尊新说》，《故宫文物月刊》第366期，2013年9月。《诗经·大雅·江汉》云："王命召虎，来旬来宣：'文武受命，召公维翰。无曰予小子，召公是似。肇敏戎公，用锡尔祉。釐尔圭瓒，秬鬯一卣。告于文人，锡山土田。于周受命，自召祖命。'虎拜稽首：'天子万年！'"郑玄笺"于周受命，自召祖命"云："宣王欲尊显召虎，故如岐周，使虎受山川土田之赐，命用其祖召康公受封之礼。"毛亨传、郑玄笺、孔颖达疏：《毛诗正义》，阮元校刻：《十三经注疏》，中华书局1980年版，第573、574页。二者与武王礼、平礼一样，都昭示了周代礼制的连续性。

生的话很中肯，对于我们认识《康诰》第二个"王若曰"施于后世册命礼的影响有启示意义。

由源头顺流而下，我们看到的是册命礼在西周时代的逐步规范化、程式化；由流变溯源而上，我们可以确认，《康诰》的第二个"王若曰"具有明显的册命礼的仪式性。也就是说，《康诰》的这二十个字，脱胎于册命礼，是册命礼的一个重要仪节。

二　第二个"王若曰"与封建康叔典礼 "授民"仪节的关系

既然《康诰》第二个"王若曰"二十个字，脱胎于册命礼，是册命礼的一个重要仪节，那么我们就可以在此基础上，确认其与封建康叔典礼的关系。要做这项工作，必须首先对这句话中的关键字词"以殷民世享"的含义，有准确的理解。

享，由青铜器铭文看，本义应是"献"。例如大盂鼎（西周早期，《集成》5.2837）的"享奔走，畏天威"，唐兰先生的解释是"献出奔走之劳、畏惧天威"[①]。六年召伯虎簋（西周晚期，《集成》8.4293）的"琱生对扬朕宗君其休，用作朕烈祖召公尝簋，其万年子孙宝用享于宗"；乖伯簋（西周中期，《集成》8.4331）的"归逢其万年，日用享于宗室"。其中的"享于宗""享于宗室"，是献于宗室的意思。十年陈侯午敦（战国晚期，《集成》9.4648）的"陈侯午朝群邦诸侯于齐，诸侯享以吉金"，其中"享以吉金"是用吉金来献的意思。至于其他常见的"以享以孝""永宝用享"等省略了一些附带成分的词语中的享，也都是献的意思，则完全可以肯定。

[①] 唐兰：《西周青铜器铭文分代史征》，上海古籍出版社2016年版，第184、187页。

肆 《康诰》与封建礼

商周文献中享的本义也是献。例如《诗经·商颂·殷武》的"莫敢不来享",郑玄笺"享,献也"。① 《雒诰》的"其敬识百辟享,亦识其有不享。享多仪,仪不及物,惟曰不享。惟不役志于享",杨筠如注:"享,《释诂》'献也'。此因诸侯来助祭,而行享礼也。"②

享的献义,由于名动相因,可以转化为名词,即贡献的物品、祭品。例如《左传》僖公三十一年的"相夺予享",是所贡献的物品或祭品的意思,由受贡献一方引申,"享"有了享用之义。在这个意义上,字应当作"飨"。例如《无逸》的"肆中宗之享国,七十有五年",杨筠如注:"享,《史记》、汉石经作飨,古通用字也。"③

享的对象,既有去世的祖考,也有在世的兄弟婚媾。例如微栾鼎(西周晚期,《集成》5.2790)的"栾作朕皇考鼒彝尊鼎,栾用享孝于朕皇考",这是去逝者。乖伯簋(西周中期,《集成》8.4331)的"归逄……用作朕皇考武乖几王尊簋,用好宗庙,享夙夕好朋友雩百诸婚媾",其中应该包含了在世者。

明确了享的本义是献,来看《雒诰》中的"四方其世享"。屈万里先生注"享,进献",翻译为"天下就会世世代代来进贡给王朝了"④。将享解释为进贡,也就是贡献,符合享的本义,是非常正确的。但对于《康诰》的"以殷民世享",屈先生却解释为"世享,世世祭祀;意即永保其国。康地盖皆殷遗民,故云乃以殷民世享"⑤。

---

① 毛亨传、郑玄笺、孔颖达疏:《毛诗正义》,阮元校刻:《十三经注疏》,中华书局1980年版,第627页。
② 杨筠如:《尚书核诂》,陕西人民出版社1959年版,第217页。
③ 杨筠如:《尚书核诂》,陕西人民出版社1959年版,第234页。
④ 屈万里:《尚书今注今译》,新世界出版社2011年版,第107页。
⑤ 屈万里:《尚书今注今译》,新世界出版社2011年版,第88页

"尚书"与礼仪

没有将享的本义是献的认识贯彻始终，显然是错误的。在错误的解释之上，语义也扞格不通。屈先生的依据，可能是《广雅》"享，祀也"①。享的本义是献，对象既有去世者，也有在世者，对于去世祖考的贡献，当然是祭祀，但祭祀是享的一部分义项，而且是引申义，所以用祭祀解释享，是以偏概全，以点带面，必然不确切。至于有些学者将享解释为：受、享受、享用、享祀、命祀等②，或是引申义，或是解释者的望文生义，要么不正确，要么不是本义，就不讨论了。

依据青铜器铭文、传世文献中"享"的本义，参照《雒诰》的文例，笔者确信，"以殷民世享"，应该解释为：用殷民世世代代进贡，或让殷民世世代代贡献。

辨析了"享"的本义是献，理解了"以殷民世享"的意思是让殷民世世代代贡献，我们就可以体会到，"王若曰：往哉，封！勿替敬，典听朕诰，女乃以殷民世享"这句话，实际上承接王对康叔赏赐殷民而来，而对康叔赏赐殷民，是卫国盛大封建典礼的诸多仪式中的一个环节。《左传》定公四年云：

> 昔武王克商，成王定之，选建明德，以蕃屏周。故周公相王室，以尹天下，于周为睦。……分康叔以大路、少帛、綪茷、旃旌、大吕，殷民七族，陶氏、施氏、繁氏、锜氏、樊氏、饥氏、终葵氏；封畛土略，自武父以南及圃田之北竟，取于有阎之土以共王职；取于相土之东都以会王之东蒐。聃

---

① 钱大昭撰，黄建中、李舜发点校：《广雅疏义》，中华书局2016年版，第390页。
② 蔡沉撰、王丰先点校：《书集传》，中华书局2017年版，第150页；顾颉刚、刘起釪：《尚书校释译论》，中华书局2005年版，第1357—1358页；舒大刚：《〈周易〉、金文"孝享"释义》，《周易研究》2002年第4期。

肆 《康诰》与封建礼

季授土,陶叔授民。命以《康诰》而封于殷虚,皆启以商政,疆以周索……三者皆叔也,而有令德,故昭之以《分物》。①

其中的"殷民七族,陶氏、施氏、繁氏、锜氏、樊氏、饥氏、终葵氏",学者认为就是《康诰》"女乃以殷民世享"中的殷民"。② 由《左传》的这段记载,我们固然不能完全还原封建康叔典礼,但可以窥见其主要内容:赏赐物品,赏赐殷民,划定疆界,规定对王东巡所尽义务,附带也对聃季和陶叔进行分封,发布《康诰》,宣布三个封国将要采取的统治政策。

《左传》的这段记载,出自祝佗之口。祝佗是卫国的大祝,是神职人员,他的话有较高的可信度。同时我们也应该清醒地认识到,祝佗讲说卫国封建的史实,是为了与蔡国争抢在盟会中的位次,因此不必是典礼仪式的原本面貌,也就是说这七项内容的先后次序,应该依据西周相关礼制进行一些调整。例如:

(7) 宜侯夨簋:王命虞侯夨曰:"迁侯于宜。锡瓒鬯一卣……锡土:……锡在宜王人十又七姓,锡奠七伯,厥卢□又五十夫,锡宜庶人六百又□六夫。"

(西周早期,《集成》8.4320)

(8) 大盂鼎:王曰:"耐,命汝盂型乃嗣祖南公。王曰:……我其遹省先王授民授疆土,锡汝鬯一卣……锡乃祖南公旂……锡汝邦司四伯,人鬲自驭至于庶人六百又五十又九夫。

---

① 杨伯峻:《春秋左传注》,中华书局1990年版,第1536—1540页。
② 杨筠如:《尚书核诂》,陕西人民出版社1959年版,第183页;顾颉刚、刘起釪:《尚书校释译论》,中华书局2005年版,第1357页。

锡夷司王臣十又三伯，人鬲千又五十夫。逦辥迁自厥土。"

(西周早期，《集成》5.2837）

（9）大克鼎：王若曰："克，昔余既令汝出入朕命，今余唯申就乃命，赐汝素芾……赐汝田……赐汝田……赐汝田……与厥臣妾。赐汝田……赐汝田……赐汝田……赐汝史、小臣、霝和鼓钟。赐汝井、微、𩁹人。总赐汝井人奔于量。"

(西周晚期，《集成》5.2836）

这三个例证都记载了西周时代授民授疆土的史实，与《左传》定公四年记载的封建康叔典礼，无论内容，还是仪式，都有较大可比性。虽然三个例证所载内容有一些微小区别，但程序基本一致：第一，王命；第二，赐物品；第三，赐土地；第四，赐人民。[①] 由此可以推知，封建康叔的典礼也应该是一样的程序：首先，王发布命令、颁布政策；其次，赏赐康叔大路、少帛等物品；再次，赏赐土地，划定疆界[②]，规定应尽义务；最后，赏赐殷民七族。在此期间可能还附带着对聃季和陶叔的授土授民。

如果我们对封建康叔典礼内容的复原不误，那么《康诰》第二个"王若曰"中的"女乃以殷民世享"，就是紧接着封建康叔典礼中王对康叔最后一项赏赐"殷民七族"而来。因此，可以较为肯定地说，《康诰》文本最后具有明显仪式性的第二个"王若曰"领起

[①] 笔者按：陈汉平先生说："西周册命金文在史官宣读王命之后，记载册命之赏赐物品，其先后次序一般为：祭酒、冕服服饰、车及车饰、马及马饰、旗旗、兵器、土地、臣民、取征、以及其他。"见氏著《西周册命制度研究》，学林出版社1986年版，第220页。可供参考。

[②] 笔者按：沫司徒疑簋（西周早期，《集成》7.4059）："王来伐商邑，遂命康侯啚【鄙】于卫。"李学勤先生说："铭中的'啚'读为'鄙'，应该解释为划定国土的边境地区。王在征伐商邑、平定叛乱之后，分封康侯，确定其边鄙自然是必要的步骤。"（《由清华简〈系年〉释读沫司徒疑簋》，《夏商周文明研究》，商务印书馆2015年版）可以与《左传》定公四年所载封建康叔的史实互证。

的一句话,"往哉,封!勿替敬,典听朕诰,女乃以殷民世享",是封建康叔盛大典礼的最后一道程序,最后一个仪节。

三 由第二个"王若曰"看《康诰》的性质

第二个"王若曰"是封建康叔盛大典礼的最后一道程序,最后一个仪节,这意味着占《康诰》绝大部分篇幅的第一个"王若曰"领起的章节,是王封建康叔的诰命,也就是《左传》定公四年记载的祝佗所讲王封建康叔时"命以《康诰》"的《康诰》。

为了说明这个问题,有必要对一些概念进行初步界定。① 首先是"命",命是王为侯伯的封建或公卿大夫的任职而宣布的命令。其次是"诰命",诰命是王围绕着封建侯伯之命而阐发的政治理论,包括个人的道德修养,治国的方针政策,以及较为抽象的哲学命题,如天道等。再次是"册命",册命是王就公卿大夫任职之命而作的告诫勉励。最后是"命书",命书兼指王命的文本和诰命、册命的文本。②

---

① 笔者按:李山先生说:"今所见《康诰》,其属性却与《酒诰》、《梓材》和《无逸》相近,而与所谓'命书'相去甚远。说《康诰》非'诰',就是说它不是'命书'";"作为封建的'命书',必须含有对诸侯所管辖的人民和土地范围的说明";"祝佗的谈话,依据的就是卫国保存的册封命书,虽也称'康诰',却与今传《尚书·康诰》无关";"(《康诰》)应该是分封卫邦时,周公对卫国始封君康侯封谆谆切切的嘱告"(《〈康诰〉非'诰'》,《文学遗产》2011年第6期)。李先生对于《康诰》性质的认定有可取之处,但所用概念较为混乱,不利于问题的解决。可见辨析相关概念,很有必要。

② 笔者按:西周中期的师虎簋(《集成》8.4316):"唯元年六月,既望甲戌,王在杜应,格于大室。井伯入佑师虎,即立中廷,北向。王呼内史吴曰:'册命虎。'王若曰:'虎,载先王既命乃祖考事,嫡官司左右戏繁荆,今余唯帅型先王命,命汝更乃祖考,嫡官司左右戏繁荆。敬夙夜,勿废朕命。赐汝赤舄,用事。'"其中的"册命虎"之册,与颂鼎(西周晚期,《集成》5.2827)中的受命者颂"受册,佩以出"之册相同。册是物质形态,上面所载内容是命,其功能类似现在的委任状。"王若曰"领起的部分,是王就册命而作的告诫勉励,当然也要提到所任职务的事情,否则诫勉无从讲起,其情景类似现在的官员在任命之时或上任之前领导与之进行的谈话。学者往往将"册命虎"与"王若曰"领起的部分混为一谈,认为册上之命就是"王若曰"的内容,显然是不妥当的。按照上面的定义,前者应该是命,后者应该是册命;前者是书面形式,后者是口头形式。当后者被史官记录在册,成为文本,二者一起存档之后,后世就笼统地都称之为命书了。

这四个概念有一定的兼容性。命是诰命、册命、命书的基础。诰命虽是政治理论，册命虽是告诫勉励，但在论述的过程中难免还要出现命的内容。诰命和册命都是命，但在时间上有西周早期与西周中后期的分别，在发布主体上有作为政治家、思想家的英武之主与作为守成乃至平庸之君的分别，在形势上有开国时代的封邦建国与和平时代的程序化官员任免的分别。同时二者又有前后传承的关系，齐思和先生说："当西周之世，诸侯之封建，王臣之任命，皆以锡命之典礼举行之，盖古者有爵者必有位，有位者必有禄，有禄者必有田，任命与封建，其实一也。"[①] 上文说《康诰》的第二个"王若曰"是册命礼的一个仪节，是为了便于表述而从二者的共同点着眼的。命书是在没有必要对命、诰命、册命进行仔细分辨的前提下对三者的一般性概述，其着眼点是文本，典礼仪式的现场感较弱，事后备查的档案性较强，例如《左传》定公四年记载的祝佗所提王对蔡仲发布的"命书"，就是府库中的档案。最后还需强调，所有命、诰命、册命、命书，无论现场讲话，还是档案文件，都由命而来，且都包含了命，因此又都可以笼统地称为"命"。

完成了命、诰命、册命、命书的定义，再来看《康诰》。《康诰》第一个"王若曰"领起的章节，准确地说，应该是诰命，是王为封康叔于殷人故地建立卫国而发布的诰命。这是由《康诰》第二个"王若曰"作为封建康叔典礼的最后一个仪节所推导出来的必然结论。此其一。

其二，《康诰》第二个"王若曰"中有"典听朕诰"一句话。这个"诰"，指的应该是其前面第一个"王若曰"领起的由十多个"王曰"或"又曰"组成的长篇文诰。其中的话语，既有谆谆告诫，又有热切期盼，言辞诚恳，语重心长，"典听朕诰"与之形成鲜明的呼应关系。

[①] 齐思和：《周代锡命礼考》，《中国史探研》，河北教育出版社2000年版。

肆 《康诰》与封建礼

其三，《康诰》第二个"王若曰"中有"往哉"一句话。这个"往"，是前往的意思，指的应该是康叔就封的事情。因为既与《左传》定公四年记载的王对康叔"封畛土略"密切相关，也与第一个"王若曰"的一些词句，例如"肆女小子封在兹东土"；"往敷求于殷先哲王，用保乂民。女丕远惟商耇成人宅心知训"；"往尽乃心，无康好逸，乃其乂民"等，意思相连，声气相通，前后照应。

其四，康叔在殷人故地建立卫国，是西周时代大封建的开始，当时面临的政治形势是，东方叛乱刚刚平定，新生政权根基未稳，对于殷遗民、殷人同盟，乃至自家内部的一些兄弟，需要在军事征服之外再在精神上解除其武装。时代向摄行王政的周公提出的命题主要有：天命为什么从殷人转向了周人？周家凭什么做天下的主人？新王朝以什么方式统治天下？封建康叔，为经过三年艰苦征战、思想已经成熟、正在寻找表达机会的周公提供了一个回答上述命题的重要场合。[①] 于是借着封建康叔的典礼，将自己的思想理念与治国方略，昭告天下，就是水到渠成了。[②] 所以在这个意义上，《康诰》的第一个"王若曰"

[①] 拙作：《周初天命观之进展》，《山西档案》2012年第6期。

[②] 笔者按：封建康叔的时间，传统的说法是在周公摄行王政的第四年，见《尚书大传》（《丛书集成初编》，中华书局1985年版，第100页）。清华简《系年》说："周成王、周公既迁殷民于雒邑，乃追念夏商之亡由，旁设出宗子，以作周厚屏。乃先建卫叔封于庚［康］丘，以侯殷之余民。"（清华大学出土文献研究与保护中心编，李学勤主编：《清华大学藏战国竹简（贰）》，中西书局2011年版，第144页）《系年》将封建康叔定在迁殷遗民于雒邑之后，可以部分地解决《康诰》开头的四十八个字是属于《康诰》的问题。苏轼和陈梦家分别认为是《雒诰》《召诰》的脱简（《书传》，文渊阁《四库全书》经部书类，台湾商务印书馆1983—1986年版，第54册，第593页；《王若曰考》，《尚书通论》，河北教育出版社2000年版），现在看来，应该重新考虑。再，李学勤先生说："（《康诰》开头）纪时的'惟三月哉生魄'，据《尚书·召诰》、《雒诰》知道是在成王七年，开始营造成周洛邑之时。"又说："诰命的具体时间，未必就在三月哉生魄，可能是在稍后的一段期间以内。"（《清华简〈系年〉解答封卫疑谜》，《夏商周文明研究》，商务印书馆2015年版）李先生将封卫之年定的可能过晚了。唐兰先生依据沫司徒疑簋认为："沫司徒疑簋……可以证明《作雒》所说'俾康叔宇于殷'，是在伐商践奄后，还没有回到周都。"（《西周青铜器铭文分代史征》，上海古籍出版社2016年版，第30页）唐先生定的可能过早了。笔者认为，封建康叔大约在东征之后，营建雒邑之前。

· 111 ·

是"命",更是"诰",因而称为诰命。

其五,王在封建或册命典礼上发表讲话,阐发自己的政治思想,在西周时代是常例。例如:

(10)大盂鼎:王若曰:"盂!丕显文王,受天有大命。在武王嗣文作邦,辟厥慝,抚有四方,畯正厥民。在于御事,虘酒无敢酖,有祡烝祀无敢醻。故天临翼子,法保先王,匍有四方。我闻殷坠命,唯殷边侯甸与殷正百辟,率肆于酒,故丧师。"

"已!汝妹辰有大服,余唯即朕小学,汝勿蔽余乃辟一人。今我唯即型禀于文王正德,若文王令二三正。今余唯命汝盂绍荣,敬雍德经,敏朝夕入谏,享奔走,畏天威。……"

王曰:"盂,乃绍夹尸司戎,敏敕罚讼,夙夕绍我一人烝四方。" (西周早期,《集成》5.2837)

其中的一些观念,如文王接受天命、武王伐纣有天下、以殷人酗酒为鉴、敬畏天威以保王作四方的君主等,既与《康诰》相通,也与《酒诰》《梓材》相通,达到了较高的思想水平,因而称之为诰命,也未尝不可。类似的西周青铜器铭文还有牧簋(西周中期,《集成》8.4343)、师訇簋(西周晚期,《集成》8.4342)、毛公鼎(西周晚期,《集成》5.2841)等。由此可见,摄行王政的周公在封建康叔的典礼上发布《康诰》符合常例。而且可以由此推知,这些西周时代青铜器铭文所载册命典礼中王发布的"诰命",都是以《康诰》为源头。

我们说《康诰》第一个"王若曰"是王封建康叔的诰命,第二个"王若曰"是封建康叔典礼的最后一个仪节;这意味着《康诰》不是封建康叔典礼的全部内容,只是其中的两个节目,也就是说《康诰》

是从封建康叔典礼档案材料中节选出来的。① 李零先生说："我们应注意的是，《尚书》虽来自古代的文书档案，但它们变为古书，变为后世可以阅读的材料，其实是选取的结果（不管这种选取是不是由孔子来完成）。它之区别于自己的母体，即原始的文书档案，主要在于，它更关心的并不是具体的制度和政令，也不是历史细节本身，而是围绕重大历史事件的议论和思想"②。本文揭示的《康诰》成篇途径，为李先生的论述提供了一个典型的案例。

依据《左传》定公四年所载封建康叔的内容，再结合青铜器铭文记载的西周册命典礼的过程，我们可以肯定地说，第一个"王若曰"和第二个"王若曰"之间省略了王对康叔封赐物品、土地、人民，以及对聃季和陶叔授土授民的内容。封赐物品、授土授民等仪式的规模和场面必然很宏大。再考虑到头绪繁杂、制度草创等因素，可以断定所用的时间应该较长。所以封赏仪式完成之后，王为整个典礼作结而说"往哉，封！勿替敬，典听朕诰，女乃以殷民世享"时，记录的史官再次标记了"王若曰"。第二个"王若曰"，虽然不是诰命的正文，但与诰命前后呼应，所以后人编辑《康诰》时，也将其选入，从而形

---

① 笔者按：封许之命（佚失1、4两支简）可以成为本文主张的佐证："……越在天下，故天劝之亡斁，尚纯厥德，膺受大命，骏尹四方。则惟汝吕丁，肇佑文王，㦤光厥烈。□司明刑，釐厥猷，祇事上帝。桓桓丕敬，严将天命。亦惟汝吕丁，捍辅武王，攷敦殷受，咸成商邑……命汝侯于许。女惟臧耆尔猷，虔恤王家，简乂四方不格，以勤余一人。赐汝苍珪、……王曰：呜呼，丁，戒哉！余既监于殷之不若，憯恸在忧，靡念非常。汝亦惟淑章尔虑，祇敬尔猷，以永厚周邦，勿废朕命，经嗣世享。"清华大学出土文献研究与保护中心编、李学勤主编：《清华大学藏战国竹简（伍）》，中西书局2015年版，第118页。朱凤瀚先生说："《封许之命》词语、文风与西周文献、册命金文非常接近"。（马楠：《〈清华大学藏战国竹简（伍）〉成果发布会在京召开》，清华大学出土文献研究与保护中心网站，2015年4月9日）笔者认为《康诰》就是这样的西周文献。由于个人才情的不同，形势激发程度的不同，《封许之命》对于政治思想的阐述，显然没有《康诰》全面深刻，王对吕丁的封赏也与康叔有较大区别，但典礼仪式程序，以及所用词汇、表露语气等，则是一样的。

除此之外，《康诰》可能还有一些场景因素也被省略，参见拙作《〈康诰〉的语境》，《沮诵微刊》2016年7月10日。

② 李零：《论燹公盨发现的意义》，《中国历史文物》2002年第6期。

成包含两个"王若曰",而且所领篇幅很不对称的《康诰》文本。这种依据典礼仪式程序来选择材料、安排结构、制作文章的做法,与《世俘》《召诰》《雒诰》《祭公》等西周文献完全相同。① 由《世俘》的制作时代来推测,《康诰》的选编成文,可能是在西周时代的后期。

既然第一个"王若曰"是因封建康叔之"命"而发布的"诰",是诰命;第二个"王若曰"是封建康叔典礼的最后一个仪节,而且全篇按照封建典礼仪式程序选材组材,那么该文以《康诰》命名,意为封建康叔的诰命②,是文题相符,非常贴切。

综合以上考证,本文的主要看法是:

---

① 拙作:《小盂鼎与〈世俘〉新证》,《中国史研究》2008年第1期;《〈祭公〉与惇史》,《〈逸周书〉新研》,中华书局2013年版;《〈祭公〉解构》,《〈逸周书〉新研》,中华书局2013年版;《盠方彝、〈祭公〉与〈厚父〉诸篇体例》,《"出土文献与诸子学研究新境——第四届诸子学"学术研讨会论文集》,上海大学,2017年。最后一篇也见于拙作《〈尚书〉新研》,中华书局2021年版,第41—52页。

② 笔者按:《康诰》是封建康叔的诰命是传统的看法,从《左传》开始,到司马迁、尚书序、杜预,以及当代学者齐思和、刘起釪等,都延续此说。现录齐思和先生的观点,以窥其概。齐先生说:"'命以康诰'者,谓册命之辞名曰《康诰》也。《康诰》即今《尚书》中之《康诰篇》,周初册命诸侯之锡命,惟此篇仅存,诚研究周初封建制度极重要之资料也。"(《周代锡命礼考》,《中国史探研》,河北教育出版社2000年版)对此,笔者深表赞同。然而,唐兰先生却不这样看,他说:"《康诰》是践奄以后周公作的诰,并非封卫侯的命辞,祝佗是引以凑合《伯禽》、《唐诰》和《蔡仲之命》等命辞的。"又说:"沫司徒疑簋……可以证明《作雒》所说'俾康叔宇于殷',是在伐商践奄后,还没有回到周都。"(《西周青铜器铭文分代史征》,上海古籍出版社2016年版,第47、30页)也就是说,《康诰》与卫国的建立无关,不是封建康叔的诰命。类似的主张,清代学者也曾提出,例如牟庭说:"成王六年春,周公在洛邑诰士康叔,作《康诰》、《酒诰》、《梓材》,皆说治殷余民之事,宜非始封卫国之册命也。……祝鮀所称皆始封册命也。成王四年而定殷,定殷而封康叔于殷虚,计已七年,作洛则康叔就国已多时,非作洛之年始封也。……然则祝鮀所称之《康诰》,与《尚书·康诰》篇,名偶同而实判然不相混者也。"见氏著《同文尚书》,齐鲁书社1981年版,第1061—1064页。笔者认为,古今学者对于《康诰》是否诰命或始封诰命的理解,依据并不充分。显然既没有注意《康诰》第一个"王若曰"中嘱咐康叔"往尽乃心,无康好逸,乃其乂民"与第二个"王若曰"中嘱咐康叔"往哉"等语句是关于封建的话,受时代与学科限制,当然也没有注意《康诰》第二个"王若曰"的仪式性问题。不分析内证,只在外围的证据之下安排史实,并将康叔封建与之系联,不可能把握《康诰》的真谛。

其一，《康诰》文本中有两个"王若曰"。第一个"王若曰"由十多个"王曰"或"又曰"领起的章节组成，第二个"王若曰"只有一节二十个字，二者所占《康诰》的篇幅很不对称。第二个"王若曰"是西周时代册命礼中经常出现的类似话语的源头。这些话语由于反复演说，已经变成了套话。由这些话语所在诰命或册命典礼看，第二个"王若曰"有明显的仪式性。

其二，第二个"王若曰"中的"以殷民世享"是让殷民世世代代贡献的意思，这表明《康诰》的第二个"王若曰"是承接着王对康叔赏赐殷民而来。封建康叔典礼程序是：王发布命令，赏赐物品、土地、殷民，因此第二个"王若曰"是封建康叔典礼的最后一个仪节。

其三，第二个"王若曰"是最后一个仪节；那么第一个"王若曰"就应当是封建康叔的诰命。第二个"王若曰"中的"典听朕诰""往哉"与第一个"王若曰"中的一些词语前后呼应，也证明第一个"王若曰"是封建康叔的诰命。

其四，由封建康叔典礼程序看，在《康诰》两个"王若曰"之间应该有封赐土地和人民的内容。由于间隔较长，当史官记录王为封建典礼作结的讲话，即最后一个仪节时，再次标记了"王若曰"。待《康诰》在西周后期依据礼仪程序由封建康叔典礼档案材料选编成文，便形成了包含两个"王若曰"的文本。这意味着《康诰》是封建康叔典礼仪式的节选。

附 《康诰》[①]

惟三月，哉生魄，周公初基作新大邑于东国雒，四方民大

[①] 选自杨筠如《尚书核诂》，陕西人民出版社1959年版，第168—183页。

和会，侯甸男邦采卫百工播民，和见士于周。周公咸勤，乃洪大诰治。

王若曰：孟侯，朕其弟小子封！惟乃丕显考文王，克明德慎罚，不敢侮鳏寡，庸庸祗祗威威显民。用肇造我区夏，越我一二邦，以修我西土。惟时怙冒，闻于上帝；帝休，天乃大命文王，殪戎殷，诞受厥命，越厥邦厥民。惟时叙。乃寡兄勖，肆汝小子封在兹东土。

王曰：呜呼！封，汝念哉！今民将在祗，遹乃文考绍闻衣德。言往敷求于殷先哲王，用保乂民。汝丕远惟商耇成人宅心知训。别求闻由古先哲王，用康保民。宏于天若德，裕乃身不废在王命。

王曰：呜呼，小子封！恫瘝乃身。敬哉！天畏棐忱，民情大可见，小人难保。往尽乃心，无康好逸，乃其乂民。我闻曰，怨不在大，亦不在小。惠不惠，懋不懋。已！汝惟小子，乃服惟弘王应保殷民，亦惟助王宅天命，作新民。

王曰：呜呼，封！敬明乃罚。人有小罪，非眚，乃惟终，自作不典，式尔；有厥罪小，乃不可不杀。乃有大罪，非终，乃惟眚灾，适尔，既道极厥辜，时乃不可杀。

王曰：呜呼，封！有叙时，乃大明服，惟民其勑懋和。若有疾，惟民其毕弃咎。若保赤子，惟民其康乂。非汝封刑人杀人，无或刑人杀人；非汝封又曰劓刵人，无或劓刵人。

王曰：外事，汝陈时臬司，师兹殷罚有伦。

又曰：要囚，服念五六日，至于旬时，丕蔽要囚。

王曰：汝陈时臬事，罚蔽殷彝，用其义刑义杀，勿庸以次汝封。乃汝尽逊，曰时叙；惟曰未有逊事。已！汝惟小子，未其有若汝封之心，朕心朕德，惟乃知。凡民自得罪，寇攘奸宄，杀越人于货，暋不畏死，罔弗憝。

王曰：封，元恶大憝，矧惟不孝不友。子弗祗服厥父事，大伤厥考心；于父不能字厥子，乃疾厥子。于弟弗念天显，乃弗克恭厥兄；兄亦不念鞠子哀，大不友于弟。惟吊兹不于我政人得罪，天惟与我民彝大泯乱。

曰：乃其速由文王作罚，刑兹无赦。不率大戛，矧惟外庶子训人，惟厥正人越小臣诸节。乃别播敷，造民大誉。弗念弗庸，瘝厥君，时乃引恶，惟朕憝。已！汝乃其速由兹义率杀。亦惟君惟长不能厥家人，越厥小臣外正；惟威惟虐，大放王命，乃非德用乂。女亦罔不克敬典，乃由裕民，惟文王之敬忌，乃裕民。

曰：我惟有及，则予一人以怿。

王曰：封！爽惟民迪吉康，我时其惟殷先哲王德，用康乂民作求。矧今民罔迪不适，不迪则罔政在厥邦。

王曰：封！予惟不可不监，告女德之说于罚之行。今惟民未静，未戾厥心，迪屡未同；爽惟天其罚殛我，我其不怨。惟厥罪无在大，无在多，矧曰其尚显闻于天？

王曰：封，敬哉！无作怨，勿用非谋非彝蔽时忱，丕则敏德。用康乃心，顾乃德，远乃猷裕，乃以民宁，不汝瑕殄。

王曰：呜呼！肆女小子封，惟命不于常，汝念哉！无我殄享。明乃服命，高乃听，用康乂民。

王若曰：往哉，封！勿替敬，典听朕告，汝乃以殷民世享。

（《〈康诰〉与封建礼》，原题《大盂鼎与〈康诰〉体例》，《青铜器与金文》第二辑，上海古籍出版社2018年版。收入《〈尚书〉新研》，中华书局2021年版）

伍 《立政》与祭祷礼

一 《立政》中的两个"周公若曰"

《立政》是今文《尚书》的第二十五篇,记载了周公临没前就王朝选官用人原则等问题而对成王及百官的箴告与训诫。《立政》的体例与《康诰》较为近似,① 而与其他多数《尚书》篇章有很大不同,主要表现是文本前后有两个"周公若曰"。第一个"周公若曰"出现在文本开头,领起周公讲话的主体部分,内容较多,篇幅较长;第二个"周公若曰"出现在文本结尾,领起的周公讲话很短,只有区区二十五个字。

> 周公若曰:大史。司寇苏公!式敬尔由狱,以长我王国。兹式有慎,以列【刑】用中罚。②

为什么如此?就笔者目力所及,只有陈梦家先生曾有过简单讨

---

① 笔者按:《康诰》体例的特点是文本开头与结尾有两个"王若曰",而且第一个"王若曰"领起的部分,内容较多,篇幅较长;第二个"王若曰"领起的部分只有十七个字,二者很不对称。《康诰》发布时,周公摄政,代替成王讲话,史官记录时标记的是"王若曰";《立政》发布时,周公已经致政,史官记录时标记的是"周公若曰"。"王""周公"的差异,是讲话者前后身份不同造成,"若曰"即"如是说",标志着二者的形成方式完全相同。

② 杨筠如:《尚书核诂》,陕西人民出版社1959年版,第273页。

论，他说："在此有一个问题，即《康诰》、《立政》、《多士》、《多方》一篇之中有两个'王若曰'或'周公若曰'，……此和金文不合。……《立政》（1）是周公诰其侄成王，（2）是周公命大史司寇苏公，是两件事，故（2）在形式上与事实上都是一独立的命书。"①陈先生之所以能够提出这个问题，是因为参考了西周青铜器铭文中某些王命的体例。与同时代及前代学者相比，在此问题上，陈先生思维敏捷，目光如炬。令人钦佩。

受时代之赐，近些年新材料不断出现。这促使我们对陈先生提出的《立政》体例问题进行新的思考，给予新的探讨。这个新材料就是清华简《四告》。②

二　清华简《四告》的内容与结构

清华简《四告》由四篇祷辞组成，分别是周公旦、伯禽父、周穆王、召伯虎在祭祀典礼上向皋陶、宾任、北方尸等神灵的祷告之辞。③ 本文所讲《四告》特指其中的第一篇。

周公祭祀皋陶的这篇祷辞与《立政》有深度关联。赵平安先生说："《四告》第一段和《立政》关系密切。……都是周公的告辞，发生的时间背景相似，因而多有相似之处。"④ 程浩先生说："在我

---

① 陈梦家：《尚书通论》，河北教育出版社2000年版，第186—187页。
② 清华大学出土文献研究与保护中心编、黄德宽主编：《清华大学藏战国竹简（拾）》，中西书局2020年版。
③ 笔者按：林甸甸先生说："祝辞的外延大于祷辞，祷辞仅是祝辞中祈求正面回应的一个分类，近于（《周礼·大祝》）'六祝之辞'所说的'吉祝'，同时又更接近'祝'的原始形态，在上古以祭祖为核心的祝告话语中占据着最主要的地位。"见氏著《祝告话语的核心结构及其书面形式的凝结》，《民族艺术》2022年第2期。清华简《四告》的性质无疑属于"吉祝"。
④ 赵平安：《清华简〈四告〉的文本形态及其意义》，《文物》2020年第9期。

· 119 ·

们看来，两篇不止于文辞相近而已，而且有可能是一时之作"，"简文说：'翌日，其会邦君、诸侯、大正、小子、师氏、御事，箴告孺子诵，弗敢纵觅。'据简文可知，在前一天的祭祀活动之后，周公第二天并没有马上绎祭皋繇，而是先在百官面前对成王进行了'箴告'，让他不要纵逸。而周公这次'箴告'的具体内容……我们认为就是《立政》。"[1] 赵、程二位先生的论断很正确，可以信从。但笔者同时也认为，清华简《四告》与《立政》的关系并没有止步于此，而是结构相互"镶嵌"，内容彼此"套合"，由此决定了《立政》两个"周公若曰"体例的形成。

清华简《四告》是祷辞，没有交代祭祀典礼的仪式，但我们仍然可以依据先秦时代祭礼的背景，还原清华简《四告》作为祷辞所对应的仪节仪注，了解其内容，认识其性质，分析其结构。

先秦时代的祭礼——祭天、祭祖、祭社或禴祭、烝祭、尝祭等——祭者身份不同、祭祀对象不同、祭祀方法不同、祭祀地点不同，仪式仪节也有所不同，但基本仪程，仪程的象征或寓意，则大体相近，因而可以成为我们考察清华简《四告》文本结构的参照。

第一，高级贵族的祭祀典礼仪程一般分为正祭与绎祭两个部分。正祭也叫直祭，绎祭也叫又祭。正祭举行于祭礼的第一天，绎祭举行于祭礼的第二天。[2] 清华简《四告》由"翌日"为界，之前是正

---

[1] 程浩：《有为言之：先秦"书"类文献的源与流》，中华书局2021年版，第232—233、234页。

[2] 笔者按：杨树达先生说："殷人肜夕以王名先一日祭，而肜日以王名之日祭，前人所谓祭之明日又祭者，第一祭字盖指肜夕言之，明日又祭则指肜日言之也。以事理言之，先夕之祭盖豫祭，而当日之祭则正祭也。正祭为重而豫祭为轻，则先儒谓初祭为正祭，尊于复祭者，非其实也。"（《释肜日》，《积微居甲文说》，上海古籍出版社2013年版）杨先生的话是针对商代祭礼而讲的，依据的是甲骨卜辞，当然值得重视，但鉴于商周礼制的损益关系，笔者认为《仪礼》等对于西周春秋时代祭礼的记载，以及后世学者据此而归纳的西周春秋时代祭礼的仪程仪节，与商代祭礼有所差异，符合情理，二者可以并立。

祭，以后是绎祭。对于后者，程浩先生已经指出，很有见地。①

第二，正祭举行于室内，"直（正）祭的主要节目有三，第一是'尸入九饭'"，"第二主要节目是'三献之礼'"，"第三主要节目是旅酬"。绎祭举行于堂上，"凡九献尸"，性质是"宾尸之祭"，"宾尸献礼是庞大的、复杂的；虽同具三献，但每一献中包含的内容比直祭为丰富多样"②。

第三，祭祷典礼中与所祭神灵沟通的人，既可以是"祝"，也可以是"史"。由于二者的职责有较大交集，因此有时也联称"祝史"。③如《金縢》记载周公为武王向父祖举行祷祭，"史乃册祝曰：惟尔元孙某，遘厉虐疾……"④祷辞的诵读者是"史"，祷辞的载体是"册"，祷辞的性质是"祝"。

第四，祝史沟通人神的方式是祝与嘏。《礼记·礼运》云："祝以孝告，嘏以慈告。"孙希旦云："祝，谓飨神之祝辞也。嘏，谓尸嘏主人之辞也。祭初飨神，祝辞以主人之孝告于鬼神；至主人酢尸，而主人事尸之事毕，则祝传神意以嘏主人，言'承致多福无疆于汝孝孙'，而致其慈爱之意也。"⑤祝由告、祷两项内容组成。⑥告，即"祝者通常会在仪式开场时进行陈词，向祭祀对象述告仪式的概

---

① 程浩：《有为言之：先秦"书"类文献的源与流》，中华书局2021年版，第223、234页。
② 沈文倬：《宗周岁时祭考实》，《宗周礼乐文明考论》（增补本），浙江大学出版社2006年版。
③ 笔者按：例如《左传》昭公二十年云："其祝、史祭祀，陈信不愧；其家事无猜，其祝、史不祈"，又云："其祝、史荐信，无愧心矣。……国受其福，祝、史与焉"。见杨伯峻《春秋左传注》，中华书局1990年版，第1415、1416页。结合上下文看，"祝"与"史"之间是否标点顿号，不必拘泥，但"祝史"联称，可以断言。
④ 杨筠如：《尚书核诂》，陕西人民出版社1959年版，第151页。
⑤ 孙希旦撰，沈啸寰、王星贤点校：《礼记集解》，中华书局1989年版，第594页。
⑥ 笔者按："祝"与"祷"二字音义相通，王国维先生说："古'祷'、'祝'二字同谊同声，疑本一字。《乐记》及《史记·周本纪》封黄帝之后于祝，《吕氏春秋·慎大览》'祝'作'铸'，郑注《乐记》亦云'祝'或为'铸'。'祷'与'铸'皆寿声。"见氏著《史籀篇疏证》，《王国维遗书》第4册，上海书店出版社1983年版。

况……包括举行仪式的主体、仪式致礼的对象，有时还要陈述仪式的环节与祭品的种类"。祷，即向所祭神灵"祈求福祉"。① 嘏，作为经由尸、祝表达的神意，一般较为简短，都是"君子万年，介尔景福"之类的吉祥话。②

现在看清华简《四告》的内容与结构。开头一段话，"拜手稽首。者鲁！天尹皋繇，配享兹馨香，肆㥦血盟，有之二元父羊、父豕、朱鹿，非讨余有周旦"，③陈述祭祀主体、祭祀对象、所用祭礼、所献祭品等。这显然是"告"的仪节。从"惟之有殷竞蠢不若"到"用经纬大邦周"一段，先是历数商人罪大恶极、文武受命克商、武王早崩、成王年幼、周公东征等重大史实，然后恳切表达立诲垂教、治理王朝天下的祈愿。这显然是"祷"的仪节。以上是正祭。

从"翌日"到"保兹下土"，先是周公对成王箴训，再是颂扬皋陶功绩，然后是向皋陶表达永享国祚的祈愿（详细分析论证，请

---

① 林甸甸：《祝告话语的核心结构及其书面形式的凝结》，《民族艺术》2022年第2期。笔者按：《仪礼·少牢馈食礼》云：祭礼开始，"祝祝曰：'孝孙某，敢用柔毛、刚鬣，嘉荐、普淖，用荐岁事于皇祖伯某，以某妃配某氏。尚飨！'"（崔高维校点：《仪礼》，新世纪万有文库，辽宁教育出版社1997年版，第99页）可见祭礼中"告"的仪注的一般情形。

② 笔者按：《诗经·大雅·既醉》，林义光认为："此诗为工祝奉尸命以致嘏于主人之辞。"见氏著《诗经通解》，中西书局2012年版，第338页。请大家参考。

③ 笔者按：这句话有两个问题需要辨析。第一个是"配享"。"配享"在西周时代是一个成语，《吕刑》云："惟克天德，自作元命，配享在下。"杨筠如先生说："配享，谓配天而享大命。"（《尚书核诂》，陕西人民出版社1959年版，第303页）此处的"配享"，大意或是：配天而享用（兹馨香）。皋陶是"天尹"，是"受命天丁"，当然可以配天，又是"司慎"，自然应该享用人间贡献的牲醴。第二个是"肆㥦血盟"。其中"肆㥦"二字的形义不明，暂且存疑。"血盟"或即歃血为盟。《左传》襄公十一年记载晋国主持会盟，其誓词是，"……或间兹命，司慎、司盟，名山、名川，群神、群祀，先王、先公，七姓、十二国之祖，明神殛之"（杨伯峻：《春秋左传注》，中华书局1990年版，第989—990页），盟誓对象是天神"司慎"。此处皋陶被称为"天尹"，下文被称为"司慎"，这表明皋陶与盟誓有较大关系。因此笔者推测，"肆㥦血盟"或是这场祭祷皋陶典礼的周公与"邦君、诸侯、大正、小子、师氏、御事"殷见仪节中的一项内容，殷见时"向诸侯颁布王命或治理其属僚"（张怀通：《克钟与清华简〈摄命〉"伯摄"职责考论》，《晋学研究》第二辑，商务印书馆2022年版），显示了这方面的信息（殷见问题，请见下文详论）。那么，"肆㥦血盟"可能与其前面的"兹馨香"并列，都是"配享"的宾语。

见下文)。这显然也是"祷"的仪节。最后一句话,"弌配享兹,宜尔祜福",是尸、祝转述的天尹司慎皋陶对周公的祝福(详细分析论证,请见下文)。这显然是"嘏"的仪节。以上是绎祭。

当然,在此我们必须强调,由祝嘏的性质看,清华简《四告》虽是周公祭祀皋陶的祷辞,但讲述者不是周公,而应该是祝或祝史。

从正祭到绎祭,从告到祷,再从祷到嘏,两天之内周公完成对于皋陶的祭祷典礼。虽然具体细节不能完全揭示,但由祷辞各个部分的内容及其性质,仍然可以抉发与仪节仪程的对应关系,其结构当然也随之逐渐清晰。接下来就可以此为基础,探寻清华简《四告》与《立政》在文本结构上的"镶嵌"关系了。

三 清华简《四告》与《立政》的"镶嵌"

《立政》发布于典礼第二天绎祭皋陶的开始阶段,即"翌日,其会邦君、诸侯、大正、小子、师氏、御事,箴告孺子诵,弗敢纵觅。"笼统地看,的确如此。但如果考虑到典礼仪节与仪程等因素,就会发现这个认识还有进一步深化的必要。

首先,周公"箴告孺子诵"的内容只是《立政》第一个"周公若曰"领起的部分。此后的祷辞承接这一部分而来。这节祷辞的开头是,"先告受命天丁辟子司慎皋繇",其中的"告"字,表明下文是绎祭祷辞,与前一天的正祭祷辞有别。绎祭的重要内容之一,是"寻绎昨日之祭",[①] 因此在"告"之前使用了一个"先"字,表明在周公箴告成王及百官之后继续昨日之祭的意思。此其一。其二,"先"下面的文字,"忻素成德,秉有三俊,惠汝宅天心,兹德天德

---

① 贾海生:《祝嘏、铭文与颂歌》,《周代礼乐文明实证》,中华书局2010年版。

用歆，名四方，氏尹九州，夏用配天"，大意是歌颂皋陶凭借自己的高尚道德协助夏人享有天命的功绩。歌颂的目的既是对于正祭的"寻绎"，又是为下面向皋陶报告周公讲话、祈求皋陶保佑——隐含了的与"先"相对应的"后"——作铺垫。

"者鲁天尹皋䌛，毋忍斁哉，骏保王身，广启厥心，示之明猷，渊心优优，毋违朕言，眾余和协。惟作立政立事，百尹庶师，俾助相我，邦国和我，庶狱庶慎，阱用中型。以光周民，懋我王国，万世勿奸。文子文孙，保兹下土"，① "者鲁"是叹词，是另起一段的标志，表明祷辞由歌颂转变为报告与祈求。② 祈求皋陶的事项主要有两点，（1）使成王与自己（周公）协力同心；（2）让各级官员协助自己（周公），以使王朝兴盛发达，文王子孙保有天下。报告是对周公讲话的概括，所以二者有一些词句相同或近似。赵平安先生说："此篇（《四告（一）》）内容局部与《书·立政》相关。"③ 程浩先生说："《四告（一）》中有如此多与《立政》相似的文句，并且基本集中在第二节。周公在同一天刚对成王作了一番告诫，出于组织语言的惯性，便带入了对皋陶的祷辞中。"④ 赵、程二位先生指出了现象，而本文的论述则为这一现象的产生找到了礼制的根源。

由祝史向皋陶报告周公讲话的要点，完成与天尹司慎皋陶的互

---

① 笔者按：此处的"俾助相我，邦国和我"是笔者的句读。类似的字句在周公的讲话中也曾出现，《立政》云："丕乃俾乱相我，受民和我，庶狱庶慎。时则勿有间之，自一话一言。我则末惟成德之彦，以乂我受民。"原文字句读见杨筠如《尚书核诂》，陕西人民出版社1959年版，第271—272页。历代学者对这句话的句读差异很大，在此笔者暂且提出自己的观点，以参与讨论。

② 笔者按：沈文倬先生说："祝传达主人与尸之间的诰教祝嘏之辞。"见氏著《宗周岁时祭考实》，《宗周礼乐文明考论》（增补本），浙江大学出版社2006年版。由此可知，祝史撮述周公讲话大意然后报告给皋陶是践行职责。虽未必是祭礼的规定性仪注，但在盛大祭礼中也可能不可或缺。

③ 清华大学出土文献研究与保护中心编、黄德宽主编：《清华大学藏战国竹简（拾）》，中西书局2020年版，第116页。

④ 程浩：《有为言之：先秦"书"类文献的源与流》，中华书局2021年版，第235页。

动，然后再次表明祭祷的目的，其核心是"懋我王国"。其中的"懋"，是盛大的意思，①使动用法。这一方面使得周公对成王的箴训有了着落；一方面与昨日正祭中的"经纬大邦周"呼应，从而完成祭祀典礼的"祝"的仪节中的"祷"的仪注。

其次，《立政》第二个"周公若曰"领起的部分讲述于嘏辞"弋配享兹，宜尔祜福"之后。

"弋"，也可隶定为"式"，在商周甲骨文金文中与"異""翼"的含义相同，裘锡圭先生说："'式~弋'和'異~翼'之间的关系是十分密切的。从语音上看，'式'从'弋'得声，而'弋'和'翼'同音。从语法性质上看，'式~弋'和'異~翼'在句子里的位置基本相同，主要都出现在谓语里主要动词前面，有时还出现在体词（名词、时间词、人称代词）当头的动词性结构（包括宾语前置的动宾结构）之前。……很可能'式、弋、異、翼'等不同的写法实际上代表同一个词。至少可以说'式~弋'和'異~翼'代表一对语法性质十分接近的亲属词。"裘先生还说："'異~翼'、'式~弋'可以表示可能、意愿、劝令等意义。"②细审文意，嘏辞中这个"弋"或"式"的意思，应该是"意愿"。"弋"的后面与之搭配的"配享兹"，就是典礼第一天正祭祷辞的开头"配享兹馨香"的缩略。③

"宜"，在史墙盘（西周中期，《集成》16.10175）中作"义"：

---

① 清华大学出土文献研究与保护中心编、黄德宽主编：《清华大学藏战国竹简（拾）》，中西书局2020年版，第115页。
② 裘锡圭：《卜辞"異"字和诗、书里的"式"字》，《裘锡圭学术文集》（1），复旦大学出版社2012年版。
③ 笔者按：程浩先生将"弋"隶定为"代"，并且说："'代'原篇作'弋'，整理报告读为'式'，理解为虚词。结合上下文来看，将此处的'弋'读为'代'或许更为妥当，相关通假的例证更是不胜枚举。"见氏著《有为言之：先秦"书"类文献的源与流》，中华书局2021年版，第220页。整理者赵平安先生的意见正确，但认为是虚词不妥。限于体例，赵先生没有展开论述。请读者明鉴。

"粦明亚祖祖辛，迁毓子孙，繁祓多厘，齐角炽光，义其禋祀。"唐兰先生认为：义即宜，应该之义。翻译为"善良英明的亚祖祖辛，分立宗支，蕃育子孙，繁多的福，许多喜庆，齐齐整整，焕发光彩，应该受到禋祭。"① 戴家祥先生说："唐兰读宜。按《大雅·荡》：'天不湎尔以酒，不义从式。'《毛传》：'义，宜也。'《礼记·祭义》：'义者，宜此者也。'《中庸》'义者，宜也'。唐说得之。"② "宜"的对象是"尔"，与"义其禋祀"中的"其"相对，前者是第二人称"你"，后者是第三人称"他"，都是人称代词，语境也完全相同。③

"弋配享兹，宜尔祜福"，大意是：愿意享用你贡献的美食佳肴，赐予你应该得到的祜福。"尔"指代的显然是献祭者周公，语气语意显然是皋陶之尸的口吻，而转述者当然是负责与神灵交流的祝史。《诗经·小雅·楚茨》云："为宾为客，献酬交错。礼仪卒度，笑语卒获。神保是格，报以介福，万寿攸酢。"描绘的大概是绎祭中歆享了牲醴的神灵通过祝史向主人祝福的情景。④

---

① 唐兰：《略论西周微史家族窖藏青铜器群的重要意义——陕西扶风新出墙盘铭文解释》，陕西周原考古队、尹盛平主编：《西周微氏家族青铜器群研究》，文物出版社1992年版，第117、118页。

② 戴家祥：《墙盘铭文通释》，陕西周原考古队、尹盛平主编：《西周微氏家族青铜器群研究》，文物出版社1992年版，第343页。

③ 笔者按：赵平安先生说："祜福，东周金文常语，系同义连用，为名词性短语，常与'永'字构成动宾结构（如春秋早期黄子鬲、黄君孟鼎等）。'宜尔祜福'与'永祜福'结构相同，都是动宾结构。《荀子·大略》'不时宜，不敬文，不欢欣，虽指，非礼也'杨倞：'宜，谓合宜。'"见清华大学出土文献研究与保护中心编、黄德宽主编《清华大学藏战国竹简（拾）》，中西书局2020年版，第116页。赵先生对于"祜福"的解释正确，对于"宜"的解释近似，但对于"宜尔祜福"整句话的解释错误。致错原因在于没有理解这句话的性质，以及这句话生成的祭祷典礼的背景。

④ 笔者按：沈文倬先生对这句诗的翻译及解释是："先受献，后劝酬。兄弟（主党）之爵由东而西，众宾之爵由西而东，进退、授受、坐兴、拜揖、周旋的仪节符合法度，众酬时的笑语欢畅而又不失常规，真做到族亲和睦，庄谐得宜，皇祖真的要来临了，给王大福，给王万寿啊！"酬必受献，献在酬前而不属旅酬范围，诗撷要合咏，本来不依行礼程式的。"见氏著《宗周岁时祭考实》，《宗周礼乐文明考论》（增补本），浙江大学出版社2006年版。可以作为参考。

这可以成为我们认定"弋配享兹，宜尔祜福"是嘏辞的参证。①

　　得到了天尹司慎皋陶的祝福，达到了举行祭祷典礼的目的，于是便有了周公为典礼作结的讲话："大史。司寇苏公！式敬尔由狱，以长我王国。兹式有慎，以列【刑】用中罚。"② 大意是：要求司寇苏公慎用刑罚，以使国家长治久安。其中的"大史"意味深长。此前古今学者，要么认为"此周公因言慎罚，而以苏公敬狱之事告之太史，使其并书，以为后世司狱之式也"；③ 要么认为"苏忿生之为司寇也，亦兼任太史之官"。④ 这些解释都较为迂阔，没有紧扣祭祷典礼仪式。笔者认为，在这场祭祷皋陶的盛大典礼中沟通人神者可能就是这位大史，《金縢》中代周公为武王向父祖"册祝"的人是"史"，与之照应。大史将周公箴训要点汇报给皋陶，将皋陶祝福传达给周公，尽到了职责，完成了任务。至此，周公应该有所表示，但又不能说话太多，以免冲淡典礼的庄重性。注视大史，称呼一声，然后颔首，示意肯定。此时此刻，此情此景，周公的动作、言语、仪态，必当如是。因此，笔者在上面的引文中于"大史"之后标点句号，以与下面的话语隔开。

---

　　① 笔者按：《仪礼·少牢馈食礼》云："皇尸命工祝：承致多福无疆于女孝孙。来女孝孙，使女受禄于天，宜稼于田，眉寿万年，勿替引之。"（崔高维校点：《仪礼》，新世纪万有文库，辽宁教育出版社 1997 年版，第 100 页）内容、结构都与"弋配享兹，宜尔祜福"近似。"承致多福无疆于女孝孙"对应"弋配享兹"，"来女孝孙，使女受禄于天，宜稼于田，眉寿万年，勿替引之"对应"宜尔祜福"，这证明"弋配享兹，宜尔祜福"确实是嘏辞。

　　② 笔者按：这句话中的"式敬尔由狱"之"式"，裘先生认为是劝令的意思。裘先生说："是周公命司寇苏公之语，'式'的劝令语气也很明显。"其中的"兹式有慎"之"式"，裘先生认为："到底应该当法式讲还是当虚词讲，有待研究。"见氏著《卜辞"異"字和诗、书里的"式"字》，《裘锡圭学术文集》（1），复旦大学出版社 2012 年版。大家可以参考。

　　③ 蔡沉撰，王丰先点校：《书集传》，中华书局 2017 年版，第 197 页。

　　④ 金兆梓：《尚书诠译》，中华书局 2010 年版，第 353 页。

对于司寇苏公的嘱咐,是周公作结讲话的重点。其中的"由狱""有慎""中罚"是关键词,而"长我王国"是终极目的。这些关键词、这一终极目的,既与周公对成王及百官的箴告训诫——《立政》第一个"周公若曰"领起部分——呼应,也与大史概括的刚刚向皋陶报告的周公讲话要点——"庶狱庶慎,阱用中型""懋我王国"——贯通。从而达到结束典礼、使箴训深入人心、以便周家永享国祚的"立政"效果。

四 《立政》第一个"周公若曰"与"殷见"仪节

《立政》第一个"周公若曰"领起部分是周公对于成王及百官的箴训,发布于典礼第二天绎祭皋陶开始的时候,对此我们不禁要问,这是祭典的随机安排,还是固定的仪节?

答案是,仪节固定,仪节在仪程中的位置随机。大家请看青铜器铭文记载的西周祭祀典礼的仪节与仪程,

(1)叔矢方鼎:惟十又四月,王酓大禘莕,在成周。咸莕,王呼殷厥士。侪叔矢以衣、车马、贝卅朋。(西周早期,《近出殷周金文集录二编》320)

铭文中的关键字词,采纳了李学勤先生的隶定。叔矢,李学勤先生后来改释为"叔虞",正确可从。该铭记载了周王举行盛大祭祀典礼、在祝祷的仪节之后殷见参加典礼的各级官员并赏赐叔矢钱物的史实。对于其中涉及祭法、祭仪的字词,李学勤先生解释说:"'酓'是近似'享'、'献'之类意义宽泛的词";"'莕'字有学者

读为'祷'。《说文》：'祷，告事求福也。'举行时须有祷词，这种文词要书写在竹木质的简册上，故卜辞这种典礼常涉及用怎样的'册'。这样用的'册'字，每每加上'示'旁，与叔矢方鼎一样，写作'䙶'。"① 由此可知，这场盛大典礼的仪节与仪程大致是：贡献—祝祷—殷见—赏赐。

将这些仪节仪程与清华简《四告》比较，我们发现二者大同小异。贡献、祝祷，是二者相同之处。殷见，即聚合朝见公卿、大夫、士，② 对应的是清华简《四告》中的"翌日，其会邦君、诸侯、大正、小子、师氏、御事，箴告孺子诵，弗敢纵觅"，区别点只在于殷见主体，一个是周王，一个是周公。赏赐，在清华简《四告》中未见，个中原因可能是，清华简《四告》只是一篇祷辞，没有记载典礼仪式。这是二者小异之处。如果从大处着眼，忽略因各种情势而造成的微小差别，那么我们有充分理由相信，《立政》第一个"周公若曰"赖以发布的场景，即清华简《四告》中的"翌日，其会邦君、诸侯、大正、小子、师氏、御事，箴告孺子诵，弗敢纵觅"，就是这场绎祭皋陶典礼中的殷见仪节。再看三例类似的青铜器铭文。

(2) 二祀邲其卣：丙辰，王令邲其贶，殷于夆，旬滈宾贝五朋。在正月，遘于妣丙彤日大乙奭。惟王二祀，既䰊于上下帝。（殷，《集成》10.5412）

---

① 李学勤：《谈叔矢方鼎及其他》，《中国古代文明研究》，华东师范大学出版社2005年版。李学勤：《叔虞方鼎试证》，《中国古代文明研究》，华东师范大学出版社2005年版。
② 笔者按：李学勤先生说："'王呼殷厥士'，'殷'指殷见，指聚合朝见。'士'，如《尚书·多士》的'士'，孔颖达《正义》云'士者，在官之总号'，包括王朝卿、大夫、士在内，不能理解为只限士这一级。"见氏著《谈叔矢方鼎及其他》，《中国古代文明研究》，华东师范大学出版社2005年版。李先生的观点正确可从。

（3）保卣：乙卯，王令保及殷东国五侯，遂贶六品。蔑历于保，赐宾。用作文父癸宗宝尊彝。遘于四方会，王大祀，祓于周。才二月既望。（西周早期，《集成》10.5415）

（4）士上卣：唯王大禴于宗周，遂饔莽京年，在五月既望辛酉。王令士上眔史寅殷于成周，谷百姓豚，彗赏卣、鬯、贝。（西周早期，《集成》10.5421）

三例铭文对于史实的叙述，由于着眼点不同，在仪节上有所显隐，在次序上有所调整，但其典礼仪式与仪程都是：祓于上下帝（妣丙肜祭）、大祀、大禴（贡献，祝祷）——殷（殷见）——贶、赐、赏；殷见对象分别是甸、侯、百姓。李学勤先生说："二祀邲其卣所记是商王帝辛在夆地举行的会同之礼。礼行于境外，应即所谓'殷国'。卣铭和保尊、卣相仿，都提到'殷'、'贶'和'宾'，两者的礼制显然是沿袭的。"[①]清华简《四告》所载祭祀皋陶的典礼无疑处于商周两个时代上下沿袭的礼制的链条之中。将清华简《四告》与三例铭文比较，可知二者之间也是大同小异。最为引人注意的是，其中的"殷"，即"殷见"，所在仪程中的位置，证明《立政》第一个"周公若曰"赖以发布的场景，即清华简《四告》中的"翌日，其会邦君、诸侯、大正、小子、师氏、御事，箴告孺子诵，弗敢纵觅"，确实是这次祭祀皋陶典礼中的殷见仪节。再看传世文献的相关记载。

（5）《诗经·小雅·楚茨》：诸父兄弟，备言燕私。乐具

---

① 李学勤：《邲其三卣与有关问题》，《全国商史学术讨论会论文集》，《殷都学刊》增刊，1985年。笔者按：本文对于二祀邲其卣的句读与解释，很大程度上采纳的是李学勤先生的观点，请读者明鉴。

伍　《立政》与祭祷礼

入奏，以绥后禄。尔肴既将，莫怨具庆。既醉既饱，小大稽首："神嗜饮食，使君寿考。孔惠孔时，维其尽之。子子孙孙，勿替引之。"①

郑玄笺云："祭祀毕，归（馈）宾客豆俎，同姓则留与之燕，所以尊宾客、亲骨肉也。"②《楚茨》是一般贵族的祭祖乐歌，所载礼制与高级贵族祭祀天神的典礼肯定有所不同，但祭祷之后的馈、燕，与《立政》第一个"周公若曰"及清华简《四告》记载的绎祭开始场景所显示的"殷见"仪节，在具体内容上，在隆重程度上，或有差异，但性质应当近似。

商周时代的殷见礼有两种类型，"一是单独举行、意义自足的一项礼制，即王或受命公卿代表王朝见诸侯方国，简称殷国"，如大保玉戈（西周早期，《铭图》35.19764）；"二是祭祀典礼之旅酬仪节中的一项仪注"，由于殷见是旅酬（酬酢）仪节的内核，旅酬（酬酢）仪节也可以称作殷见，如上举叔夨方鼎。殷见与祭礼是否举行于共同场所，要视具体情况而定。③《立政》第一个"周公若曰"与清华简《四告》所载绎祭开始场景，无疑属于第二种类型的殷见礼。但这场殷见礼有自身的特点，即与多数祭祀典礼的殷见仪节举行于绎祭的宾尸仪节之后、旅酬（酬酢）仪节之中不同，而是举行于绎祭之前，当然也在宾尸仪节之前。笔者推测，这不是祭祀典礼的常例，应是根据具体情况而对仪程有所

---

① 程俊英、蒋见元：《诗经注析》，中华书局1991年版，第661—662页。
② 毛亨传、郑玄笺、孔颖达疏：《毛诗正义》，阮元校刻：《十三经注疏》，中华书局1980年版，第469页。
③ 拙作：《〈高宗肜日〉与祭祖礼"殷见"仪节》，第九届中国经学国际研讨会暨第四届礼学国际学术研讨会论文，杭州，2023年11月。

· 131 ·

调整的变例。①

稍感遗憾的是，二祀邲其卣、叔夨方鼎、保卣、士上卣所载祭祀典礼在时间节律上、在仪节具体内容上，受载体或叙述手法的影响，都较为模糊，我们不能据此知道这些典礼是否分为正祭与绎祭，因此对于殷见仪节更为详细的情况，例如旅酬（酬酢）的氛围等，不能确切知道。《楚茨》所载祭祀典礼的主体是一般贵族，其馈燕（旅酬或酬酢）仪节有殷见的性质，所提供的信息对我们认识西周高级贵族所行祭祀典礼中殷见仪节有参考价值，但二者毕竟有阶层的悬隔，不能完全互相替代。但无论如何，这些材料能够证明《立政》第一个"周公若曰"与清华简《四告》所载绎祭开始场景，是周公祭祀皋陶典礼之绎祭的殷见仪节，就已经足够了。

五 从祭礼到诰命——《立政》体例的形成

《立政》第一个"周公若曰"是周公在祭祷皋陶典礼的殷见仪节上的讲话，发布于清华简《四告》中的"翌日，其会邦君、诸侯、大正、小子、师氏、御事，箴告孺子诵，弗敢纵觅"之时。《立政》第二个"周公若曰"是周公颔首致意大史、嘱咐司寇苏公慎用刑罚的讲话，发布于为典礼完成而作结之时。如此一来，《立政》与清华简《四告》在内容与结构上形成了彼此"镶嵌""套合"的关系。

二者的性质有较大不同。《立政》是周公的讲话，是面向成王及百官的政治诰命，清华简《四告》是祝史的祷辞，是对于天尹司慎皋

---

① 笔者按：殷见之"殷"，在慰劳、安抚的意义（朱凤瀚：《论西周时期的"南国"》，《历史研究》2013年第4期）之外，还有"正"的意思。《尧典》云："日中，星鸟，以殷仲春。"《吕刑》云："三后，成功，惟殷于民。"杨筠如先生说："殷正同义。"（《尚书核诂》，陕西人民出版社1959年版，第6、302页）正即政。《立政》的主旨其实也体现了"殷见"的意思。

陶的带有巫术色彩的祈愿，这决定了二者必然是同源而异途。清华简《四告》没有进入儒家视野，《立政》则成为儒家的经典文献。①

《立政》在成为儒家经典文献之前，肯定有一个对记录周公祭祷皋陶典礼的原始档案资料进行选择编辑的环节。尽管详情不得而知，但可以肯定的是，放弃的是祝史的祷辞，选择的是周公的讲话。周公的两段讲话隔着祝史的一段绎祭祷辞，以及祝史转述的神尸的一句嘏辞，史官当初现场记录时分别作了"周公若曰"的标记。② 待到两段讲话编辑合成之后，《立政》就形成了开头与结尾两个"周公若曰"，且各自领起的篇幅极不对称的文本结构与篇章体例。

---

① 笔者按：在此有两个相关问题应该讨论。第一个问题是"周公倡导司法独立"。例如《立政》云："继自今，文子文孙，其勿误于庶狱庶慎，惟正是乂之。"又云："今文子文孙，孺子王矣。其勿误于庶狱，惟有司之牧夫。"（杨筠如：《尚书覈诂》，陕西人民出版社1959年版，第272、273页）对此，刘起釪先生说："在周公告诫成王关于设官分职所有应注意的事项中，特别强调君主不要干预、干扰刑狱司法。要由司法负责人员全权办理。"（《尚书校释译论》，中华书局2005年版，第1661页）就因为如此，才有周公为典礼作结时特地嘱咐司寇苏公的语重心长的讲话。司寇单独出现，与上文周公讲话中的"司徒、司马、司空"三有司相对而立，体现了周公的"司法独立"的政治思想。西周早期青铜器铭文中不见司寇，或与周公的这一思想及与之相应的制度设计安排有较大关系。

第二个问题是《立政》的"立政"主旨。《史记·鲁周公世家》云："成王在丰，天下已安，周之官政未次序，于是周公作《周官》。官别其宜，作《立政》，以便百姓。"（司马迁：《史记》，中华书局1982年版，第1522页）此处句读采纳的是杨筠如先生的观点，见氏著《尚书覈诂》，陕西人民出版社1959年版，第264页。由上面的辨析可知，"官别其宜"有"司法独立"的意思。此其一。其二，刘起釪先生说："'立正'就是建立官长，'政'为'正'的假借字。"见氏著《尚书校释译论》，中华书局2005年版，第1661页。刘先生的观点代表了古今许多学者的看法，这种看法将《立政》与《周官》弄混了。由本文的考察可知，《立政》主旨应该是申明官德，借用的精神力量是皋陶的"司慎"，这就是"正"，即"政"。陆建初先生说："《立政》，王引之《经义述闻》：'政与正同。正，长也。立政，谓建立长官也。篇内所言皆官人之道，故以《立政》名篇。'余则释'正'为正道，篇内所洵王任百官之正理，百官为政之正德，新朝官制之正体也。周朝政治形态又较夏、商进化，其体制改创乃务之急，故周公言此以训诫王，又诰王孙及百官，成其兼训兼诰之篇。"见氏著《歌叙而赋政而祝史——〈尚书〉新儒考释》，学林出版社2016年版，第396—397页。陆先生的看法中肯。

② 笔者按：西周时代史官现场记录最高统治者在典礼仪式上所作讲话的方式，请参见拙作《"王若曰"新释》，《历史研究》2008年第2期。此不赘述。

这表明，《立政》与《康诰》一样，是记录典礼档案的节选。① 二者共同证明，"尚书"源于礼仪。综合起来看，从典礼到昭告天下诰命的发展过程，有七个步骤：（1）典礼——祭礼、封建礼、养老礼等。（2）诰命（一）——现场属性，对象是王或公卿大夫。（3）档案——史官记录、保存、归档。② （4）节选——与祷辞、嘏辞、场景文字分道扬镳。（5）编辑——合成加工，保留标记性字句。（6）诰命（二）——天下属性，对象是天下与后世。（7）经典——带有原始记录、原始档案、口头语言的痕迹。

附1 《立政》③

周公若曰：拜手稽首，告嗣天子王矣。用咸戒于王曰：王左右常伯常任准人，缀衣虎贲。

周公曰：呜呼！休兹知恤，鲜哉！古之人迪惟有夏，乃有室大竞吁，俊尊上帝，迪知忱恂于九德之行。乃敢告教厥后曰：④ 拜手稽首后矣。曰：宅乃事，宅乃牧，宅乃准，兹惟后矣。谋面用丕训德，则乃宅人，兹乃三宅无义民。桀德惟乃弗作往任，是惟暴德罔后。

亦越成汤陟，丕釐上帝之耿命，乃用三有宅，克即宅；曰

---

① 拙作：《大盂鼎与〈康诰〉体例》，《青铜器与金文》第二辑，上海古籍出版社2018年版。

② 笔者按：《礼记·礼运》云："祝嘏莫敢易其常古【嘏】，是谓大假【嘏】。祝嘏辞说，藏于宗祝巫史，非礼也，是谓幽国。"见王文锦《礼记译解》，中华书局2001年版，第294页。由此可知，档案保藏于王朝而不是个人，是礼制的要求。

③ 杨筠如：《尚书核诂》，陕西人民出版社1959年版，第264—274页。

④ 笔者按：蔡沉《书集传》有"教"，中华书局2017年版，第193页；顾颉刚、刘起釪《尚书校释译论》也有"教"，中华书局2005年版，第1666页。杨筠如《尚书核诂》没有"教"，陕西人民出版社1959年版，第266页。今从前二者。

伍 《立政》与祭祷礼

三有俊；克即俊。严惟丕式克用三宅三俊，其在商邑，用协于厥邑；其在四方，用丕式见德。呜呼！其在受德暋。惟羞刑暴德之人，同于厥邦；乃惟庶习逸德之人，同于厥政。帝钦罚之，乃伻我有夏，式商受命，奄甸万姓。

亦越文王武王，克知三有宅心，灼见三有俊心，以敬事上帝，立民长伯。立政：任人，准夫，牧，作三事。虎贲，缀衣，趣马，小尹，左右，携仆，百司庶府。大都，小伯，艺人，表臣，百司。太史，尹伯，庶常吉士。司徒，司马，司空，亚旅。夷，微，卢，烝。三亳阪尹。

文王惟克厥宅心，乃克立兹常事司牧人，以克俊有德。文王罔攸兼于庶言庶狱庶慎；惟有司之牧夫，是训用违。庶狱庶慎，文王罔敢知于兹。亦越武王惟率敉功，不敢替厥义德，率惟谋从容德，以并受此丕丕基。

呜呼！孺子王矣。继自今，我其立政：立事，准人，牧夫。我其克灼知厥若，丕乃俾乱相我受民，和我庶狱庶慎。时则勿有间之，自一话一言。我则末惟成德之彦，以乂我受民。

呜呼！予旦已受人之徽言，咸告孺子王矣。继自今，文子文孙，其勿误于庶狱庶慎，惟正是乂之。自古商人，亦越我周文王立政：立事，牧夫，准人，则克宅之，克由绎之，兹乃俾乂国，则罔有立政用憸人。不训于德，是罔显在厥世。继自今，立政其勿以憸人；其惟吉士，用劢相我国家。

今文子文孙，孺子王矣。其勿误于庶狱，惟有司之牧夫。其克诘尔戎兵，以陟禹之迹，方行天下，至于海表，罔有不服，以觐文王之耿光，以扬武王之大烈。呜呼！继自今，立政其惟克用常人。

周公若曰：太史，司寇苏公！式敬尔由狱，以长我王国。

· 135 ·

兹式有慎，以列用中罚。

附2　清华简《四告（一）》[①]

　　拜手稽首。者魯！天尹皋繇，配享兹馨香，肆霙血盟，有之二元父羊、父豕、朱鹿，非討余有周旦。

　　惟之有殷竟蠢不若，竭失天命，昏扰天下，离残商民，暴虐百姓，抵荒其先王天乙之猷力，颠覆厥典，咸替百成；王所立大正、小子、秉典、听任、处士，乃朋淫失处，弗明厥服，烦辞不正，肆唯骄纵荒怠，好瘝同心同德，暴虐纵狱，蔼蔼争怨，登闻于天。上帝弗若，乃命朕文考周王殪戎有殷，达有四方。在武王弗敢忘天威命明罚，至戎于殷，咸戡厥敌。

　　呜呼哀哉，不淑昊天，不卒纯允，陟兹武王。孺子肇嗣，商邑兴反，四方祸乱未定，多侯邦伯率去不朝，乃唯余旦明弼保兹辟王孺子，用肇强三台，以讨征不服，方行天下，至于海表出日，无不率比，即服于天，效命于周。

　　我亦永念天威，王家无常，周邦之无纲纪，畏闻丧文武所作周邦。刑法典律，用创兴立诲。惟猷渊，胙繇。绎效士弟男，允厥元良，以傅辅王身，咸作左右爪牙，用经纬大邦周。

　　翌日，其会邦君、诸侯、大正、小子、师氏、御事，箴告孺子诵，弗敢纵觅。

　　先告受命天丁辟子司慎皋繇，忻素成德，秉有三俊，惠汝宅天心，兹德天德用歆，名四方，氏尹九州，夏用配天。者魯！天尹皋繇，毋忍戁哉，骏保王身，广启厥心，示之明猷，渊心

[①] 程浩：《有为言之：先秦"书"类文献的源与流》，中华书局2021年版，第219、222页。

优优，毋违朕言，眔余和协。惟作立政立事，百尹庶师，俾助相我邦国，和我庶狱庶慎，阱用中型，以光周民，懋我王国，万世勿奸，文子文孙，保兹下土。

弌配享兹，宜尔祐福。

（《〈立政〉与祭祷礼》，原题《〈立政〉两个"周公若曰"体例新探》，复旦大学出土文献与古文字研究中心网站2024年7月31日）

陆 《祭公》与养老礼

今本《逸周书》中的《祭公》是一篇西周文献，学者已经从多方面进行了论证。① 2010 年清华简《祭公》的公布，② 不仅为学者提供了《祭公》较为原始的文本，而且为准确理解《祭公》的内容提供了很好的条件。下面笔者将清华简本与今本相结合，谈一谈对《祭公》性质及文本结构的看法。

一 养老乞言传统与《祭公》的惇史性质

《祭公》记载了祭公与穆王的一次对话，这次对话可以从祭公与穆王两个角度分别进行理解。从祭公角度来理解，对话的性质是祭公对穆王的临终忠告，今本《逸周书》中该篇以"祭公"为题，清华简以及今本《缁衣》、郭店简《缁衣》、上博简《缁衣》所引该篇都以"祭公之顾命"为题，皆由此而来。从穆王角度来理解，对话的性质则是穆王向已是耄耋之年且重病在身的祭公征询意见，用文中的原话讲，就是"公其告予懿德"。

---

① 李学勤：《祭公谋父及其德论》，《古文献丛论》，上海远东出版社 1996 年版；李学勤：《师询簋与〈祭公〉》，《中国古代文明研究》，华东师范大学出版社 2005 年版；李学勤：《释郭店简祭公之顾命》，《重写学术史》，河北教育出版社 2002 年版。
② 清华大学出土文献研究与保护中心编、李学勤主编：《清华大学藏战国竹简（壹）》，中西书局 2010 年版，第 173—179 页。

· 138 ·

国王向国家宿老征询意见，在当时叫"乞言"，国家宿老的意见记录于册，则叫"惇史"。《礼记·内则》云："凡养老，五帝宪，三王有乞言。五帝宪，养气体而不乞言，有善，则记之为惇史。王亦宪，既养老而后乞言，亦微其礼，皆有惇史。"所谓惇史，就是"嘉言懿行录"。①

五帝时代较为渺茫，夏商文献稍嫌不足。西周时代的传世文献与出土资料都很丰富，能否从中找到西周国王向国家宿老"乞言"的史实，以及记录国家宿老言论的"惇史"呢？就笔者目力所及，尚没有学者对此问题进行探讨。

笔者认为，《祭公》就是穆王向国家宿老祭公的"乞言"，其性质就是"惇史"。对此，毋须一句话一句话地进行解释、辨析，大家只要将《祭公》中穆王问话及其语气、祭公回话及其语气稍事体会，自然可以得出与笔者相同的判断。

因为是穆王向祭公"乞言"，所以在祭公讲话结束后才有"王拜手稽首党言"的礼节。其中的"党言"，清华简《祭公》作"誉言"，都是美言、善言的意思。②

二 《雒诰》诸篇的惇史性质

《祭公》所载周王向国家宿老拜谢善言的礼节在西周时代虽未必常见，但却不是孤例。《尚书》中的《雒诰》记载了成王与周公的对话，在对话的第一节，当周公讲完作雒的理由与经过、成王表达了新邑落成君臣共享美好天命的愿望之后，紧接着有一句话，作

---

① 王文锦：《礼记译解》，中华书局2001年版，第385页。
② 复旦大学出土文献与古文字研究中心研究生读书会：《清华简〈祭公之顾命〉研读札记》，复旦大学出土文献与古文字研究中心网站，2011年1月5日。

"尚书"与礼仪

"拜手稽首诲言"。对于这句话所关礼制,以及其中有些字词的含义,历来学者有不同解释,笔者认为伪孔传解作"成王尽礼致敬于周公,求教诲之言"最得其真谛。①

雒邑建成之后的政治形势是,东方叛乱已经平定,周家统治已经稳固,周公就班,成王亲政,然而刚刚亲政的成王年龄尚轻,行政经验不足,在许多方面仍然依仗德高望重的周公,因此周公教诲成王是职责所在,成王对周公的教诲拜手稽首也是自然而然。

《雒诰》是可靠的西周文献,其与《祭公》在周王向国家宿老拜谢教诲礼节上的前后一贯,证明西周确实存在养老、敬老的礼制。不过,从《礼记·内则》看,周王向国家宿老"乞言"的礼节可能不是周公制作,而是继承自传统。《尚书·皋陶谟》记载皋陶建言之后,"帝拜曰""禹拜昌言",其中的"昌言"与《祭公》中的"党言",声同义通,都是美言的意思②。《皋陶谟》的材料虽然是由稽古而来,与原始记载有一定距离,但这一点足以表明《祭公》《雒诰》所载养老、敬老礼制渊源有自。

以前学者对于《祭公》的研究主要是从祭公角度着眼的,看到的是祭公的道德思想,看到的是西周中期的社会问题与危机。现在我们从穆王的角度来考察《祭公》,发现其学术价值除了上面的两点之外,还应该有三点:一是对于考察西周及其之前养老、敬老制度的价值;二是对于考察西周礼制的价值;三是对于考察"书"形成途径的价值。

前两点上文已经有所论及,在此笔者想对第三点多说几句。今

---

① 笔者按:于省吾先生认为,诲言应是谋言、咨言,刘起釪先生赞同于先生的观点。伪孔传与于、刘二位先生的观点,具见顾颉刚、刘起釪《尚书校释译论》,中华书局2005年版,第1467页。笔者认为,无论诲言,还是谋言,对于接受者来说,都是善言、美言,因此对于该词含义的不同解释,不影响本文对该句话所关礼制的理解。

② 杨筠如:《尚书核诂》,陕西人民出版社1959年版,第31页。

本《逸周书》中的《芮良夫》《大戒》《本典》，《尚书·商书》中的《微子》《西伯戡黎》《高宗肜日》，《尚书·虞夏书》中的《皋陶谟》等篇，可能都是国家宿老的讲话，尤其《高宗肜日》中"（祖己）乃训于王曰"一句话，显示的正是国家宿老讲话特有的姿态。由此似可推测，这些篇章的性质可能也是惇史，其形成途径与《祭公》类似。

三 清华简《祭公》解构

《祭公》是一篇惇史，记载了已是耄耋之年且病重在身的国家宿老祭公应穆王"乞言"而与穆王的一次对话。清华简《祭公》的文本结构是：

> 王若曰……祭公拜手稽首曰……王曰……王曰……王曰……公懋拜手稽首，曰……曰……公曰……公曰……公曰……曰……公曰……

既然是对话，对话双方就应该你有来言我有去语，这是每一个有对话经验的人都有的生活常识。可是我们看《祭公》文本，穆王与祭公的对话除了开头一节之外，其余部分是一方长篇大论之后，另一方又一长篇大论，显然有违生活常识，这意味着我们看到的《祭公》文本与实际对话情形有一定的距离。

距离产生的原因，在于《祭公》是一篇真实的对话"记录"。既然如此，我们就可以凭借生活常识将《祭公》文本解构，以还原其实际的对话情形，并通过解构来探求《祭公》记录于册的真相，进而增进我们对于"周书"形成问题的认识。

· 141 ·

"尚书"与礼仪

《祭公》所载祭公与穆王的对话共由四节组成。现在就把《祭公》原有文本结构打破,按照我们的理解将对话按四节重新编排。首先看穆王与祭公对话的第一节:

> 王若曰:"祖祭公,哀余小子,昧其在位,旻天疾威,余多时假慈。我闻祖不豫有迟,余惟时来见,不淑疾甚,余畏天之作威。公其告我懿德。"
>
> 祭公拜手稽首,曰:"天子,谋父朕疾惟不瘳。朕身尚在兹,朕魂在朕辟昭王之所,亡图不知命。"

这一节对话的主旨是,穆王向祭公说明来意——"公其告我懿德",即乞言;祭公向穆王报告自己的病情——"朕疾惟不瘳"。"王若曰"的含义是"王如此说",是史官在记录周王讲话时特地作的标记,表示下面所记都是实录。① "祭公拜手稽首"是祭公对穆王尽公卿的礼节,因为这是此时此地祭公与穆王的首次见面。

其次看穆王与祭公对话的第二节:

> 王曰:"呜呼,公,朕之皇祖周文王、烈祖武王,宅下国,作陈周邦。惟时皇上帝宅其心,享其明德,付畀四方,用膺受天之命,敷闻在下。我亦惟有若祖周公暨祖召公,兹迪袭学于文武之曼德,克夹绍成康,用毕成大商。我亦惟有若祖祭公,修和周邦,保乂王家。"
>
> 公懋拜手稽首,曰:"允哉!"乃召毕𩨨、井利、毛班。
>
> 曰:"三公。谋父朕疾惟不瘳,敢告天子,皇天改大邦殷之

---

① 拙作:《"王若曰"新释》,《历史研究》2008 年第 2 期。

· 142 ·

命，惟周文王受之，惟武王大败之，成厥功。惟天奠我文王之志，董之用威，亦尚宣臧厥心，康受亦式用休，亦美懋绥心，敬恭之。惟文武中大命，戡厥敌。"

这一节对话的主旨是，穆王与祭公共同叙述文王接受天命、武王伐商建国、周召诸公辅弼文武治理天下的史实。这些史实是成王以来西周君臣共享的精神资源，因此类似的话语从《康诰》《雒诰》等周初诰命，到大盂鼎等康昭时代的青铜器铭文，被反复地演说，从未间断。由于被不停地重复着，几乎由官话变成了套话，而谈话的方式也几乎形成了固定的模式。

此处的"公懋拜手稽首"，比第一节的"祭公拜手稽首"增加了一个"懋"字。懋，含义是勉[①]，表示此番"拜手稽首"乃举止已经非常困难的祭公的勉力而为。与第一节中的"拜手稽首"标志着祭公对穆王的此时此地的初见礼节有所不同，这里的"拜手稽首"标志着祭公回答穆王征询的正式开始。

"公懋拜手稽首曰：'允哉！'"与其后的"曰"是连续的，中间杂以"乃召毕𩁹、井利、毛班"，说明当祭公表达了赞同穆王讲话但还没有来得及回话时，受到召示的"三公"——召示者可能是穆王——走到祭公面前。祭公接下来的话是一句称呼——"三公"，这句称呼的性质就是我们熟知的打招呼。

当招呼了"三公"，表示了礼貌之后，紧接着祭公说了一句"谋父朕疾惟不瘳，敢告天子"，说明祭公并没有因"三公"靠近自己面前而转变话头，而是接着回答穆王的征询。

"三公"的出现，不仅增强了对话现场的立体性，而且使得祭公

[①] 清华大学出土文献研究与保护中心编、李学勤主编：《清华大学藏战国竹简（壹）》，中西书局 2010 年版，第 177 页。

后面的讲话增加了许多关于"臣德"的内容。

再次看祭公与穆王对话的第三节：

> 王曰："公称丕显德，以余小子扬文武之烈，扬成、康、昭主之烈。"
>
> 公曰："天子，三公，我亦上下譬于文武之受命，皇龂方邦，丕惟周之旁，丕惟后稷之受命是永厚。惟我后嗣，方建宗子，丕惟周之厚屏。
>
> 呜呼，天子，监于夏商之既败，丕则亡遗后，至于万亿年，参叙之。既沁，乃有履宗，丕惟文武之由。"

穆王的问话很简短，是由上一节的套话导引而来，落脚点已是当朝天子的自己了，这表明穆王的征询进入了正题。祭公的回话以"呜呼"为界，可分两个层次，第一个层次针对天子与三公讲，大意是：因为文王武王的接受天命，才有我们后世子孙的多方万邦，作为文武的子孙应该成为周王室坚固的屏障。第二个层次针对着穆王讲，大意是：希望穆王汲取夏商失败的教训，以便君臣共同保持周王朝的长治久安。这两层意思，都是祭公紧扣穆王征询懿旨而做出的正面回应。

最后看穆王与祭公对话的第四节：

> 王曰："呜呼，公，汝念哉！逊措乃心，尽付畀余一人。"
>
> 公曰："呜呼，天子，丕则寅言哉。汝毋以戾兹罪辜亡时远大邦，汝毋以嬖御塞尔庄后，汝毋以小谋败大作，汝毋以嬖士塞大夫卿士，汝毋各家相乃室，然莫恤其外。其皆自时中乂万邦。"

公曰："呜呼，天子，三公，汝念哉。汝毋□眩，唐唐厚颜忍耻，时惟大不淑哉。"

曰："三公，事，求先王之恭明德；刑，四方克中尔罚。昔在先王，我亦不以我辟陷于难，弗失于政，我亦惟以没我世。"

公曰："天子，三公，余惟弗起朕疾，汝其敬哉。兹皆保胥一人，康□之；孼服之，然毋夕□，维我周有常刑。"

王拜稽首誉言，乃出。

这一节是《祭公》全文的核心所在。穆王的问话仍然很简短，但意思已经从希望祭公辅弼自己弘扬先王功烈，进而具体到要求祭公辅弼自己治理天下，表明穆王的征询已经进入主题。相对地，祭公的这次回话，不仅篇幅较长，而且内容丰富，体现了临终"顾命"的性质。

祭公的回话共由四个部分组成，分别用"公曰"或"曰"领起。第一个部分是对着穆王讲，连续用了五个"毋"，告诫穆王要努力纠正从王朝政治到个人品行等方面所出现的问题。之后的三个部分轮流对着穆王与三公讲，既有告诫、劝勉，也有鼓励、威慑。如果说上面三节中祭公的回话，有的是官话，有的是套话，有的是客气话，那么这次回话则是句句诤言。祭公对于王朝各种弊政的批评，字字见血，不留情面，坦露了一代公卿对于王朝的赤胆忠心。

本节最后一段文字，"王拜稽首誉言，乃出"，标志着整个对话与礼仪的结束。

四　对《祭公》文本形成方式的推测

清华简《祭公》第四节对话与今本《逸周书》中的《祭公》相比有两点不同。第一点是内容上有所差别，穆王的问话今本作"公无困我哉！俾百僚乃心，率辅弼予一人"，是对祭公及其同僚的要求，与祭公回话所论君德和臣德的内容相互呼应。反观清华简《祭公》，穆王的问话没有涉及"百僚"，与祭公的回话在吻合程度上显然稍逊一筹。

第二点是形式上有较大差别，这一节祭公回话的外在形式是"公曰……公曰……曰……公曰"，而今本《逸周书》中的《祭公》则是"公曰……曰……"，少了两个"公曰"，从而使得祭公回话在对象的转换、内容的变化、语气的轻重、节奏的快慢等方面不能较为明显地展示出来。

第一点不同是《祭公》的今本优于清华简本；第二点不同是《祭公》的今本逊于清华简本。造成第二点不同的原因，笔者推测可能是今本《祭公》的编者认为这些回话都是祭公针对穆王的最后一句问话而讲，就将文本中重复的"公曰"删除了。其中的"曰"，由于前面没有"公"字，被无意间保留了下来，从而形成现在的文本格式。在这一点上今本虽然没有保留穆王与祭公对话的本来面貌，但在提示祭公该节回话是一个整体方面则是一个长处，这是必须要强调的。

清华简《祭公》文本的解构已经完成。穆王与祭公之间的对话，一来一往；穆王、祭公、三公的关系，有条不紊；既与生活的常识相符合，也与相互之间的称呼相照应，更与问答的内容相协调，这些都说明解构之后的《祭公》才是穆王与祭公对话的实际情形。

既然解构之后的《祭公》才是对话的实际情形，那么清华简本与今本《祭公》的文本结构是如何形成的呢？要解决这个疑问，需要对西周史官记言的方式有所了解。

对于西周史官记录周王或其他统治者言论的方式，笔者曾将

《康诰》等西周文献、毛公鼎等西周青铜器铭文，与西方学者史诗田野调查经验相结合进行过研究，得到的认识是：快速记录与多个史官轮流记录相结合；多个史官轮流记录时，每个史官根据讲话者的节奏只记录几句话，待全部记录完毕后再将每个史官所记编连合成；有的讲话较长，或对象有两个，史官便分作两组。①

据此，我们将解构前后的《祭公》文本进行对比，就可以很自然地体会到，穆王与祭公之间的对话，可能由两组史官分别记录；对话虽然是有问有答，问与答紧密相连，但当被不同组别的史官记录于册之后，就被割裂开来，形成我们现在见到的穆王问话是一组而祭公回话是另一组的清华简本与今本《祭公》的文本结构。

需要特别指出的是，穆王与祭公对话的第一节，由于只是一个见面礼，还没有进入正题，所以便由负责记录穆王问话的史官进行记录，从而使得祭公向穆王报告自己病情的这句话被包含在了穆王的问话之中，与下文祭公回答穆王的讲话，即祭公临终顾命——从"公懋拜手稽首"正式开始——隔离开来。这一文本形式上的特异之点，不仅使我们进一步了解了西周史官记录周王言论的细节，而且更增强了对于穆王与祭公问答的现场感。

《康诰》所代表的诰命是布政之辞，毛公鼎所代表的册命是命官之辞②，都是周王对所诰所命官员的讲话；讲话是单向的，不是双向的。相对而言，清华简《祭公》的性质是惇史，是穆王的"乞言"与祭公的"顾命"，因而是一对一的问答，对话在双方之间进行。如此一来，清华简《祭公》的学术价值，就不仅仅在于提供了一个由西周史官记录周王君臣言论而形成的范本，而且还在于丰富了我们

---

① 拙作：《"王若曰"新释》，《历史研究》2008年第2期。
② 李零：《论燹公盨发现的意义》，《中国历史文物》2002年第6期。

对于西周史官记言方式多样性、"周书"形成途径多样性,以及"周书"文本结构多样性的认识。

清华简《祭公》的意义可谓大矣。

附1 《祭公》①

王若曰:祖祭公,予小子虔虔在位,昊天疾威,予多时溥愆。我闻祖不豫有加,予维敬省,不吊天降疾病,予畏天威。公其告予懿德。

祭公拜手稽首曰:天子,谋父疾维不瘳,朕身尚在兹,朕魂在于天昭王之所,勖宅天命。

王曰:呜呼!公,朕皇祖文王、烈祖武王,度下国,作陈周。维皇皇上帝度其心,置之明德,付俾于四方,用膺受天命,敷文在下。我亦维有若文祖周公,暨列祖召公,兹申予小子追学于文武之蔑,用克龛绍成康之业,以将大命,用夷居之大商之众。我亦维有若祖祭公之执和周国,保乂王家。

王曰:公称丕显之德,以予小子扬文武大勋,弘成康昭考之烈。

王曰:公无困我哉!俾百僚乃心率辅弼予一人。

祭公拜稽首曰:允【哉】!

乃诏毕桓、于【井】黎【利】、民【毛】般。

公曰:天子!谋父疾维不瘳,敢告天子。皇天改大殷之命,维文王受之,惟武王大克之,咸茂厥功。维天贞文王之董用威,亦尚宽壮厥心,康受乂之,式用休。亦先王茂绥厥心,敬恭承

---

① 选自朱右曾《逸周书集训校释》,宋志英、晁岳佩选编:《〈逸周书〉研究文献辑刊》(第八册),国家图书馆出版社2015年版,第201—205页。

之。维武王申大命,戡厥敌。

公曰:天子!自三公上下,辟于文武。文武之子孙大开封方于下土。天之所锡武王时疆土,丕维周之基,丕维后稷之受命,是永宅之。维我后嗣,旁建宗子,丕维周之始并。呜呼!天子,三公,监于夏商之既败,丕则无遗后难,至于万亿年,守序终之。既毕丕乃有利宗,丕维文王由之。

公曰:呜呼!天子,我丕则寅哉,寅哉!汝无以庆反罪疾,丧时二王大功。汝无以嬖御固庄后,汝无以小谋败大作,汝无以嬖御士疾庄士大夫卿士,汝无以家相乱王室而莫恤其外,尚皆以时中乂万国。呜呼!三公,汝念哉!汝无泯泯芬芬,厚颜忍丑,时维大不吊哉。昔在先王,我亦维丕以我辟险于难,不失于正,我亦以免没我世。呜呼!三公,予维不起朕疾。汝其皇敬哉!兹皆保之。

曰:康子之攸保,勖教诲之,世祀无绝。不,我周有常刑。王拜手稽首党言。

附2 清华简《祭公之顾命》[①]

王若曰:祖祭公,哀余小子,昧其在位,旻天疾威,余多时假懲。我闻祖不豫有迟,余惟时来见,不淑疾甚,余畏天之作威。公其告我懿德。

祭公拜手稽首,曰:天子,谋父朕疾惟不瘳。朕身尚在兹,朕魂在朕辟昭王之所,亡图不知命。

王曰:呜呼,公,朕之皇祖周文王、烈祖武王,宅下国,

[①] 选自清华大学出土文献研究与保护中心编、李学勤主编《清华大学藏战国竹简(壹)》,中西书局2010年版,第174—175页。

作陈周邦。惟时皇上帝宅其心，享其明德，付畀四方，用膺受天之命，敷闻在下。我亦惟有若祖周公暨祖召公，兹迪袭学于文武之曼德，克夹绍成康，用毕成大商。我亦惟有若祖祭公，修和周邦，保乂王家。

王曰：公称不显德，以余小子扬文武之烈，扬成、康、昭主之烈。

王曰：呜呼，公，汝念哉！逊措乃心，尽付畀余一人。

公懋拜手稽首，曰：允哉！

乃召毕𩛥、井利、毛班。

曰：三公。谋父朕疾惟不瘳，敢告天子，皇天改大邦殷之命，惟周文王受之，惟武王大败之，成厥功。惟天奠我文王之志，董之用威，亦尚宣臧厥心，康受亦式用休，亦美懋绥心，敬恭之。惟文武中大命，戡厥敌。

公曰：天子，三公，我亦上下譬于文武之受命，皇欹方邦，丕惟周之旁，丕惟后稷之受命是永厚。惟我后嗣，方建宗子，丕惟周之厚屏。呜呼，天子，监于夏商之既败，丕则亡遗后，至于万亿年，参叙之。既沁，乃有履宗，丕惟文武之由。

公曰：呜呼，天子，丕则寅言哉。汝毋以戾兹罪辜亡时远大邦，汝毋以嬖御塞尔庄后，汝毋以小谋败大作，汝毋以嬖士塞大夫卿士，汝毋各家相乃室，然莫恤其外。其皆自时中乂万邦。

公曰：呜呼，天子，三公，汝念哉。汝毋□眩，唐唐厚颜忍耻，时惟大不淑哉。

曰：三公，事，求先王之恭明德；刑，四方克中尔罚。昔在先王，我亦不以我辟陷于难，弗失于政，我亦惟以没我世。

公曰：天子，三公，余惟弗起朕疾，汝其敬哉。兹皆保胥一人，康□之；孽服之，然毋夕□，维我周有常刑。

王拜稽首誊言，乃出。

（《〈祭公〉与养老礼》，原题《〈祭公〉与惇史》，《清华简〈祭公〉解构》，复旦大学出土文献与古文字研究中心网站 2012 年 4 月 25 日。复旦大学出土文献与古文字研究中心网站 2012 年 5 月 8 日。收入《〈逸周书〉新研》，中华书局 2013 年版）

柒 《皋陶谟》与养老礼

清华简中的"书"类文献，自清华简第一册于2010年底刊布至今，即使用较为严格的标准衡量，也已经有十多篇了。其中有的是失而复得，如《尹诰》(《咸有一德》)、《说命》等，使今人能够看到魏晋以前某些古文《尚书》篇章的样貌；有的是异本流传，如《金縢》(《周武王有疾周公所自以代王之志》)、《皇门》等，为我们校勘这些篇章传世本的文字语句、深入了解相关史实的真相提供了帮助。这是目前学者立足清华简"书"类文献研究《尚书》《逸周书》而取得显著成绩的学术领域。

在此基础上，随着材料的逐渐丰富，研究的不断深入，一些更为深层次的问题开始提出，例如：有的清华简"书"篇与《尚书》《逸周书》某些篇章之间有怎样的内在关系？这些篇章所载史实在何种程度上能够相互印证？这些史实以怎样的途径流传于世？后人对于记载这些史实的材料如何编纂，并使之成为经典？2020年刊布的清华简《四告》，对于考察上述问题具有典型意义。[①]

[①] 清华大学出土文献研究与保护中心编、黄德宽主编：《清华大学藏战国竹简（拾）》，中西书局2020年版，第110—116页。笔者按：清华简《四告》由四篇祭祷神灵之辞组成，作者分别是周公旦、伯禽父、周穆王、召伯虎，学者一般将其分别标为《四告（一）》《四告（二）》《四告（三）》《四告（四）》。为了行文流畅，本文不再标以序号，所说《四告》指的是其中的第一篇，即周公祭祷皋陶之辞。

柒 《皋陶谟》与养老礼

笔者认为，清华简《四告》与《尚书·立政》共同形成于祭祀皋陶的典礼之上，二者是共生关系，由此进一步确认《立政》与《尚书·皋陶谟》是同源关系。三篇的相互系联，向我们昭示了皋陶事迹的流传途径与《皋陶谟》文本的编纂方式。

一 清华简《四告》与《立政》的共生关系

清华简《四告》与《立政》《皋陶谟》可以相互系联，而清华简《四告》在其中居于枢纽的地位，因此本节重点探讨清华简《四告》与《立政》的关系，以为下文探讨《立政》与《皋陶谟》的关系及相关问题奠定基础。为了便于考察，现将清华简《四告》全文抄录于下：

拜手稽首，者鲁天尹皋繇，配享兹馨香，肆寴血盟，有之二元父羊、父豕、朱鹿，非讨余有周旦。惟之有殷竞蠢不若，竭失天命，昏扰天下，离残商民，暴虐百姓，抵荒其先王天乙之猷力，颠覆厥典，咸替百成；王所立大正、小子、秉典、听任、处士，乃朋淫失处，弗明厥服，烦辞不正，肆唯骄纵荒怠，好瘵同心同德，暴虐纵狱，蔼蔼争怨，登闻于天。上帝弗若，乃命朕文考周王殪戎有殷，达有四方。在武王弗敢忘天威命明罚，至戎于殷，咸戡厥敌。呜呼哀哉，不淑昊天，不卒纯允，陟兹武王。孺子肇嗣，商邑兴反，四方祸乱未定，多侯邦伯率去不朝。乃唯余旦明弼保兹辟王孺子，用肇强三台，以讨征不服，方行天下，至于海表出日，无不率比，即服于天，效命于周。我亦永念天威，王家无常，周邦之无纲纪，畏闻丧文武所作周邦。刑法典律，用创兴立诲。惟獻渊，胙繇。绎效士弟男，允厥元良，以傅

· 153 ·

辅王身，咸作左右爪牙，用经纬大邦周。

  翌日，其会邦君、诸侯、大正、小子、师氏、御事，箴告孺子诵，弗敢纵覓。先告受命天丁辟子司慎皋繇，忻素成德，秉有三俊，惠汝宅天心，兹德天德用歆，名四方，氏尹九州，夏用配天。者鲁天尹皋繇，毋忍斁哉，骏保王身，广启厥心，示之明猷；渊心优优，毋违朕言，罙余和协。惟作立政立事，百尹庶师，俾助相我邦国，和我庶狱庶慎，阱用中型，以光周民，懋我王国，万世勿奸，文子文孙，保兹下土。弋配享兹，宜尔祐福。①

清华简《四告》与《立政》在语言与史实两个方面有深度关联。首先看语言，表现是二篇有许多近似或相同的文句，例如"箴告孺子诵"（清华简《四告》）、"咸【箴】告孺子王"（《立政》），"刑用中型"（清华简《四告》）、"列【刑】用中罚"（《立政》），"立政立事"（二篇相同）、"庶狱庶慎"（二篇相同）、"文子文孙"（二篇相同）等。② 其次看史实，表现是《立政》形成于清华简《四告》记载的周公祭祷皋陶典礼的过程之中。程浩先生云："简文说：'翌日，其会邦君、诸侯、大正、小子、师氏、御事，箴告孺子诵，弗敢纵覓。'据简文可知，在前一天的祭祀活动之后，周公第二天并没有马上绎祭皋繇，而是先在百官面前对成王进行了'箴告'，让他不要纵逸。而周公这次'箴告'的具体内容……我们认为就是《立政》。"③ 商周祭祀典礼中往往有殷见仪节，如二祀邲其卣（《集成》

---

① 清华大学出土文献研究与保护中心编、黄德宽主编：《清华大学藏战国竹简（拾）》，中西书局2020年版，第110—116页。程浩：《有为言之：先秦"书"类文献的源与流》，中华书局2021年版，第219、222页。该引文的字词句读综合采纳了整理者赵平安与程浩二位先生的意见，个别字句的释读、部分段落的划分，则间以己意。请读者明鉴。

② 赵平安：《清华简〈四告〉的文本形态及其意义》，《文物》2020年第9期。程浩：《有为言之：先秦"书"类文献的源与流》，中华书局2021年版，第210—213页。

③ 程浩：《有为言之：先秦"书"类文献的源与流》，中华书局2021年版，第234页。

10.5412，殷末）、叔矢方鼎（《近出殷周金文集录二编》320，西周早期）等，在殷见仪节中主人与参祭人员，或上下存问，或互相诫勉。由此可知程先生主张的《立政》作于《四告》所载皋陶绎祭典礼之前的看法可以成立。这意味着，祭神祷辞的清华简《四告》，与阐述选官用人之道的《立政》，虽然性质不同，但确是在同一场祭祀典礼上而形成的文献。

笔者赞同程先生所持《立政》与清华简《四告》作于同一祭祀典礼之上的主张，但同时认为程先生的下列观点实有可商之处：（1）二篇作于周公东征践奄之后当政之时，"禽簋中的'周公禖'就是《四告一》的内容"；（2）典礼的举行是因为"皋繇作为商奄之民的祖先神，周公灭其国、有其地、迁其民，当然会担心受到这位天之司慎的责让甚至降祟"；（3）周公举行典礼的目的是希望"通过祔祭以及歃血为盟等仪式，取代皋繇对夏代之神的配享，使之转而成为周人祖先神的附属"①。笔者之所以在这三点上与程先生商榷，是因为《立政》乃历代学者公认的周公作于致政之后的篇章，不可能提前到周公致政之前，乃至东征之后不久，而且清华简《四告》《立政》中丝毫没有"把皋繇从天上的'夏王之所'改附到了'周王之所'"的痕迹。程先生仅凭对《四告》开头的一个"🈚️（禖）"字的有较大或然性的隶定与解释而立论，似嫌根基不稳。

笔者认为，古代学者主张的《立政》作于周公致政之后或将没之时的传统观点仍然值得重视。首先看作于致政后的观点。伪孔传云："周公既致政成王，恐其怠忽，故以君臣立政为戒。"② 后来一些学者

---

① 程浩：《有为言之：先秦"书"类文献的源与流》，中华书局2021年版，第228—220页。
② 孔氏传、孔颖达疏：《尚书正义》，阮元校刻：《十三经注疏》，中华书局1980年版，第230页。

对于《立政》的解题多沿用此说。这个说法有坚实证据的支持。清华简《四告》云："方行天下，至于海表出日，无不率比。"《立政》云："方行天下，至于海表，罔有不服。"① 这是二篇作于同一祭礼之中而在内容语句上的表现。不唯如此，类似的语句，《君奭》也有大致的表述："海隅出日，罔不率服。"② 三例近似语句在各自篇章中的语境基本相同，都是周公夸耀周人夺得天下的丰功伟绩。众所周知，《君奭》在《尚书》中的次序，是在《无逸》《多方》等周公致政后所作一系列文诰之中，显然是周公致政后的篇章。那么更在《君奭》之后且为《尚书》中周公发布的最后一篇训诰的《立政》，当然也是周公致政后的篇章了。

其次，看作于将没时的观点。应劭《风俗通义·十反》记载东汉中期的周举云："周公将没，戒成王以左右常伯、常任、准人、缀衣、虎贲。言此五官，存亡之机，不可不谨也。"对此，王利器先生考证说："考举父防，师事徐州刺史盖豫，受《古文尚书》，则举此说，盖亦古文师说也。"③ 这表明此一观点不是凭空虚构，而是渊源有自。皮锡瑞对这一观点给予了充分肯定，他说："《风俗通》以此篇（《立政》）为周公将没之言，故于'继自今后王'反复申之以垂戒也。《史记·鲁世家》于'作《立政》'后即云：'周公在丰，病，将没。'则《立政》为公临没之言。应（劭）仲远说可信。"④ 皮锡瑞增加了一条《鲁世

---

① 杨筠如：《尚书核诂》，陕西人民出版社1959年版，第273页。
② 杨筠如：《尚书核诂》，陕西人民出版社1959年版，第253页。
③ 应劭撰、王利器校注：《风俗通义校注》，中华书局2010年版，第255、259页。
④ 皮锡瑞撰，盛冬铃、陈抗点校：《今文尚书考证》，中华书局1989年版，第410—411页。笔者按：《鲁世家》："成王在丰，天下已安，周之官政未次序，于是周公作《周官》，官别其宜。作《立政》，以便百姓。百姓说。周公在丰，病，将没，曰：'必葬我成周，以明吾不敢离成王。'周公既卒，成王亦让，葬周公于毕，从文王，以明予小子不敢臣周公也。"（司马迁：《史记》，中华书局1982年版，第1522页）可以与应劭、皮锡瑞的论述对照着看。

家》的证据。司马迁曾向孔安国学习古文《尚书》,《鲁世家》描写的《立政》发布情势,应是西汉古文学家的看法。那么两汉古文学家对于《立政》作于周公将没时的主张,脉络清楚,一以贯之。

《立政》发布于周公致政之后与将没之时的两种观点,统一协调,只是一个较为宽泛,一个相对具体。比较而言,应以将没时说为长。对此,除非有坚实的证据,否则不应轻易改变。当然,《立政》发布于周公将没之时,清华简《四告》也应该形成于周公将没之时,则毫无疑问。

《立政》是周公将没之言,与清华简《四告》的祈求皋陶"非讨余有周旦"①的主旨并不矛盾②。周公常有在亲近之人身体患疾或因疾患而有生命之虞时,向神灵祭祀祈祷,以求痊愈平安的行为。例如众所周知的《金縢》,记载的就是周公因武王"有疾弗豫"而向先王祭祷,请愿"以旦代某之身"的史实。再如《史记·鲁世家》记载:"初,成王少时,病,周公乃自揃其蚤沈之河,以祝于神曰:'王少未有识,奸神命者乃旦也。'亦藏其策于府。成王病有瘳。"③ 此其一。其二,作为政治家、思想家,周公于虔敬地祭祷神灵的同时,也有"天不可信"(《君奭》)的清醒

---

① 笔者按:"非讨余有周旦"的句读,采纳了程浩先生的观点,见氏著《有为言之:先秦"书"类文献的源与流》,中华书局2021年版,第221页。赵平安先生将"旦"字下读,作"非讨余有周,旦惟之",见清华大学出土文献研究与保护中心编、黄德宽主编《清华大学藏战国竹简(拾)》,中西书局2020年版,第110页。两相比较,笔者认为,程先生的主张较为合理。

② 笔者按:马楠先生认为:"《立政》《周官》两篇撰作时间,却仍应以《史记》、王肃、孔传说在七年还政后为是。"所举依据,主要是,"反复以此后建官立长之事托付成王,当然也是还政成王以后的口吻","(《四告》周公部分)是请皋陶护佑成王秉心渊塞,可堪选任贤能、建官立长。与《立政》相类,依然是还政成王之后的口吻"。见氏著《〈尚书·立政〉与〈四告〉周公之告》,《出土文献》2020年第3期。笔者与马楠先生的观点相近,但论证的途径不同,请读者明鉴。

③ 司马迁:《史记》,中华书局1982年版,第1520页。

意识，所以在自己将没之时，一方面祭祀神灵；一方面作临终遗嘱式的讲话，符合周公的性情与品格。

周公祭祷的对象是皋陶而不是其他神灵，与皋陶的神格和周公的现实目的有较大关系。①《尚书·尧典》之《舜典》云："帝曰：皋陶！蛮夷猾夏，寇贼奸宄。汝作士。"②《史记·夏本纪》云："皋陶作士以理民。"③ 说皋陶作"士"正确，但说其职责是"理民"、惩治"寇贼奸宄"则有失笼统，这是用春秋战国时代的"士师"来解释前代的"士"。由西周中期的牧簋（《集成》8.4343）看，"士"作为一种职官，其首要职责是"辟百僚"。牧簋云：

> 王若曰：牧，昔先王既令汝作司士，今余唯或升改，令汝辟百僚。有炯事包乃多乱，不用先王作型，亦多虐庶民，厥讯庶右㓞，不型不中，乃侯之籍，以今籥司服厥罪厥辜。
>
> 王曰：牧，汝毋敢弗帅先王作明型用，雩乃讯庶右㓞，毋敢不明不中不型，乃贯政事，毋敢不尹人不中不型，今余唯申就乃命。赐汝……取徽□铪。敬夙夕，勿废朕命。④

---

① 笔者按：华夏民族的祭祀原则主要有两个，一是血缘，《左传》僖公十年云："神不歆非类，民不祀非族。"《左传》僖公三十一年云："鬼神非其族类，不歆其祀。"（杨伯峻：《春秋左传注》，中华书局1990年版，第334、487页）二是功德，《礼记·祭法》云："夫圣王之制祭祀也，法施于民则祀之，以死勤事则祀之，以劳定国则祀之，能御大灾则祀之，能捍大患则祀之。"（王文锦：《礼记译解》，中华书局2001年版，第675页）前者是家族层面；后者是国家层面。周公祭祀皋陶显然是国家意志，遵循的是功德原则。

② 杨筠如：《尚书核诂》，陕西人民出版社1959年版，第26页。

③ 司马迁：《史记》，中华书局1982年版，第77页。

④ 笔者按：此处对于牧簋铭文的隶定释读，主要采纳了李学勤、张亚初二位先生的观点（《四十三年佐鼎与牧簋》，《中国古代文明研究》，华东师范大学出版社2005年版；《殷周金文集成引得》，中华书局2001年版，第91—92页），个别地方间以己意，并且文字隶定尽量采用宽式。

柒 《皋陶谟》与养老礼

牧簋出土于宋代，现已失传，只存铭文摹本。学者对铭文的隶定与释读有一些差异，此处论述主要采纳张亚初的观点。张先生说："司士是主掌对百官的禁戒刑罚之事，所以说是'辟百寮'。士与司士在西周中晚期有一定的从属关系。司士是诸士之长，职掌群臣百僚的考察、任免、刑赏诸事，以佐王之吏治。司士是当时的一种显要的职官。"① 对于"士"与"司士"的关系，张先生进一步解释道："西周早期有士而没有见到称司士的。司士铭文都是西周中晚期才出现的。如果这种情况属实，那么似乎可以认为，士官从西周中期开始有了一定的发展，在诸士的基础上，增设了司士一职。"② 鉴于"士"与"司士"的关联性以及职官职责的保守性，笔者认为皋陶作"士"，其首要职责大约也是"职掌群臣百僚的考察、任免、刑赏诸事，以佐王之吏治"。这个职责如果从正面表述，就是清华简《四告》对皋陶的称呼"司慎"，而谨慎、慎重等德行则可以归于"官德"的范畴。③

于是，我们便在《立政》中看到了周公这样的言论，"继自今，文子文孙，其勿误于庶狱庶慎，惟正是乂之""继自今，立政其勿以憸人；其惟吉士，用劢相我国家""继自今，立政其惟克用常人"等，④ 都是强调"官德"。既体现了《立政》的主旨，也与

---

① 张亚初、刘雨：《西周金文官制研究》，中华书局1986年版，第39页。
② 张亚初、刘雨：《西周金文官制研究》，中华书局1986年版，第38页。
③ 笔者按：西周时代的"士""司士""司寇""师"等职官是怎样的关系，目前还不是很清楚，张亚初先生说："职官之师的职掌，综观诸铭文材料，主要可归纳为以下几个方面。……为王之司寇及司士。永盂有师俗父，其职与司寇可能有一定关系，由南季鼎'用左右俗父司寇'为证。师晨鼎云王命令师晨助理师俗管邑人和甸人，师晨亦当为司寇之职。师颖簋'王若曰：师颖，才先王既令汝作司士，官司邡闇。'以上是称为师某而为王之司寇与司士的材料。"见氏著《西周金文官制研究》，中华书局1986年版，第4—5页。由《立政》中司寇与"司徒、司马、司空"分列看，西周职官系统中可能已有"司法独立"的制度安排。再由司寇出现在周公讲论"士""司士"的"辟百僚"职责之外看，司寇的职责可能主要是处理刑事案件。
④ 杨筠如：《尚书核诂》，陕西人民出版社1959年版，第272、273页。

· 159 ·

皋陶的职官"士"、职责"司慎"相照应，那么周公在自己将没之时，借重皋陶的传统权威，通过祭典的神圣仪式，为周家制定一条以道德为标准的选官用人的组织路线，也就是既合情又合理的事情了。①

二 《立政》与《皋陶谟》的同源关系

论证了清华简《四告》与《立政》的共生关系，明确了《立政》是周公将没之时于祭祷皋陶典礼之上向成王及百官阐述的选官用人之道，现在就可以此为基础考察《立政》与《皋陶谟》的关系了。《立政》开头云：

> 周公若曰：拜手稽首，告嗣天子王矣。用咸【箴】戒于王曰：王左右常伯常任准人，缀衣虎贲。
>
> 周公曰：呜呼！休兹知恤，鲜哉！古之人迪惟有夏，乃有室大竞吁，俊尊上帝，迪知忱恂于九德之行。乃敢告【教】厥后曰：拜手稽首后矣。曰：宅乃事，宅乃牧，宅乃准，兹惟后矣。谋面用丕训德，则乃宅人，兹乃三宅无义民。桀德惟乃弗作往任，是惟暴德罔后。②

---

① 笔者按：赵平安先生说："周公代政期间，内忧外患，其压力之大，可想而知。周公告皋繇，就是在这种背景下发生的。周公之所以告皋繇，应和皋繇长期担任掌管刑罚的'士师'有关。周公希望掌管刑罚的最高权威能理解他、护佑他，希望借由皋繇的支持能够更果断、更有效地行使权力。"见氏著《清华简〈四告〉的文本形态及其意义》，《文物》2020年第9期。赵先生指出周公祭祀皋陶与其"士师"职责有关，非常正确。但对于皋陶的职责、《立政》的宗旨及发布时机，没有把握准确，那么对于《四告》内容的理解，也就不可避免地有所偏差。

② 杨筠如：《尚书核诂》，陕西人民出版社1959年版，第264—266页。

这是周公为阐述选官用人之道而列举的历史依据之一，其中的关键词是"有夏""九德""宅人""后""桀"等，因此古今学者都指出该段与《皋陶谟》第一部分有较大关系。例如蔡沉，蔡氏于《立政》"曰宅乃事宅乃牧宅乃准，兹为后矣"文句之下作注云："言如此而后可以为君也，即（《皋陶谟》中）皋陶与禹言九德之事。"[①] 这是指陈《皋陶谟》与《立政》的相通之处。再如顾颉刚，顾先生于"《尧典》、《皋陶谟》辨伪"条目之下作解云："今本……《皋陶谟》……取文材于《立政》（三宅、九德）。"[②] 这是指认《皋陶谟》的材料来源于《立政》。蔡沉的观点代表了古代学者的一般看法，其特点是对于《立政》《皋陶谟》之间的关系，以及所载相关史实的可靠性，采取了默认的态度。顾颉刚先生对于《皋陶谟》的论述，常常与《尧典》混合在一起，多数文字其实是讲《尧典》。此处所引文句很简短，笔者却使用了两个省略号，反映的正是这种状况。顾先生论述《皋陶谟》，立场是"古史辨"，目的是分析《皋陶谟》的材料来源，以证明《皋陶谟》"决是战国至秦汉间的伪作"，因此笔锋所到之处都显示了鲜明的怀疑态度。

然而，无论是默认还是怀疑，证据都不充分，因为《立政》开头所载周公的讲话，只提到"有夏""后""桀"，主要人物则

[①] 蔡沉撰，王丰先点校：《书集传》，中华书局2017年版，第193页。笔者按：皮锡瑞也有类似看法，皮氏于《立政》"谋面用丕训德，则乃宅人，兹乃三宅无义民"之下作注云："《立政》一篇，篇首文法与他篇迥异，而与此上文云'乃敢告教厥后，曰：拜手稽首后矣'文法大同。盖夏臣本有此告君之词，周公法之，以戒成王。公所以法夏者，夏与周同尚文，见于《春秋繁露》、《白虎通》诸书可据。"见皮锡瑞撰，盛冬铃、陈抗点校《今文尚书考证》，中华书局1989年版，第405页。皮氏没有说明《立政》与《皋陶谟》的关系，但提到了"夏""夏臣"，同时指出了周公以夏史为依据的原因，有一定的价值，可以与蔡沉的观点相互参考。

[②] 顾颉刚：《论〈今文尚书〉著作时代书》，《古史辨》（一），上海古籍出版社1982年版。

用"有室"表示,①轻轻地一带而过。为什么如此？这个问题不解决，学者对于《立政》与《皋陶谟》关系的认识，就只能停留在推测的层面。

　　清华简《四告》的出现为问题的解决带来了契机。正如上节所论，清华简《四告》与《立政》共同生成于祭祀皋陶的典礼之上；前者是祭祀皋陶的祷辞，后者是周公对于成王及百官的讲话；祷辞贯穿典礼始终，讲话完成于典礼第二天绎祭的开始阶段，即"翌日，其会邦君、诸侯、大正、小子、师氏、御事，箴告孺子诵，弗敢纵觅"。将这一新发现与《皋陶谟》中和禹谈论"九德"的人是皋陶的既有知识相结合，可以明确判断，《立政》中这位"有夏"时代深谙"九德"而向"厥后"进献"三宅"之言的"有室"就是皋陶。之所以不提皋陶的名字，是因为讲话的场合是祭祀皋陶的典礼，大家处于同一知识背景之下，同一宗教氛围之中，不必像下文提到"成汤""文王""武王"一样，对皋陶指名道姓。此情此景，类似于《金縢》所载周公向先王的祈祷"以旦代某之身"，其中的"某"显指武王。②意有所指而话不言明，或是避讳，或是禁忌，彰显的正

---

① 笔者按：《立政》的"乃有室大竞吁，俊尊上帝"句，古今学者的断读不一样，对于一些字词含义的理解也不一样。蔡沉、杨筠如是代表性学者。蔡沉云："古之人有行此道者，惟有夏之君。当王室大强之时，而求贤以为事天之实也"见蔡沉撰，王丰先点校《书集传》，中华书局2017年版，第193页。杨筠如先生云："有室，盖谓卿大夫也。《皋陶谟》'夙夜浚明有家'，与'亮采有邦'对文。家与室同，故孟子又谓之巨室也。"见氏著《尚书核诂》，陕西人民出版社1959年版，第266页。蔡氏的解释，主语是夏君而不是皋陶，与下文的"迪知""敢告"不协调，也与自己所讲该段是"皋陶与禹言九德之事"有矛盾。相对而言，杨先生的解释较为符合文意。《大诰》"亦惟在王宫邦君室"，杨筠如先生云："王宫，与邦君室相对，其义并同。"见氏著《尚书核诂》，陕西人民出版社1959年版，第162页。这个"邦君室"或与"有室"义近，因此这里采纳杨先生观点。

② 笔者按：清华简《参不韦》云："启，乃冕坛，乃告曰：有某，某唯乃某，敢哀说截命册告……"（清华大学出土文献研究与保护中心编、黄德宽主编：《清华大学藏战国竹简（拾贰）》，中西书局2022年版，第130页）其中的"某"，也是一种特定情境下的表达方式，可以互相参看。

是祭祀典礼的庄严与神圣。

《立政》中熟谙"九德"的"有室"是皋陶,《皋陶谟》中与禹谈论"九德"的人是皋陶,清华简《四告》祭祀的对象是皋陶。清华简《四告》将《立政》《皋陶谟》连接起来,形成严密无间的证据链条。由此《立政》与《皋陶谟》有深度关联,不再是推测,而是可靠的事实。现在将《皋陶谟》开头一段节选于下,以与《立政》作进一步的比较。

  皋陶曰:允迪厥德,谟明弼谐。禹曰:俞,如何?皋陶曰:都!慎厥身修思永。惇叙九族,庶明厉翼,迩可远在兹。禹拜昌言曰:俞!

  皋陶曰:都!在知人,在安民。禹曰:吁!咸若时,惟帝其难之。知人则哲,能官人;安民则惠,黎民怀之。能哲而惠,何忧乎驩兜?何迁乎有苗?何畏乎巧言令色孔壬?

  皋陶曰:都!亦行有九德;亦言其人有德,乃言曰,载采采。禹曰:何?皋陶曰:宽而栗,柔而立,愿而恭,乱而敬,扰而毅,直而温,简而廉,刚而塞,强而义,彰厥有常吉哉!日宣三德,夙夜浚明有家;日严祗敬六德,亮采有邦。翕受敷施,九德咸事;俊乂在官,百僚师师;百工惟时,抚于五辰,庶绩其凝。无教逸欲有邦,兢兢业业,一日二日万几。无旷庶官,天工人其代之。天叙有典,敕我五典五惇哉!天秩有礼,自我五礼五庸哉!同寅协恭和衷哉!天命有德,五服五章哉!天讨有罪,五刑五用哉!政事懋哉!懋哉!天聪明,自我民聪明;天明威,自我民明威。达于上下,敬哉,有土!

  皋陶曰:朕言惠可厎行。禹曰:俞,乃言厎可绩。皋陶曰:

予未有知,思日赞赞襄哉!①

其中的关键词是,(1)"禹",即与皋陶对话的人,与《立政》中的"后"对应。这个"后"显然是禹。《立政》开头将"有夏"的"后"与桀相对,下文将商代的成汤与纣相对,表明这个"后"应是禹。皋陶的确认,将这一推测坐实。同时,"后"作为高级统治者的尊号,具有文明初期的特征,与《皋陶谟》描述的原始民主制的议事方式相符合。(2)"知人(官人)",即选官用人的方法,与《立政》中的"宅人"对应。宅即度、位;人即官员,与民相对。所谓"知人(官人)""宅人",就是评定官员的品行而给予一定的职位。《皋陶谟》在"知人"之外,增加了"安民"的内容,在相互比较中彰显了各自的含义。(3)"九德",即九项德行,与《立政》中的"九德"对应。《皋陶谟》不仅把各项条目的具体内容讲解得很详细,而且划分了"三德""六德""九德"等类型,指明了各自对应的对象是家、邦、天下,具有层层递进的特征。

这三点是《立政》与《皋陶谟》相通的地方,此外二篇又各有一些较为显著的差异之处。首先,《立政》中皋陶进言的对象是禹,关怀的对象也是禹,《皋陶谟》中皋陶陈言的对象是禹,关怀的对象是"帝",是"有土"之君。其次,《立政》中皋陶对于"宅人"的解说,关注点主要是方式方法,《皋陶谟》中皋陶看重的是政治效用。最后,《立政》中皋陶不谈天民关系问题,《皋陶谟》中的皋陶用对句、警句专门论述了天民关系中民的地位的重要性。

《立政》与《皋陶谟》在内容上的相通之点与差异之处表明,二篇的内核相同而表述有别,出发点相同而落脚点有别,所论人物相同

---

① 杨筠如:《尚书核诂》,陕西人民出版社1959年版,第30—37页。

而时空定位有别。究其原因，除了时代的先与后、"作者"的显与隐、文章立意的高与远之外，主要是二篇同源异流。顾颉刚先生认为《皋陶谟》取材于《立政》，却不知道《立政》的相关文字也是皋陶的话语，显然是受到了时代影响、史料局限，怀疑得有些过头了。

清华简《四告》与《立政》《皋陶谟》虽然已经成功系联，但二者文本中的个别字词及相关史实仍然存在着一些问题需要重新解释，例如清华简《四告》中的"夏用配天""眔余和协"，《立政》中的"谋面用丕训德，则乃宅人"等，只有将这些障碍扫清，我们对于三篇的关系及其所载史实的认识才能更加深入全面。

（1）"夏用配天"。其语境是："先告受命天丁辟子司慎皋繇，忻素成德，秉有三俊，惠汝宅天心，兹德天德用歆，名四方，氐尹九州，夏用配天。"① 先赞颂皋陶美德，代表词语是"秉有三俊"，然后赞颂皋陶的功绩，功绩的高峰是"夏用配天"，即夏代因而配享天命、拥有天下。清华简《厚父》云："王若曰：厚父！遹闻禹□□□□□□□□川，乃降之民，建夏邦。启惟后，帝亦弗巩启之经德，少命皋繇下为之卿士，兹咸有神，能格于上，智天之威哉，问民之若否，维天乃永保夏邑。"② 讲的也是皋陶对于夏代的功绩，其中"维天乃永保夏邑"等语句，与清华简《四告》的"夏用配天"等非常接近。可以互相参看，互相启发。

（2）"眔余和协"。其语境是："者鲁天尹皋繇，毋忍斁哉，

---

① 清华大学出土文献研究与保护中心编、黄德宽主编：《清华大学藏战国竹简（拾）》，中西书局 2020 年版，第 110—111 页。

② 清华大学出土文献研究与保护中心编、李学勤主编：《清华大学藏战国竹简（伍）》，中西书局 2015 年版，第 110 页。笔者按：战国中晚期之交的上博简《容成氏》云："禹有子五人，不以其子为后，见皋陶之贤也，而欲以为后。皋陶乃五让以天下之贤者，遂称疾不出而死。"见李零《〈容成氏〉释文考释》，马承源主编：《上海博物馆藏战国楚竹书（二）》，上海古籍出版社 2002 年版，第 276 页。将两条材料结合起来看，皋陶死于禹在位之时，但这并不排除皋陶曾受命辅佐尚未继位而在后人口中被笼统地称为后的启。

骏保王身，广启厥心，示之明猷；渊心优优，毋违朕言，罙余和协。"① 这句话的上半部分"骏保王身，广启厥心，示之明猷"的主语是"皋陶"，宾语是"王""厥""之"，都指代成王；下半部分"渊心优优，毋违朕言，罙余和协"的主语可以理解为承接上句的主语皋陶而来，也可以理解为承接上句的宾语成王而来。相较而言，后者更为合理，既与"毋违朕言"的教训语气协调，也与清华简《四告》的"箴告孺子诵"宗旨吻合。赵平安先生说，"罙余和协"的意思是"希望他（成王）听周公的话，与周公保持一致。"② 解说采取了外视角，不很顺畅，但大致正确。

此处的"罙余和协"与上文的"夏用配天"，下文的"懋我王国""保兹下土"及其各自代表的语句，在意思上是递进的关系。第一句赞颂皋陶为夏代建立的功绩；第二句祈求皋陶保佑成王，使之与自己同心同德；第三句是这次祭祷皋陶的终极目的。至此整个典礼的祭祷仪节全部完成。

（3）"谋面用丕训德，则乃宅人"。其中的"谋面"，学者的理解有较大差异，代表性的观点主要有两家，③ 孙星衍认为是"考言观色"，④ 即通过观察一个人的貌色神情探究其内在的素养与品德。于省吾先生认为是"黾勉"，⑤ 同音假借，意思是勤勉、勉力。笔者此处采纳孙星衍说，理由主要有如下几点：

---

① 清华大学出土文献研究与保护中心编、黄德宽主编：《清华大学藏战国竹简（拾）》，中西书局 2020 年版，第 111 页。
② 赵平安：《清华简〈四告〉的文本形态及其意义》，《文物》2020 年第 9 期。
③ 笔者按：刘起釪先生列举归纳了古今学者对于"谋面"及其上下文句的解释，大家可以参见氏著《尚书校释译论》，中华书局 2005 年版，第 1668—1669 页。刘先生的裁断没有结合《立政》主旨进行，所以可能并不准确。
④ 孙星衍撰，陈抗、盛冬玲点校：《尚书今古文注疏》，中华书局 1986 年版，第 471 页。王先谦撰、何晋点校：《尚书孔传参正》，中华书局 2011 年版，第 837 页。
⑤ 于省吾：《双剑誃尚书新证》，中华书局 2009 年版，第 263 页。

柒 《皋陶谟》与养老礼

　　第一，"谋面"不仅与下文的"宅人"即"度人"并列，而且也与所在语境"宅乃事，宅乃牧，宅乃准"体现的《立政》选官用人的宗旨相互协调。第二，"谋面"的做法与周公的一些言论，如"汝其敬识百辟享，亦识其有不享。享多仪，仪不及物，惟曰不享"（《雒诰》）即"察之于微"相互吻合。① 第三，"谋面"的做法与相传文王所作《逸周书·官人》中的"考言""观色"等相互贯通。② 第四，"谋面"的做法与先秦时代的识人方法相符合。如上博简《鲍叔牙与隰朋之谏》云："有夏氏观其容以使，及其亡也，皆伪其容；殷人之所以代之，观其容，听其言，凡其所以亡，伪其容，伪其言；周人之所以代之，观其容，听【其】言，考志者使，凡其所以衰亡，忘其考志也。"③ "谋面"与"训德"结合，就是观容、听言、考志的综合运用，应是周人达到的识人水平，只不过假以夏代的名义说出。但周公讲述夏代经验时特地使用"谋面"一词，又不是空穴来风，而是"有夏氏观其容以

---

① 蔡沉撰、王丰先点校：《书集传》，中华书局2017年版，第165页。笔者按："谋面"的含义与《吕刑》中的"简孚有众，惟貌有稽"相互照应。后者讲的是审理案件时的"稽貌"，性质与选官用人的"谋面"不同，但由所在时代及认识水平看，二者实际上是同一能力而在不同方向上的运用而已，是相反相成的共生关系。

② 笔者按：宁镇疆、朱君杰先生说："《尚书·立政》篇与《大戴礼记·文王官人》、《逸周书·官人解》、楚简《鲍叔牙与隰朋之谏》甚至《三德》篇实可彼此辉映、互相印证：《立政》篇重在训戒，尤其是周公以文王'官人'之法训戒成王，而《大戴礼记·文王官人》、《逸周书·官人解》以及《鲍叔牙与隰朋之谏》则重在讲文王如何'官人'：或曰'探取其志'，或曰'考志'，其主旨都是认为不要受一个人的外貌、语言所迷惑，这样才能准确地'官人'。尤其是《鲍叔牙与隰朋之谏》将'考志'系之殷替周兴，而《大戴礼记》也将此法系之肇兴周基的周文王，凡此种种，充分说明周文王之官人、用人在周代的典范性。"（《由楚简〈鲍叔牙与隰朋之谏〉篇的"考志"说到文王官人》，《史林》2020年第3期）可谓真知灼见。

③ 陈佩芬：《〈鲍叔牙与隰朋之谏〉释文考释》，马承源：《上海博物馆藏战国楚竹书（五）》，上海古籍出版社2005年版，第182—183页。笔者按：本文对于这段上博楚简文字及其关键语句的隶定释读，在陈先生隶释的基础上，采纳了宁镇疆、朱君杰先生的主张，见氏著《由楚简〈鲍叔牙与隰朋之谏〉篇的"考志"说到文王官人》，《史林》2020年第3期。再，《芮良夫毖》有"必探其度，以貌其状。身与之语，以求其上"句（清华大学出土文献研究与保护中心编、李学勤主编：《清华大学藏战国竹简（叁）》，中西书局2012年版，第145页），宁镇疆、朱君杰先生认为"当即古代的'官人'之法"。见氏著《由楚简〈鲍叔牙与隰朋之谏〉篇的"考志"说到文王官人》，《史林》2020年第3期。其中的"貌"，是宁镇疆先生的隶释，清华简整理者隶定为"亲"，有所不同。请读者明鉴。

· 167 ·

使"的真实反映。这或许就是学者常讲的所谓"历史素地"。①

总之，清华简《四告》中的"皋陶"将《立政》《皋陶谟》连结起来，清华简《四告》中的"夏用配天""罪余和协"与《立政》中的"谋面用丕训德，则乃宅人"分别确认了《立政》《皋陶谟》所载皋陶的历史伟业、现实功绩，以及作为祭祷对象的神圣品格，那么《立政》与《皋陶谟》同源异流，似可得以证明。

三　皋陶事迹的流传与记录方式

皋陶事迹与言论出现在传世的西周早期文献《立政》之中，也出现在新近出土的西周早期文献清华简《四告》及《厚父》之中，②

---

① 笔者按："谋面用丕训德，则乃宅人"的后面还有一句话"兹乃三宅无义民"。对于其中的"义民"，学者有截然相反的解释，蔡沉认为是"贤者"，相应地认为"谋面"是以面取人，整句话的意思是："谋面者，谋人之面貌也。言非迪知、忱恂于九德之行，而徒谋之面貌，用以为大顺于德，乃宅而任之，如此则三宅之人岂复有贤者乎？"见蔡沉撰、王丰先点校《书集传》，中华书局2017年版，第193页。孙星衍认为是"邪民"，重要字词与整句话的意思是："谋面者，《周书·官人解》有考言观色。训与顺通。丕，大也。义民，王氏念孙云：'邪民。《说文》："俄，行顷也。"《广雅·释诂》云："俄，衺。"《学记》"蛾子时术之，即蚁子也。古字俄、义同声。'言既诚信所知之人有九德之行，乃敢拜手稽首以告其君曰：居乃职事之人，居乃作牧之人，居乃平法之人，兹乃在我后矣。察其言，观其色，用大顺德之人，乃以官居人，此乃职事、作牧、平法之人皆无邪民矣。"见孙星衍撰，陈抗、盛冬玲点校《尚书今古文注疏》，中华书局1986年版，第471页。本文采纳孙星衍说。请读者明鉴。

② 笔者按：清华简《四告》是西周早期文献，赵平安先生说："四篇告辞的初步成文，应在告神发生前后不久。告辞中与甲骨文、西周金文字形和用法密切相关的字，在四篇告辞中都有分布，这是四篇告辞成文较早的反映。"赵先生又说："《四告》第一段和《立政》《君奭》这种关联性表明，它们的本体确实是周初的文献。作为同属周公的告辞（诰辞），不仅表达的思想观念相似，就是某些具体表述、某些文句都相似。"见氏著《清华简〈四告〉的文本形态及其意义》，《文物》2020年第9期。前者是从总体上说《四告》四篇的时代；后者是具体说《四告》第一篇，即周公祭祷皋陶篇章的时代。赵先生是《四告》的整理者，他的判断应当可信。清华简《厚父》是西周早期文献，其中的"王"可能是武王。《厚父》中的一句话"古天降下民，设万邦，作之君，作之师，惟曰其助上帝乱下民之慝"，被《孟子·梁惠王下》引述，对此程浩先生说："孟子以文王、武王的事迹训诫齐宣王'无好小勇'，并援引了《诗》《书》以为证。于文王之功，引用了《诗·大雅·皇矣》的文句，并称'此文王之勇也'；于武王之德，则称引了《厚父》中的这句话，并且说明了'此武王之勇也'，因此'（《厚父》）应该是一篇以武王为主人公的《书》'"。程先生又从语言字词、思想观念等方面考察。最后证明"《厚父》是一篇周初的'书'类文献"。见氏著《有为言之：先秦"书"类文献的源与流》，中华书局2021年版，第190—199页。程先生的论证充分有力，结论可靠，可以信从。

柒 《皋陶谟》与养老礼

对此我们不禁要问：它们是怎样由虞夏之际流传到西周初年的呢？

周公的讲话中或有我们寻找的答案。《立政》记载周公在讲述皋陶事迹与言论之前，先说了这样一句话"古之人迪惟有夏"；在讲述了皋陶以及成汤、文王、武王事迹之后，又说了这样一句话"予旦已受人之徽言，咸【箴】告孺子王矣"。其中的"徽言"是周公说明自己获得皋陶事迹与言论的途径，"古之人"是周公说明自己对于皋陶事迹与言论的态度，值得我们特别关注。

（1）"徽言"。"徽言"就是"微言"，杨筠如先生云："汉石经作'旦以前人之微言'，无'予'字，'已受'作'以前'，'徽'作'微'。"① "微言"就是"美言"，杨筠如先生云："古徽微二字，形声义三者并近。《诗传》'徽，美也'。《汉志》'昔仲尼没而微言绝'，颜注'谓精微要妙之言'，是亦美言也。"② 无论是今本的"予旦已受人之徽言"，还是汉代石经的"旦以前人之微言"，意思都是周公向成王及百官说明自己所讲皋陶等人事迹与言论的来历，即听自前人的美言，来自前人的教导。

这样的情形，《尝麦》《吕刑》也曾出现。《尝麦》记载周王引述炎帝、黄帝、蚩尤、少昊、五观事迹以为制定刑法的依据之后，强调说"今予小子，闻有古遗训"；③《吕刑》记载穆王讲述重黎"绝地天通"故事以为制定刑法的依据之前，强调说"若古有训"。④《立政》在阐述选官用人的道德标准的同时，也提到了"庶狱""列【刑】用中罚"，表明其中包含了刑罚的内容。都有刑罚的内容当是三篇具有相同或类似行文方式与文本结构的原因。两相比较可知，

---

① 杨筠如：《尚书核诂》，陕西人民出版社1959年版，第272页。
② 杨筠如：《尚书核诂》，陕西人民出版社1959年版，第272页。
③ 孔晁注、程荣校：《逸周书》，《汉魏丛书》，吉林大学出版社1992年版，第283页。
④ 杨筠如：《尚书核诂》，陕西人民出版社1959年版，第298页。

"尚书"与礼仪

所谓"徽言""微言",就是听自前人的"古训"。这些古训包含两个方面的内容,一是前代的史实或故事;二是这些史实或故事说明或喻示的道理。缘事说理是"徽言""微言"的特点,是一项源自上古而延续至春秋战国乃至更后时代的文化传统,孔子说明自己编作《春秋》的宗旨是:"我欲载之空言,不如见之于行事之深切著明也。"① 是对"徽言""微言"最为贴切的诠释。

"徽言""微言"在传世本《逸周书·祭公》中叫"党言",在清华简本《祭公》中叫"誉言",学者认为:"(誉)为赞美、称赞之义。……与传世本'党(谠)'义同",都是直言、善言的意思。②直言、善言就是美言。在祭公讲述的美言之中,既有"皇天改大邦殷之命,惟文王受之,惟武王大克之,咸茂厥功"的正面经验,也有"夏商之既败"的反面教训,③ 出现的情境与《立政》中皋陶、夏桀的事迹类似。凡此都可以进一步证明周公所谓"徽言""微言"是包括皋陶事迹在内的远古史实流传于后世的重要途径。④

(2)"古之人"。"古之人"就是"古代的人",意思很浅显,历代学者都没有注释。但在笔者看来,"古之人"与"迪惟有夏"相结合,是一种讲述先代史实或故事的模式,是应该深入考察的文化现象。为此笔者将《立政》前后时代的传世与出土文献中类似语句,

---

① 司马迁:《史记》,中华书局1982年版,第3297页。
② 复旦大学出土文献与古文字研究中心研究生读书会:《清华简〈祭公之顾命〉研读札记》,复旦大学出土文献与古文字研究中心网站,2011年1月5日。
③ 孔晁注、程荣校:《逸周书》,《汉魏丛书》,吉林大学出版社1992年版,第286、287页。
④ 笔者按:包括了古史的"徽言",何时何地被讲述,视需要而定,有较大的随机性。谢维扬先生说:"有些属于较早时期的传说人物之所以只出现在形成于较晚时期的文献中,乃是因为在我们看到的一些较早的文献中,由于在内容上没有需要而没有提到他们。而有些较晚的文献之所以提到了他们,正是因为内容上有了需要,同时也是因为这些传说本来就已存在的缘故。"见氏著《中国早期国家》,浙江人民出版社1995年版,第94页。谢先生的主张正确可从。

择其典型，列举如下：

传世文献中类似的语句有：(1)《盘庚》："今不承于古，罔知天之断命，矧曰其克从先王之烈？""古我先王，将多于前功，适于山。"① (2)《酒诰》："王曰：封！我闻惟曰在昔殷先哲王，迪畏天显小民，经德秉哲。"② (3)《皇门》："我闻在昔，有国誓王之不绥于恤。"③ (4)《诗经·大雅·緜》："古公亶父，来朝走马。率水西浒，至于岐下。"④ (5)《诗经·商颂·那》："自古在昔，先民有作。"⑤ 出土文献中类似的语句有：(6) 史墙盘（西周中期，《集成》16.10175）："曰古文王，初戁和于政，上帝降懿德大屏，抚有上下，会受万邦。"(7) 清华简《厚父》："古天降下民，设万邦，作之君，作之师。"⑥ (8) 清华简《赤鹄之集汤之屋》："曰故【古】有赤鹄，集于汤之屋。"⑦ (9) 清华简《虞夏殷周之治》："曰昔有虞氏用素。"⑧

这些与"古之人"近似的语句，核心词是"古"与"昔"，修饰词是"在""自""曰"。对于"古"与"昔"的关系，崔述云："(古)犹昔也"，"'古公亶父'者，犹言'昔公亶父'也。"⑨ 所谓"古""昔"，意思就是古代、往昔、过去。对于讲述前代史实或故事时标明"古"或"昔"的意义，裘锡圭先生说："（史墙盘）铭文

---

① 杨筠如：《尚书核诂》，陕西人民出版社1959年版，第97、116页。
② 杨筠如：《尚书核诂》，陕西人民出版社1959年版，第189页。
③ 孔晁注、程荣校：《逸周书》，《汉魏丛书》，吉林大学出版社1992年版，第280页。
④ 程俊英、蒋见元：《诗经注析》，中华书局1991年版，第760页。
⑤ 程俊英、蒋见元：《诗经注析》，中华书局1991年版，第1024页。
⑥ 清华大学出土文献研究与保护中心编、李学勤主编：《清华大学藏战国竹简（伍）》，中西书局2015年版，第110页。
⑦ 清华大学出土文献研究与保护中心编、李学勤主编：《清华大学藏战国竹简（叁）》，中西书局2012年版，第167页。
⑧ 清华大学出土文献研究与保护中心编、李学勤主编：《清华大学藏战国竹简（捌）》，中西书局2018年版，第162页。
⑨ 崔述：《丰镐考信录》，《崔东壁遗书》，上海古籍出版社1983年版，第165页。

第一句是'曰古文王'。《尚书·尧典》开头的'曰若稽古帝尧',就是从这种句式演化出来的。这大概是周人叙述古事时用的一种老套头。"① 不独周人,商人亦如此,上举《盘庚》就是例证。那么这实际上是一项既没有明确起点也没有明确终点的文化传统,古史则借此而世代流传。

作为一种古史载体,口头有其便捷性,但也有不确定性,而且随着时间的延长,变异的情况也越来越多。例如上举清华简《赤鹄之集汤之屋》,虽然与《尹至》《尹诰》编联在一起,但严肃性却与后二篇不可同日而语。再如上举清华简《虞夏殷周之治》,叙述模式及风格已经与《礼记》中七十子或其后学的篇章近似,史料价值虽仍然存有,但与商周文献相比,则已经大打折扣。二篇中的"曰古""曰昔"或是对文化传统的尊重,或是表明作者的认真态度,但远离史实发生时间、服务于论说主题的局限性,无疑也包含于其中了。

相对而言,《立政》形成于西周初年,发布于庄重的祭祀典礼场合,以教训为目的,这些因素容不得周公对皋陶事迹与言论的讲述有所马虎,因此他在讲述之前特地强调"古之人迪惟有夏",意在向成王及百官表明自己客观严谨的态度,而皋陶事迹与言论的真实性、可靠性,也便借此得到了保障。

皋陶事迹与言论以口耳方式世代流传,经由"徽言""微言"发挥教育后人的功能,那么它们最初是怎样被选择、记录的呢?《立政》中的"乃敢告【教】厥后曰",②《皋陶谟》中的"帝拜曰",向我们透露了这方面的信息。

---

① 裘锡圭:《史墙盘铭解释》,《裘锡圭学术文集》(3),复旦大学出版社2012年版。
② 笔者按:蔡沉《书集传》之《立政》中的这句话中有"教"字(蔡沉撰,王丰先点校《书集传》,中华书局2017年版,第193页);顾颉刚、刘起釪《尚书校释译论》之《立政》中也有"教"字(中华书局2005年版,第1666页);但杨筠如《尚书核诂》之《立政》没有"教"字(陕西人民出版社1959年版,第266页)。今据前二者补。

柒 《皋陶谟》与养老礼

（一）"乃敢告【教】厥后曰"。该句字面意思是"教导其君王说"，但其中加入了"教"字，便变得复杂起来。蔡沉云："吴氏曰：'古者凡以善言语人皆谓之教，不必自上教下而后谓之教也。'"① 刘起釪先生将这句话直接翻译为"就敢敬告他们的君主说"，② 将"教"字模糊处理了。其实，这样曲意回护大可不必，年高德劭的公卿教训君王在上古时代并不鲜见，例如《高宗肜日》，开头是"高宗肜日，越有雊雉。祖己……乃训于王曰"③。训即教。这个情境与"乃敢告【教】厥后曰"完全相同。这提示我们，周公讲述皋陶事迹与言论所据"底本"，或与《高宗肜日》有近似的性质。

（二）"帝拜曰"。该句出现在皋陶赓歌之后，大意是"帝舜（向皋陶）拜谢说"。对此，刘起釪先生说："'帝拜曰'一语，就苦了经师们。林之奇《全解》只好解释说：'帝拜曰"俞往钦哉"者，盖拜受其言而然之，自今而往，君臣皆当钦其事而践其言也。《礼》曰："君于臣则无答拜。"盖至尊之势无所屈也。……皋陶之赓歌，舜拜而受之，岂亦以师傅之礼而待皋陶欤！'《蔡传》也只好说：'帝拜者，重其礼也。'由于经师们所处时代，无法理解其为原始氏族社会部落成员之间或参加会议之时情况的遗影，只能按后代封建王朝的模式来认识，就牵强弥缝地做出如上解释。"④ 刘先生对于前代学者的针砭很有力，但自己以"原始氏族社会部落成员之间或参加会议之时情况的遗影"为"帝拜曰"作解，仍然未能中肯。其实，君王向年高德劭公卿答拜的情形时或有之，例如《祭公》，结尾之处是"王拜手稽首党言"⑤，即穆王拜谢祭公的美言。这个情境与

---

① 蔡沉撰、王丰先点校：《书集传》，中华书局2017年版，第193页。
② 顾颉刚、刘起釪：《尚书校释译论》，中华书局2005年版，第1703页。
③ 杨筠如：《尚书核诂》，陕西人民出版社1959年版，第119—120页。
④ 顾颉刚、刘起釪：《尚书校释译论》，中华书局2005年版，第519页。
⑤ 孔晁注、程荣校：《逸周书》，《汉魏丛书》，吉林大学出版社1992年版，第287页。

"帝拜曰"完全相同。

　　公卿中年高德劭的耆老居高临下教训帝王，帝王对于耆老的教训予以答拜，是上古时代的养老礼，耆老的言论记录在册叫"惇史"。《礼记·内则》云："凡养老，五帝宪，三王有乞言。五帝宪，养气体而不乞言，有善，则记之为惇史。王亦宪，既养老而后乞言，亦微其礼，皆有惇史。"① 《祭公》中与"王拜手稽首党言"照应的是开头的"公其告予懿德"，② 这句话正是"乞言"的性质。先有穆王的"乞言"，中有耄耋老人祭公的教训，后有穆王的答拜，可见《祭公》的性质是惇史。

　　《祭公》是惇史的完全形式，而有些篇章由于特殊原因缺少某个方面的要素，则是惇史的不完全形式。例如《高宗肜日》，其中有祖己的教训，没有乞言的礼节，这是因为引起教训的缘由是祭礼中"越有雊雉"的奇异现象，而不是王的主动请教。但从全篇的内容看，其性质也可能是惇史。③

　　《立政》记载皋陶在建言之前"乃敢告【教】厥后曰"，《皋陶谟》记载皋陶在建言之后"帝拜曰"，各自与《祭公》《高宗肜日》的一部分对应，这种情形表明，（1）《立政》与《皋陶谟》所载皋陶事迹与讲话的性质是惇史；（2）虽然是惇史，但又是惇史的不完全形式。《史记·夏本纪》云："帝禹立而举皋陶荐之，且授政焉，而皋陶卒。"④ 此时皋陶的年岁虽不得而知，但从他先于禹而去世的情况看，应该很老迈。历仕虞夏两朝，服务于多位帝王，功绩卓著，年高德劭，

---

① 王文锦：《礼记译解》，中华书局2001年版，第385页。
② 孔晁注、程荣校：《逸周书》，《汉魏丛书》，吉林大学出版社1992年版，第286页。
③ 笔者按：关于先秦时代养老礼与惇史的问题，大家请参见拙作《〈逸周书〉新研》（中华书局2013年版）的《〈祭公〉与惇史》与《〈尚书〉新研》（中华书局2021年版）的《〈尧典〉中的惇史辨析》两个节目。此不赘述。
④ 司马迁：《史记》，中华书局1982年版，第83页。

皋陶的事迹与言论被记录下来，成为惇史，则是可以理解的了。《皋陶谟》记载皋陶的话语中由"天叙有典，敕我五典五惇哉！"其中的"惇"字，意义有些隐晦，但既然与"典"相对，表明二者具有相同或近似的性质，那么这个"惇"或是惇史，这从一个侧面透露了皋陶所处时代中的有关惇史的信息。因此笔者认为，惇史应是皋陶事迹与言论记录于简册之上并流传于后世的主要途径。

《立政》与《皋陶谟》中的皋陶事迹与言论虽然是惇史，但与《祭公》《高宗肜日》又有很大不同。《祭公》《高宗肜日》记事很完整，中心很突出，时间、地点、人物等要素很完备，相对而言，《立政》与《皋陶谟》所载皋陶事迹与言论则较为零碎，而且互有参差。例如《立政》"乃敢告【教】厥后曰"的"后"是禹，《皋陶谟》"帝拜曰"的"帝"是舜。再如《皋陶谟》中皋陶建言的对象，前面是禹，后面是舜，中间夹杂着夔的讲话。这种情况产生的原因，笔者认为，与《皋陶谟》形成时代较晚，且其形成方式是稽古、文本编纂方式是缀联有较大关系。

四 《皋陶谟》的编纂方式

清华简《四告》与《立政》是共生关系，形成于祭祀皋陶的典礼之上。《立政》与《皋陶谟》是同源关系，材料来自"徽言""微言"，而"徽言""微言"来自惇史。三篇由皋陶系联起来的文献，在性质与结构上有较大不同。清华简《四告》有告、祷、嘏等要素，《立政》文本中有两个"周公若曰"，二者互相"镶嵌""套合"，表现了较为明显的祭祀典礼的现场感与仪式的节奏感。相对而言，《皋陶谟》对于皋陶只记言论，少载事迹，与典礼现场、仪式节奏完全无关。更有甚者，《皋陶谟》记载的皋陶言行只有开始一段与《立政》、

· 175 ·

清华简《四告》有较大交集，其他几个部分的内容后二篇则付诸阙如。之所以如此，是因为《皋陶谟》有独特的编纂意图与编纂方式。

《皋陶谟》是一篇以皋陶为核心、以皋陶建言为主要内容的文献。[1] 清华简《四告》中的皋陶是祭祷的对象，《立政》中的皋陶是效法的对象，二者展现的是皋陶的"司慎"侧面，追求的是实时实地的应用效果。相形之下，《皋陶谟》想要展示的是皋陶的精神风貌，表达的是超越时空的政治理想。所以前者对于皋陶言行各取所需，后者则力求全面。

《皋陶谟》是一篇在儒家思想指导下而形成于春秋战国之间的文献。蒋善国先生云："《皋陶谟》说：'慎厥身修思永，惇叙九族，庶明励翼，迩可远在兹。''慎厥身修思永'，是修身。'惇叙九族'，是齐家。'庶明励翼'……是治国。'迩可远在兹'……是平天下。……这种思想都是从儒家的'正心修身齐家治国平天下'政治哲学来的。"[2] 蒋先生的看法很正确，可以信从。既然以修、齐、治、平为宗旨，与《礼记·大学》的思想相通，而表述较为质朴，那么其形成时代至晚应与《大学》相当，大约是在春秋与战国之间。[3]

《皋陶谟》是一篇由稽古而形成的文献。其开篇明言"曰若稽古"，"曰若"是发语词，"稽古"即考古，继承的是《立政》"古之人"、史墙盘"曰古"等为代表的稽古文化传统。稽古一方面保障

---

[1] 笔者按：清华简《四告》中的"者鲁天尹皋繇，毋忍戮哉，骏保王身，广启厥心，示之明獸"之"獸"，即谋，即谟，与《皋陶谟》之"谟"的意思相同，这或是《皋陶谟》篇名来源的思想认识的根据。承宁镇疆先生见告，特此致谢！

[2] 蒋善国：《尚书综述》，上海古籍出版社1988年版，第171页。

[3] 笔者按：对于《皋陶谟》形成时代的认识，学者之间有较大分歧，代表性观点主要有：王国维的周初说，刘起釪的春秋说，郭沫若的战国说，以及顾颉刚、蒋善国的秦汉说等。有的学者前后主张不一，有所摇摆变化，但大概不出上述范围。请参见蒋善国《尚书综述》，上海古籍出版社1988年版，第169—172页。顾颉刚、刘起釪《尚书校释译论》，中华书局2005年版，第508、509页。

柒 《皋陶谟》与养老礼

了所据材料的渊源有自；另一方面决定了这些材料既经过了时间的淘洗，也经过了编纂者的取舍。取舍使得篇章主题集中，淘洗造成材料之间联系的疏淡，进而造成篇章结构的松散。例如清华简《厚父》的"启惟后，帝亦弗鞏启之经德，少命皋繇下为之卿士"，记录的是禹命皋陶辅佐启的史实。再如《诗经·鲁颂·泮水》中的"明明鲁侯，克明其德。既作泮宫，淮夷攸服。矫矫虎臣，在泮献馘。淑问如皋陶，在泮献囚"，① 折射的是皋陶管理刑狱的史实。由于超出了虞舜朝廷的时空范围，偏离了修齐治平的思想主题，编纂者没有将它们收入《皋陶谟》之中。《皋陶谟》结构的松散表现在文本上是个别地方有勉强缀合的痕迹。林之奇云："夔言其所以作乐之功也，其文当为一段，不与上下文势相属。盖舜之在位三十余年，其与禹、皋、夔、益之徒相与答问者多矣。夫史官取其尤彰明者，为此数篇，以昭后世，其言止于是而已。则是其所言者，自有先后，史官集而记之，非其一日之言也。诸儒之说，自'皋陶谟'至此篇末，皆谓其文势相属，故薛氏以谓：'舜以苗民逆命，皋陶方祗厥叙而行法，故夔又进陈言鬼神犹可以乐语，鸟兽犹可以乐致，而况于人乎？'王氏则以谓：'治定制礼，功成作乐，舜之治功于是乎成矣，故夔称其作乐以美舜也。'凡此皆欲会同数篇所载，以为一日之言。岂史官独载一日之言，而尽遗其余乎？此理之必不然也。"② 林氏的

---

① 程俊英、蒋见元：《诗经注析》，中华书局1991年版，第1007页。
② 林之奇：《尚书全解》卷六，文渊阁《四库全书》经部书类，台湾商务印书馆1983—1986年版。笔者按：刘起釪赞成林氏主张，并有进一步分析解说。刘先生云："（《皋陶谟》）篇中除重点谈德的文句外，还有禹治洪水及播种粮食以完土功济民食的资料，丹朱不肖的资料，禹生儿子不顾，在外划定疆域的资料，皋陶施象刑的资料，夔作乐的资料，等等，这些都是与'德'这一主题并不相关联的资料。即使被组织在谈德中的资料，也不少原是彼此孤立的，如大学之道的资料，五典、五礼、五服、五刑这一组资料，天的视听源于民的资料，以及禹与皋陶唱和的资料等，这些都被勉强作为了鼓吹德这一主题的个别内容。"见顾颉刚、刘起釪《尚书校释译论》，中华书局2005年版，第517页。可以与林氏主张互相参看。

· 177 ·

辨析很透彻，可以成为我们的佐证。

儒家学者在修齐治平思想指导下经稽古而编纂《皋陶谟》，对原材料有所曲解铺陈。例如《立政》中的"九德"。《皋陶谟》详细地述说了"九德"的具体条目，但由《立政》中的"训德""义德""容德""桀德""暴德""受德""逸德"看，西周初年"德"的含义处于从行为到道德的过渡状态，于鬯云："盖德本无美不美之义，故曰懿德曰明德，而亦曰凶德、曰恶德，皆配字以见义。专言德则可以为美辞，即无不可以为不美之辞。"[1] 这说明西周初年的"德"虽然具有了道德的意思，但内涵可能更偏重"行为"的方面。"九德"也应作如是观。由此可见，《皋陶谟》显然是在有所曲解的前提下放大了"九德"的意义。

为了更为显豁地说明《皋陶谟》的材料来源与编纂方式问题，现将皋陶事迹与言论自西周到春秋战国时期的流传情况，以及各条材料所示人物之间的关系等，做成表格如下，请大家参看。

表1　　　　　　西周春秋战国时期皋陶事迹摘要一览表

出处	年代	皋陶事迹	说明
《尚书·立政》	西周初年	古之人迪惟有夏，乃有室大竞吁，俊尊上帝，迪知忱恂于九德之行。乃敢告【教】厥后曰：拜手稽首后矣。曰：宅乃事，宅乃牧，宅乃准，兹惟后矣。谋面用丕训德，则乃宅人，兹乃三宅无义民	二篇共同形成于周公祭祷皋陶的典礼之上；篇章结构互相嵌套
清华简《四告》	西周初年	先告受命天丁辟子司慎皋鷚，忻素成德，秉有三俊，惠汝宅天心，兹德天德用歀，名四方，氏尹九州，夏用配天	

---

[1] 于鬯：《香草校书》，中华书局1984年版，第187页。

续表

出处	年代	皋陶事迹	说明
清华简《厚父》	西周初年	遹闻禹□□□□□□□□□川,乃降之民,建夏邦。启惟后,帝亦弗鞏启之经德,少命皋繇下为之卿士,兹咸有神,能格于上,智天之威哉,问民之若否,维天乃永保夏邑	皋陶与禹、启的关系
《左传》庄公八年	春秋早期	《夏书》曰:"皋陶迈种德,德乃降。"	《皋陶谟》与《夏书》的关系
《诗经·鲁颂·泮水》	春秋中期	明明鲁侯,克明其德。既作泮宫,淮夷攸服。矫矫虎臣,在泮献馘。淑问如皋陶,在泮献囚	与皋陶作士有关
《左传》僖公二十七年	春秋中期	《夏书》曰:"赋纳以言,明试以功,车服以庸。"	没提皋陶,但出现在《皋陶谟》中。与《尧典》有交集
《左传》文公五年	春秋中期	臧文仲闻六与蓼灭,曰:"皋陶、庭坚不祀忽诸。德之不建,民之无援,哀哉!"	皋陶之后的封国
《左传》襄公十一年	春秋后期	载书曰:"……或间兹命,司慎、司盟,名山、名川,群神、群祀,先王、先公,七姓、十二国之祖,明神殛之。"	司慎或指皋陶
《论语·颜渊》	春秋末期	子夏曰:"……舜有天下,选于众,举皋陶,不仁者远矣。"	皋陶与舜的关系
上博简《容成氏》	战国	禹有子五人,不以其子为后,见皋陶之贤也,而欲以为后。皋陶乃五让以天下之贤者,遂称疾不出而死	皋陶与禹的关系
《尚书·皋陶谟》	战国	略	略

上文几个节目对清华简《四告》《立政》《皋陶谟》的相互关系、皋陶事迹与言论的记录与流传方式、《皋陶谟》的编纂方式等问题进行了考察,现在此基础上对相关问题简要地作一引申论述。

皋陶的事迹与言论因养老礼而记录于典册,成为世代流传的惇史。在帝王的"正史"中,公卿是配角,但在惇史中,公卿是主角。因此以惇史为主要材料来源的《皋陶谟》,既讲君主之德,也讲公卿之德。

　　皋陶的事迹与言论被当作"徽言""微言",在典礼等场合以为训诫箴告的依据,其背景是源远流长的稽古文化传统。稽古与殷鉴都是华夏古史流传及其体系形成的重要方式,但二者发挥的作用有所区别,大致说来,殷鉴对中国古史的作用偏重结构的建设,稽古偏重材料的保存。①

　　皋陶受到周公祭祀,是因为皋陶虽为异姓,但职司与"官德"有关,具备"司慎"的神格,这表明西周初年国家祭祀原则在血缘之外增加了功德。功德祭祀原则的确立与实行,使得某些原本分属于各个部族的帝王公卿,被逐渐地神化,从而脱离血缘的束缚,进入同一国家祀典之中,华夏古史体系的构建由此开始。

　　皋陶进入国家祀典前后,以皋陶为代表的古史是以"徽言""微言"等形式鲜活生动地储存在个人、家族、部族的记忆之中,具有个体性、地方性、分散性等特点②。哪些人物进入国家祀典,取决于其自身所具有的意义与价值,即 E. H. 卡尔所说的"历史……就是现在与过去之间永无休止的对话"③。这意味着各族圣贤进入古史体系的首要原则,既不是时间顺序,也不是重要程度。

---

　　① 笔者按:以前朝为镜鉴观念的产生可能远在西周初年之前,清华简《尹诰》云:"惟尹既及汤咸有一德,尹念天之败西邑夏,曰:'夏自绝其有民,亦惟厥众,非民亡与守邑,厥辟作怨于民,民复之用离心,我捷灭夏。今后胡不监?'"(清华大学出土文献研究与保护中心编、李学勤主编:《清华大学藏战国竹简(壹)》,中西书局2010年版,第133页)如果材料真实,这应当是最早的"殷鉴"。

　　② 笔者按:以黄帝之后的祝国为例。祝即铸、䰲,赵平安先生说:"大约金文中西周至春秋早期用䰲,春秋早期以后用铸,文献铸祝并用。"目前已知铸国的青铜器,春秋时代的有铸公簠、铸叔簠、铸侯求钟,西周晚期的有䰲姬鬲等。铸国任姓,任姓是黄帝之后。俱见氏著《山东泰安龙门口新出青铜器铭文考释》,《金文释读与文明探索》,上海古籍出版社2011年版。郭沫若先生说:铸国屡有迁徙,已知最早在今山东临沂东南,受鲁压迫,迁到今山东安丘;受杞压迫,又迁到今山东长清、肥城一带;最后被齐灭掉。见氏著《两周金文辞大系图录考释》,《郭沫若全集》考古编第七卷,科学出版社2002年版,第426—427页。

　　③ [英] E. H. 卡尔:《历史是什么?》,陈恒译,商务印书馆2007年版,第115页。

随着华夏民族的不断壮大，时间的逐渐推移，春秋末年战国时代的古史知识越来越丰富，但细节却越来越模糊，与此同时古史的主干与轮廓得以凸显。Robert Jacobs 说："人们倾向于记住记忆编码中的大致要点，同时忘掉精确的细节。此时，人们倾向于用最常发生的或者最普遍的一些特点来'填补'丢失的细节。"[1] 皋陶的主要事迹与言论，《皋陶谟》等文献的主要内容，就是华夏民族"记忆编码中的大致要点"。对此，我们应当予以充分尊重。

附 《皋陶谟》[2]

曰若稽古，皋陶曰：允迪厥德，谟明弼谐。禹曰：俞，如何？皋陶曰：都！慎厥身修思永。惇叙九族，庶明厉翼，迩可远在兹。禹拜昌言曰：俞！

皋陶曰：都！在知人，在安民。禹曰：吁！咸若时，惟帝其难之。知人则哲，能官人；安民则惠，黎民怀之。能哲而惠，何忧乎驩兜？何迁乎有苗？何畏乎巧言令色孔壬？

---

[1] https://theconversation.com/misremembering-might-actually-be-a-sign-your-memory-is-working-optimally-166089。笔者按：该句话的翻译，采纳了苏木弯先生的意见，见 Robert Jacobs《错误的记忆，也是大脑最优的选择》，苏木弯译，《新曲线心理》2022-01-23，13：10。笔者按：对于传说时代古史的基本事实与具体细节的关系，王震中先生用"实"与"虚"的概念与标准来衡量解释，例如所谓三皇，王先生说："将有巢氏、燧人氏、伏羲氏、神农氏的这些传说，用今天我们所掌握的人类学、考古学知识来衡量，亦是有实有虚。'实'是说古人通过他们对远古社会进行推测和描述时，指出了远古某些历史阶段的文化特征和时代特征，在这个意义上看，是含有历史素地的。'虚'是说我们又不能把这些历史的进步视为某一人的发明所为。"再如所谓五帝，王先生说："这里，我将五帝所表现出的先后时代关系称为符合历史实际的'实'，而将其一脉相承祖孙关系的血缘谱系称为不符合历史实际的'虚'。"此外，王先生还具体分析了一些历史事件的虚实问题，为了行文简练，此不赘述。见氏著《古史传说中的"虚"与"实"》，《赵光贤先生百年诞辰纪念文集》，中国社会科学出版社 2010 年版。王先生的看法有道理，可与 Robert Jacobs 的观点互相参照。

[2] 杨筠如：《尚书核诂》，陕西人民出版社 1959 年版，第 30—51 页。

皋陶曰：都！亦行有九德；亦言其人有德，乃言曰，载采采。禹曰：何？皋陶曰：宽而栗，柔而立，愿而恭，乱而敬，扰而毅，直而温，简而廉，刚而塞，强而义，彰厥有常吉哉！日宣三德，夙夜浚明有家；日严祗敬六德，亮采有邦。翕受敷施，九德咸事；俊乂在官，百僚师师；百工惟时，抚于五辰，庶绩其凝。无教逸欲有邦，兢兢业业，一日二日万几。无旷庶官，天工人其代之。天叙有典，勑我五典五惇哉！天秩有礼，自我五礼五庸哉！同寅协恭和衷哉！天命有德，五服五章哉！天讨有罪，五刑五用哉！政事懋哉！懋哉！天聪明，自我民聪明；天明威，自我民明威。达于上下，敬哉，有土！

皋陶曰：朕言惠可厎行。禹曰：俞，乃言厎可绩。皋陶曰：予未有知，思日赞赞襄哉！

帝曰：来，禹！汝亦昌言。禹拜曰：都！帝，予何言？予思日孜孜。皋陶曰：吁！如何？禹曰：洪水滔天，浩浩怀山襄陵，下民昏垫。予乘四载，随山刊木，暨益奏庶鲜食。予决九川距四海，濬畎浍距川；暨稷播，奏庶艰食鲜食。懋迁有无化居，烝民乃粒，万邦作乂。皋陶曰：俞！师汝昌言。

禹曰：都！帝，慎乃在位！帝：俞！禹曰：安汝止，惟几惟康。其弼直，惟动丕应。徯志以昭受上帝，天其申命用休！

帝曰：吁！臣哉，邻哉！邻哉，臣哉！禹曰：俞。帝曰：臣作朕股肱耳目，予欲左右有民，汝翼；予欲宣力四方，汝为；予欲观古人之象，日月星辰山龙华虫作会，宗彝藻火粉米黼黻絺绣以五采，彰施于五色作服，汝明；予欲闻六律五声八音，在治忽，以出纳五言，汝听。予违，汝弼，汝无面从，退有后言。钦四邻！庶顽谗说，若不在时，侯以明之，挞以记之，书用识哉，欲并生哉！工以纳言，时而飏之。格则承之，庸之，否则威之。

禹曰：俞哉！帝，光天之下，至于海隅苍生，万邦黎献，共惟帝臣，惟帝时举。敷纳以言，明庶以功，车服以庸；谁敢不让，敢不敬应！帝不时敷同，日奏，罔功。无若丹朱傲，惟慢游是好，傲虐是作。罔昼夜頟頟，罔水行舟，朋淫于家，用殄厥世。予创若时，娶于涂山，辛壬癸甲；启呱呱而泣，予弗子，惟荒度土功。弼成五服至于五千，州十有二师。外薄四海，咸建五长，各迪有功。苗顽弗即功，帝其念哉！帝曰：迪朕德，时乃功惟叙。

皋陶方祗厥叙，方施象刑，惟明。

夔曰：戛击鸣球搏拊琴瑟以咏。祖考来格，虞宾在位，群后德让；下管鼗鼓，合止柷敔，笙镛以间。鸟兽跄跄，箫韶九成，凤皇来仪。夔曰：於！予击石拊石，百兽率舞，庶尹允谐。

帝庸作歌。曰：勑天之命，惟时惟几！乃歌曰：股肱喜哉！元首起哉！百工熙哉！皋陶拜手稽首飏言曰：念哉！率作兴事。慎乃宪，钦哉！屡省乃成，钦哉！乃赓载歌曰：元首明哉！股肱良哉！庶事康哉！又歌曰：元首丛脞哉！股肱惰哉！万事堕哉！帝拜曰：俞，往，钦哉！

（《〈皋陶谟〉与养老礼》，原题《皋陶与〈皋陶谟〉考论》，《历史研究》2024 年第 5 期）

捌 《高宗肜日》与祭祖礼"殷见"仪节

《高宗肜日》是《尚书·商书》的一篇，记载的是祖己借"高宗肜日，越有雊雉"的变异而"训于王"的史实。经王国维、杨树达等学者的不懈努力，该篇所载史实的一些细节，逐渐得到正确的解读。荦荦大者有：（1）"云高宗肜日者，高宗庙之绎祭也"，高宗即武丁；[①]（2）祖己是武丁之子孝己，受训诫的王是孝己之弟时王祖庚；[②]（3）"丰于昵"即"重本系轻旁支"；[③]（4）《高宗肜日》的性质是记载国家耆宿言行的惇史。[④] 然而，仍然有个别史实模糊不清，需要深入探究，"祖己曰"所涉对象、场合、礼仪等就是其中之一。

[①] 王国维：《高宗肜日说》，《观堂集林》，河北教育出版社2001年版。
[②] 王国维：《高宗肜日说》，《观堂集林》，河北教育出版社2001年版。笔者按：王宇信、杨升南二位先生说："在周祭谱中有祖己，在武丁后、祖庚前受祭，为武丁之子孝己无疑。"（《甲骨学一百年》，社会科学文献出版社1999年版，第440页）这对王国维先生的主张是很大支持。现在学者多认同该说。然而古今学者还另有看法，例如：孔安国认为祖己是"贤臣名"（裴骃集解，《史记》，中华书局1982年版，第103页）；屈万里先生认为"祖庚立时，孝己已死……此祖己未知究为何人"（《尚书今注今译》，新世界出版社2011年版，第52页）。此处予以抄录，以备查核。
[③] 杨树达：《尚书典祀无丰于昵甲文证》，《积微居甲文说》，上海古籍出版社2013年版。
[④] 拙作：《〈逸周书〉新研》，中华书局2013年版，第320—322页；《〈尚书〉新研》，中华书局2021年版，第284—290页。

一 学者对"祖己曰"的解读及存在的问题

"祖己曰"在《高宗肜日》文本中的位置,处于"高宗肜日,越有雊雉"与"(祖己)乃训于王曰"之间,其语境是,"祖己曰:惟先格王,正厥事",一共十个字,大意是,祖己说:先把王叫来,匡正他所做失当的事情。① 前面是引起祖己训诫祖庚的变异事件,后面是祖己训诫祖庚的内容,那么介于二者之间的祖己的这段话,是对谁讲的呢?孔颖达说,"此句未是告王之辞","不知与谁语",② 表达的是古今学者共同的疑惑。

对于这个问题的回答,主要有三种观点。(1)对亲朋讲,郑玄云:"谓其党。"③(2)对王说,王肃云:"言于王。"④(3)自言自语,孔颖达云:"私自言。"⑤ 蔡沉云:"祖己自言。"⑥ 三种观点把各种情景都说到了,但都没有任何凭据,缺乏相应的说服力。最后,刘起釪先生只好说:"祖己在对王说下面那一篇话前,先有此语为史

---

① 笔者按:学者对于这句话中"格"字的解释,较为纷繁,差异很大,此处采用了裘锡圭的观点。裘先生说:"西周铜器铭文中数见'用各(格)百神'……一类话。'各(格)'为使动用法,'格神'意即使神灵来到祭祀之所歆祀。"见氏著《大丰(礼)簋铭新释》,《中华文史论丛》2023 年第 2 期。请读者明鉴。
② 伪孔传、孔颖达疏、杜泽逊主编:《尚书注疏汇校》,中华书局 2018 年版,第 1414 页。
③ 孔颖达疏引,伪孔传、孔颖达疏、杜泽逊主编:《尚书注疏汇校》,中华书局 2018 年版,第 1414 页。
④ 孔颖达疏引,伪孔传、孔颖达疏、杜泽逊主编:《尚书注疏汇校》,中华书局 2018 年版,第 1414 页。笔者按:王肃的主张可能以司马迁为源头,《史记·殷本纪》意译《高宗肜日》云:"王勿忧,先修政事。"(《史记》,中华书局 1982 年版,第 103 页)这是认为"祖己曰"是祖己对时王祖庚的讲话。
⑤ 伪孔传、孔颖达疏、杜泽逊主编:《尚书注疏汇校》,中华书局 2018 年版,第 1414 页。笔者按:孔颖达的主张前后不一,他还说:"祖己曰"是"私言告人"。兼采二说,是骑墙态度。表明这个问题使得学者陷入一种不得不答但又不好回答的窘境。
⑥ 蔡沉撰,王丰先点校:《书集传》,中华书局 2017 年版,第 105 页。

官所记录，不必去寻求是对谁说的。"① 真是无可奈何！

只从"祖己曰：惟先格王，正厥事"的字面上看，祖己讲话的对象是谁，确实较为隐晦，不好回答。但如果将视野放大一些，从整个祭祖礼观察，或许可以找到答案。祖己讲话肯定有对象，如果是自言自语，便消解了记录于册的价值。此其一。其二，对象之外，祖己讲话还应该有一个场合。其三，对象、场合之外，祖己讲话在武丁绎祭典礼仪程中应该有一个位置。将三者综合起来考虑，解决问题的线索似乎逐渐显现出来。

二　肜日、绎祭与旅酬

回答"祖己曰"的对象、场合及其在祭祖礼中的位置，需对"高宗肜日"之"肜"有较为全面而深入的了解。

肜，商代甲骨文作"彡"，有三个层次的意思。首先，是一种祭法，与"羽""劦"两种祭法相连，组成时间长度大约是一年的"周祭"。② 其次，是一个"祀季"，大约是十一旬，在周祭中于羽、劦两个祀季之后举行。③ 最后，"彡日""彡夕"之祭，前者是"卜用王名之日，则祭用王名之日……盖先十日卜后十日之祭也"，后者是"其卜也，必用王名之先一日……亦先十日卜之也"。④ 例如："丁亥卜，贞：王宾仲丁肜日，无咎？"（《合集》35629）这是占卜肜日之祭；

---

① 顾颉刚、刘起釪：《尚书校释译论》，中华书局2005年版，第1001页。
② 陈梦家：《殷虚卜辞综述》，中华书局1988年版，第386页。
③ 常玉芝：《商代周祭制度》，中国社会科学出版社1987年版，第170—175、191页。笔者按：常玉芝先生说："关于五种祀典的祀首，研究周祭问题的学者有几种不同的说法，有董作宾、陈梦家先生的彡为祀首说，有岛邦男先生的'祭'为祀首说，有许进雄先生的翌为祀首说。"见氏著《商代周祭制度》，中国社会科学出版社1987年版，第186页。此处采纳常先生主张。请读者明鉴。
④ 杨树达：《释肜日》，《积微居甲文说》，上海古籍出版社2013年版。

"丙辰卜，贞：王宾仲丁肜夕，无咎?"（《合集》35630）这是占卜肜夕之祭。周祭、祀（彡）季，是当代学者研究商代祭祖典礼之后新设立的概念；彡日、彡夕，则是甲骨卜辞中原有的词语。①

以上是甲骨卜辞显示的商代"肜"的信息，下面再看古今学者对于商周"肜"的解释。《尔雅·释天》云："绎，又祭也。周曰绎，商曰肜，夏曰复胙。祭名。"郭璞注云："祭之明日，寻绎复祭。"② 孙炎云："肜者，相寻不绝之意也。"③ 这是解释字义。《春秋》宣公八年载："辛巳，有事于大庙。仲遂卒于垂。……壬午，犹绎。"《公羊传》云："绎者何？祭之明日也。"④ 这是实际例证。古今学者依据这些记载，以及《仪礼》《礼记》等礼学文献的论述，认为周代天子诸侯等有土之君的祭祀典礼连续举行两天，第一天为直祭，也叫正祭；第二天为绎祭，也叫又祭。⑤

---

① 笔者按：在彡夕、彡日之外，杨树达、岛邦男等学者认为还应有"彡龠"之祭，分别见氏著《积微居读书记》，中华书局1962年版，第18页；《殷墟卜辞研究》（岛邦男著，濮茅左、顾伟良译），上海古籍出版社2006年版，第216页。但常玉芝先生说："'彡龠'之祭……是绝对没有的。"见氏著《商代周祭制度》，中国社会科学出版社1987年版，第188页。此处采纳常先生观点。请读者明鉴。

② 郭璞注、邢昺疏：《尔雅注疏》，阮元校刻：《十三经注疏》，中华书局1980年版，第2609页。

③ 邢昺疏引。郭璞注、邢昺疏：《尔雅注疏》，阮元校刻：《十三经注疏》，中华书局1980年版，第2610、2613页。

④ 何休解诂、徐彦疏：《春秋公羊传注疏》，阮元校刻：《十三经注疏》，中华书局1980年版，第2280页。

⑤ 郑玄《礼记》注，郑玄注，孔颖达疏《礼记正义》，阮元校刻：《十三经注疏》，中华书局1980年版，第1457页。沈文倬《宗周岁时祭考实》，《宗周礼乐文明考论》（增补本），浙江大学出版社2006年版。笔者按：《礼记·郊特牲》"直祭祝于主"，郑玄注："直，正也。祭以熟为正。"沈文倬先生说："对祖祢有二次祭，周人在理论上、在实践上都有根据可稽考，而夏、商则只能存疑待证。"二位学者观点俱见上面出处。学者的认识互有参差，此处是大概言之。再，甲骨卜辞中的肜祭较为复杂，某些细节不得而知，与后世的绎祭的关系不能完全洽合，杨树达先生说："疑周之绎祭虽因于殷之肜，而礼制已有变更，后人以肜、绎为一事者，殆误也。孙炎释肜为'相寻之意'，以甲文核之，亦为未安；肜日是寻昨日之祭，肜夕复何所寻乎？"见氏著《积微居读书记》，中华书局1962年版，第18页。为此，本文对于肜及相关问题，只能大概言之。又，祖庚时期周祭制度可能处于草创阶段，见岛邦男《殷墟卜辞研究》，濮茅左、顾伟良译，上海古籍出版社2006年版，第225页。本文用后世祀谱以说明《高宗肜日》之肜、绎的情况，也是大概言之。请读者明鉴。

两相比较可知,商周两代在"肜"的礼制上有一些差异。杨树达先生说:"殷人肜夕以王名先一日祭,而肜日以王名之日祭,前人所谓祭之明日又祭者,第一祭字盖指肜夕言之,明日又祭则指肜日言之也。以事理言之,先夕之祭盖豫祭,而当日之祭则正祭也。正祭为重而豫祭为轻,则先儒谓初祭为正祭,尊于复祭者,非其实也。"① 杨先生依据甲骨卜辞而得到的关于商代"肜""肜日"的认识,对于纠正学者依据后世礼书而归结的"肜""绎"含义的失当之处,有很大作用,应该成为我们探讨"高宗肜日"之"肜"的前提。

与此同时,我们也应该清醒地认识到,商周礼制的关系,当如孔子所言,是"因"、是"损益"。② 二者之间既有一些差异,也有较多的继承,因此通过后者仍然可以了解"高宗肜日"的一些具体礼仪的细节。

据沈文倬、贾海生等学者的研究,周代大夫以上贵族的直祭、绎祭的场合、内容、性质有所区别。(1)直祭在室内,绎祭在堂上。③(2)直祭的主要节目有三项,"尸入九饭""三献之礼""旅酬"。(3)"绎祭的内容包括两个方面,一则寻绎昨日之祭;二则以宾礼待尸,主要的节目就是旅酬。"④

所谓"以宾礼待尸",就是宾尸礼。这是一项历史悠久的礼节,例如"丁巳卜,即贞:王宾尸,岁,亡咎?"(《合集》22583)再如

---

① 杨树达:《释肜日》,《积微居甲文说》,上海古籍出版社 2013 年版。
② 杨伯峻:《论语译注》,中华书局 1980 年版,第 21—22 页。
③ 笔者按:《礼记·礼器》云:"室事交乎户,堂事交乎阶。"郑玄注:"室事,祭时。堂事,傧尸。"郑玄注,孔颖达疏《礼记正义》,阮元校刻:《十三经注疏》,中华书局 1980 年版,第 1442—1443 页。
④ 沈文倬:《宗周岁时祭考实》,《宗周礼乐文明考论》(增补本),浙江大学出版社 2006 年版。贾海生:《祝嘏、铭文与颂歌》,《周代礼乐文明实证》,中华书局 2010 年版。

捌 《高宗肜日》与祭祖礼"殷见"仪节

今本《逸周书·大匡第十一》的"祈而不宾祭"。① 何休《公羊传》宣公八年注云:"天子诸侯曰绎,大夫曰宾尸,士曰宴尸,去事之杀也。"② 所谓"旅酬",就是宾尸仪节结束后主客之间相互敬酒祝福的仪节,无算爵,无算乐。《礼记·中庸》云:"旅酬下为上,所以逮贱也。"③《诗经·小雅·楚茨》云:"钟鼓送尸,神保聿归。诸宰君妇,废彻不迟。诸父兄弟,备言燕私。乐具入奏,以绥后禄。尔肴既将,莫怨具庆。既醉既饱,小大稽首:'神嗜饮食,使君寿考。孔惠孔时,维其尽之。子子孙孙,勿替引之。'"④ 郑玄笺云:"祭祀毕,归(馈)宾客豆俎,同姓则留与之燕,所以尊宾客、亲骨肉也。"⑤ 描写的可能是大夫级别贵族于宾尸仪节之后进行旅酬仪节的情景。旅酬也是一项历史悠久的礼节,例如"囗囗卜,㱿贞,我其巳宾乍,帝降若?囗囗[卜],㱿贞,我勿巳宾乍,帝降不若?"(《合集》6498)其中的"巳宾乍",唐钰明先生认为是巳【祀】、宾、乍【酢】三项先后连续举行的祭祀典礼的仪节;所谓"酢",就是《顾命》中"大保受同,降,盥,以异同秉璋以酢"之"酢",⑥ 杨筠如先生注云:"以异同自酢者,不敢袭尊者之爵,古敌者之礼,皆主人献宾,宾酬主人,惟献尊者乃酌以自酢。"⑦ 酢,也叫酬酢,与旅酬同义,而且在祭祀典礼仪程中所处位置,即

---

① 朱右曾:《逸周书集训校释》,宋志英、晁岳佩选编:《〈逸周书〉研究文献辑刊》(第八册),国家图书馆出版社 2015 年版,第 48 页。
② 何休解诂、徐彦疏:《春秋公羊传注疏》,阮元校刻:《十三经注疏》,中华书局 1980 年版,第 2280 页。
③ 王文锦:《礼记译解》,中华书局 2001 年版,第 783 页。
④ 程俊英、蒋见元:《诗经注析》,中华书局 1991 年版,第 661—662 页。
⑤ 毛亨传、郑玄笺、孔颖达疏:《毛诗正义》,阮元校刻:《十三经注疏》,中华书局 1980 年版,第 469 页。
⑥ 唐钰明:《卜辞"我其巳宾乍帝降若"解》,《著名中年语言学家自选集·唐钰明卷》,安徽教育出版社 2002 年版。
⑦ 杨筠如:《尚书核诂》,陕西人民出版社 1959 年版,第 288 页。

· 189 ·

"祀"——祭祀，与"宾"——甲骨卜辞中常见的"王宾"或上举辞例中的"宾尸"——之后，也与旅酬相同。

由此，笔者认为："祖己曰"的对象是参加武丁绎祭的宗亲及助祭的宾朋，时机是绎祭宾尸仪节之后、旅酬仪节之前。因为宾尸仪节的各项仪注环环相扣，庄严肃穆，不容打断，而在亲友相见的旅酬仪节的开始阶段讲话，才最为恰当。"祖己曰：惟先格王"的"先"字，暗含了暂缓旅酬、先把话说出、把事办了的意思。

当然，这个认识还是初步的，因为用以参考的资料，要么是西周时代的，而且所载细节较为详尽的礼制是卿大夫级别的，要么虽是商末的，但文字较为简略，详情不得而知。因此我们有必要以此为起点，沿着商周礼制发展演变的脉络，于追溯旅酬仪节源头的同时，揭示旅酬仪节的真正内核。

三 旅酬与殷见

旅酬是商周时代祭祀典礼中的一项仪节，其内核应是商周青铜器铭文记载的祭祀典礼中的"殷见"仪注。

商周时代的"殷见"有两个层次。一是单独举行、意义自足的一项礼制，即王或受命公卿代表王朝见诸侯方国，简称殷国。今本《逸周书·职方》云："王将巡狩，则戒于四方曰：各修平乃守，考乃职事，无敢不敬戒，国有大刑。及王者之所行道，率其属而巡戒命。王殷国亦如之。"[1] 即是指此。实际例证如西周早期的大保玉戈："六月丙寅，王在丰，命太保省南国，帅汉，遂殷南。"（《铭图》35·19764）二是祭祀典礼之旅酬仪节中的一项仪注。由

---

[1] 朱右曾：《逸周书集训校释》，宋志英、晁岳佩选编：《〈逸周书〉研究文献辑刊》（第八册），国家图书馆出版社2015年版，第219—220页。

捌 《高宗肜日》与祭祖礼"殷见"仪节

于殷见仪注是旅酬仪节的内核，决定了旅酬仪节的性质，所以在商周青铜器铭文中，旅酬有时也称殷见。请看下面的几个例证。

（1）叔夨方鼎：惟十又四月，王彭大礿夆，在成周。咸夆，王呼殷厥士。侪叔夨以佫衣、车马、贝卅朋。敢对王休，用作宝尊彝，其万年扬王光厥士。（西周早期，《新收殷周青铜器铭文暨器影汇编》915）

叔夨即晋国的始封之君叔虞。彭、礿、夆的具体含义学者之间存在认识分歧，但大致可以判断应是祭礼中的三项先后连续的祭祀仪节。士，官员总称，包括了公卿、大夫、士。殷，即殷见，聚合朝见。① 铭文的大意是，周王于成周举行盛大祭祀典礼，在完成了彭、礿、夆的仪节之后，又进行了殷见各级官员的仪节。在殷见仪节之中，叔虞受到周王赏赐，因而作器以纪荣宠。大家请注意，其中的殷见仪节，在仪程中的位置，与旅酬相当。旅，训众，殷也有众的义项。朝见而酬酢、赏赐，事情相互关联，仪程前后相继，因此这里的殷见与旅酬可以视作一件事情。

（2）二祀邲其卣：丙辰，王令邲其貺，殷于夆，田【甸】昜宾贝五朋。在正月。遘于妣丙肜日大乙奭。惟王二祀，即钺于上下帝。（殷，《集成》10.5412）②

---

① 李学勤：《叔虞方鼎试证》，《中国古代文明研究》，华东师范大学出版社2005年版。李学勤：《谈叔夨方鼎及其他》，《中国古代文明研究》，华东师范大学出版社2005年版。

② 笔者按：此处对于二祀邲其卣铭文的隶定，主要采用了李学勤先生的观点，见氏著《邲其三卣与有关问题》，《全国商史学术讨论会论文集》，《殷都学刊》增刊，1985年。请读者明鉴。

· 191 ·

其中的"在正月""惟王二祀"是纪月纪年，这是史实的背景。大家请注意如下几点，第一，绎祭大乙配偶妣丙，与甲骨卜辞"癸酉卜，贞，王宾仲丁奭妣癸肜日，无咎？"（《合集》36233），语序稍异，文例相同。"丙辰"与"妣丙"都在丙日，这与甲骨卜辞所载绎祭之日与受祭对象日名相同的惯例完全符合。第二，丙辰日邲其受王命在夆地举行殷见典礼，在典礼之上进行了赒赐，这与叔矢方鼎所载祭祀典礼之殷见仪节中有赏赐仪注完全符合。第三，"殷"字是宽式隶定，原字"结构奇诡，但其下部从殷"，"此字当从'殷'声，即读为'殷'"。① 殷，就是殷见。第四，连接殷见与"妣丙肜日""礿于上下帝"两项仪节的是"遘"。这个字见于甲骨卜辞，如"【甲】辰卜，即贞：翌乙【巳】劦于祖乙，其遘又【彡岁】羌十，卯五宰"（《合集》22554）；也见于青铜器铭文，如楷伯簋（西周早期，《集成》8.4205）的"楷伯于遘王"，螨鼎（西周中期，《集成》5.2765）的"螨来遘于妊氏"。遘有偶然相会、巧合遇见的意思，如甲骨卜辞"辛□卜，出贞：□见其遘雨？克卒"（《合集》24878）。也有卑者或下级刻意主动地与尊者或上级配合、遇合的意思，上举甲骨卜辞中"遘"连接两项祭祀仪节，而在类似的甲骨卜辞文例中则不用"遘"连接，如"甲午卜，行贞：王宾🐂甲，彡伐羌三，卯牢，亡咎？"（《合集》22569）这说明"遘"前后的两个仪节是连续的。两例西周青铜器铭文中的"遘"，无论从事件的情势看，还是从"于""来"的语境看，人物之间有较为明显的主从关系，肯定不是偶遇，而一定是诸侯、臣仆按照礼制规定或自己意愿主动地朝见或迎合周王、主人。以此观照二祀邲其卣，可知其中由"遘"连接的"殷""妣丙肜日""礿于上下帝"是三项紧密相联而

---

① 李学勤：《邲其三卣与有关问题》，《全国商史学术讨论会论文集》，《殷都学刊》增刊，1985年。

且前者分别从属于后二者的仪节,都是这场盛大祭祀典礼的有机组成部分。① 之所以在叙述次序上,殷见在前而"妣丙肜日""礿于上下帝"在后,是着眼点不同而造成的结果,无可厚非。第五,"妣丙肜日"举行于妣丙的庙堂,殷见举行于夆,"礿于上下帝"的场所不明朗。作为一场祭祀典礼的三个地点,肯定有一定的空间距离。李学勤先生说:"二祀邲其卣所记是商王帝辛在夆地举行的会同之礼。礼行于境外,应即所谓'殷国'。"② 从"礿于上下帝"角度看,可以得出这样的结论,而从"妣丙肜日"角度看,这个"殷"则未必是会同、殷国,而很可能具有同一祖先子孙团聚即一般意义上的殷见的性质。但无论如何,二祀邲其卣所载绎祭的宾尸仪节与殷见仪节举行于两处,是确定无疑的。这是常例,还是变例,据现有材料还不好确定。但笔者推测,王的绎祭典礼,规格高,场面大,物质基础雄厚,参与人员众多,非卿大夫可比,在一场祭祀典礼的绎祭之中于两处分别举行宾尸与殷见的仪节,应该是经常性的事情。至于举行宾尸与殷见的两个场所的空间距离,则可远可近,当然也可以在同一场域、同一地点,这要视具体情况而定了。

绎祭的宾尸仪节之后有殷见,殷见仪节之上有觊赐,觊赐的对象或是"士"即官员,或是"田(甸)"即诸侯,在士上卣(西周早期,《集成》15.9454)中还有"百姓",即众多大家族之长。那么这些殷见在祭礼仪程中的位置与旅酬相当,性质自然相同。"祖己曰"发生于祭祖典礼之绎祭的旅酬或殷见仪节开始之时,于情于理,

---

① 笔者按:于省吾先生说:"正因为鬼神降临就飨,所以主祭者才能够与之相遇。这就是甲骨文于祭祀言遘而遘训遇的由来。"见氏著《甲骨文字释林》,中华书局2009年版,第201页。商周祭祀典礼之宾尸仪节中的"尸",已经是受祭者的代表,是否还有"鬼神降临就飨"的事情,颇值得怀疑。于先生是用后世的鬼神观念解释商周祭礼,可能不妥当,因此其主张本文不予采纳。

② 李学勤:《邲其三卣与有关问题》,《全国商史学术讨论会论文集》,《殷都学刊》增刊,1985年。

都说得通。

再者，二祀邲其卣所载宾尸与殷见两项仪节，有一定的空间距离，而且殷见是邲其受王命行事，王未必亲临现场。这提示我们，"祖己曰：惟先格王"之"格王"，即把时王祖庚叫来，显示的正是，或绎祭典礼中宾尸与殷见仪节举行于两处，或王没有亲临殷见现场的情形。

四 殷见仪节的意义

上文对于商周祭礼之旅酬或殷见仪节的考察，回答了"祖己曰"的对象、场合及其在祭礼仪程中的位置等问题，落实了"惟先格王"之"先"与"格王"的具体情境。下面在此基础上，对"祖己曰：惟先格王"之后的"正厥事"所体现的殷见仪节的性质与意义作一阐发。

绎祭典礼的旅酬或殷见仪节，是同一祖先的子孙在神尸面前的团聚，目的是敦睦亲族成员之间的情谊。商周祭礼之殷见仪节中的具体仪注或有一些区别，但这一精神实质一脉相承。《礼记·礼器》云："三代之礼一也，民共由之，或素或青，夏造殷因。周坐尸，诏侑武方，其礼亦然，其道一也。夏立尸而卒祭，殷坐尸。周旅酬六尸。"这段话有两点值得注意，一是两次出现的"一也"，讲的是三代礼制的继承性；二是"周旅酬六尸"，重点说明周代绎祭的特殊性。之所以"周旅酬六尸"，是因为"天子七庙，周天子在太庙举行合祭的时候，除了有装扮太祖的尸之外，还另立六尸分别代表父以上六位先王的神灵，在受祭后，自上而下的举酒酬送"[①]。这是周

---

① 王文锦：《礼记译解》，中华书局2001年版，第322页。

王的绎祭典礼，相比于上文所举《楚茨》记载的大夫级别贵族的绎祭典礼，规格与场面当然要盛大得多。

商王的绎祭典礼，与周王相比，对象的选择范围有时可能较为宽泛，例如甲骨卜辞"癸未王卜，贞：肜歺日，自上甲至于多毓，衣【卒】亡虍自畎。在四月，惟王二祀"（《合集》37836）。由此而涉及的后代子孙当然也较为繁多，据朱凤瀚先生研究，殷商"每一代王世生称'子某'者，一般情况下皆可以有四代人，自、宾组王卜辞中所见生称的'子某'，多数属于武丁时期，极少数属于祖庚时期。在武丁之父辈中有四人先后为王，祖辈、曾祖辈皆各有两人先后为王，而且当时王多配偶，武丁王卜辞中出现一百一十余名'子某'，当然是可能的"①。由此可以想见，高宗肜日的殷见仪节之中，众多武丁子孙济济一堂、觥筹交错、互相祝福的盛况。

子孙众多，场面宏大，是"旅"，是"殷"。除此之外，也有一些殷见仪节可能只是针对某一特定对象而举行，例如西周中期的丰卣："唯六月既生霸乙卯，王在成周，令丰殷大矩。大矩赐丰金贝。"（《集成》10.5403）其中的"大矩"，有的学者认为是两个人，断读为"大、矩"。但无论如何，丰受王命而殷见的对象只是一两个人，则定无可疑。在有些青铜器铭文中，"殷"被替换为"宁"，例如西周早期的孟爵："唯王初奉于成周，王令孟宁邓伯，宾贝。"（《集成》14.9104）所谓"宁"，即"上下相存问"。②邓国是嫚姓，邓伯可能是前来成周助祭。先是祭礼，后是存问，"宁"的作用与殷见相同，而二字的互换，说明"殷"的含义与"宁"相通。③

---

① 朱凤瀚：《商周家族形态研究》（增订本），天津古籍出版社2004年版，第50页。
② 王国维：《〈洛诰〉解》，《观堂集林》，河北教育出版社2001年版。
③ 笔者按：于省吾先生说："甲骨文殷字从身从殳，象人患腹疾用按摩器以治疗之。"见氏著《甲骨文字释林》，中华书局2009年版，第343—345页。殷的上下存问的含义即由此而来。

因为上下相存问而称"宁",因为参加旅酬的人员众多、场面盛大而称"殷",绎祭典礼中殷见仪节的双重意义完全呈现。"祖己曰:惟先格王,正厥事"之"正厥事",即匡正王所做失当的事情,符合殷见的性质与意义。祖己所讲"正厥事",就是下文对于时王祖庚的训诫,落脚点是"典祀无丰于昵",即对于祖先的祭祀不要重本系轻旁支。这是一个适合在亲族成员之间讨论的问题,也是一个适合在祭祖典礼之上讨论的问题,更是一个适合在绎祭典礼之殷见仪节开始时讨论的问题。

五 《高宗肜日》文本与"殷见"仪节关系的还原

总而言之,"祖己曰:惟先格王,正厥事"的大意是:祖己说,先把王叫来,匡正王所做失当的事情。祖己的讲话对象是参加高宗武丁绎祭典礼的宗亲及助祭的宾朋,场合是高宗武丁绎祭典礼的旅酬或殷见仪节之上,时机是旅酬或殷见仪节的开始阶段;讨论的问题,即"典祀无丰于昵"等,符合旅酬或殷见仪节的亲族成员之间上下存问、敦睦情谊的性质与意义。

《高宗肜日》的文本与高宗武丁绎祭典礼之旅酬或殷见礼节情境的关系,可以大致推演还原如下(补充内容用现代汉语表达):

高宗肜日,(宾尸礼仪进行过程中)越有雊雉。(宾尸礼仪结束,旅酬或殷见礼节开始之时)祖己(就着"雊雉"的变异的由头,对参加旅酬或殷见仪节的宗亲及助祭的宾朋)曰:"惟先格王,正厥事。"(祖庚来到旅酬或殷见礼仪现场。祖己)乃训于王曰:"惟天监下民,典厥义。降年有永有不永,非天夭民,民中绝命;民有不若德,不听罪。天既孚命,正厥德。乃曰其如台?呜呼!王司敬民,罔非天胤。典祀无丰于昵。"

附 《高宗肜日》[①]

高宗肜日，越有雊雉。祖己曰：惟先格王，正厥事。

乃训于王曰：惟天监下民，典厥义。降年有永有不永，非天夭民，民中绝命；民有不若德，不听罪。天既孚命，正厥德，乃曰其如台？呜呼！王司敬民，罔非天胤。典祀无丰于昵。

（《〈高宗肜日〉与祭祖礼"殷见"仪节》，第九届中国经学国际研讨会暨第四届礼学国际学术研讨会，杭州，2023 年 11 月。复旦大学出土文献与古文字研究中心网站 2024 年 8 月 5 日）

[①] 杨筠如：《尚书核诂》，陕西人民出版社 1959 年版，第 118—120 页。

玖 《克殷》与祭社礼"降神"仪节

《克殷》是今本《逸周书》的第三十六篇，记载了武王伐纣——牧野决战、祭社、告天、立武庚、置三监、班师等——过程。本文即将考释的"叔振奏拜假"一句话，出现在武王举行的祭社告天典礼的开始阶段。为了便于讨论，现将典礼全文抄录于下：

> 及期，百夫荷素质之旗于王前。叔振奏拜假，又陈常车。周公把大钺，召公把小钺，以夹王。散宜生、泰颠、闳夭皆执轻吕，以奏王。王入，即位于社，太卒之左，群臣毕从。毛叔郑奉明水，卫叔封傅礼，召公奭赞采，师尚父牵牲。尹逸策曰："殷末孙受，德迷先成汤之明，侮灭神祇不祀，昏暴商邑百姓，其章显闻于昊天上帝。"武王再拜稽首，膺受大命，革殷，受天明命。武王又再拜稽首，乃出。①

叔振，即叔振铎，武王之弟，成王之叔，后来受封于曹，因此

---

① 朱右曾：《逸周书集训校释》，商务印书馆1940年版，第52—53页。笔者按："叔振奏拜假，又陈常车"，《史记》作"武王弟叔振铎奉陈常车"；"即位于社"，《史记》作"立于社南"；"太卒之左，群臣毕从"，《史记》作"大卒之左右毕从"；"武王再拜稽首，膺受大命，革殷，受天明命"，《史记》作"于是武王再拜稽首曰：'膺更大命，革殷，受天明命。'"见百衲本《史记·周本纪》，商务印书馆1958年版，第69页。通过二者的对比，可以使我们对于武王祭社告天的典礼过程有更为细致的了解。

后世也称之为曹叔振铎。在这场隆重的典礼中，曹叔振铎的职事有两项，即奏拜假、陈常车。陈常车，就是陈列威仪车辆①，学者没有异议，但奏拜假的含义，学者之间存在较大的认识分歧：（1）潘振认为，"奏，白也。假与格同。白王拜格神祇"②。（2）朱右曾认为，"奏，进。假，嘉也。进白于王，言将拜受天之嘉命也"③。（3）麻爱民先生认为，"'假'当是'贺'之借字"，"'奏，进也'，'拜贺'即拜而贺之"，"就是康【曹】叔振铎进前拜贺胜利的意思"。④（4）黄怀信先生认为，"'奏'进也。'假'用同'嘏'，大福"，意思是"王弟振铎进前拜王大福"。⑤ 除这四家之外，还有一些学者也进行了解释，但相对而言，较为笼统含混，因此不再列举。⑥

　　这些学者的解释，都有一定的训诂学依据，例如《尚书·西伯戡黎》中的"格人元龟"⑦，《史记·殷本纪》引作"假人元龟"⑧。这证明假与格可以相互通假。再如《诗经·商颂·玄鸟》中的"四海来假"⑨，《大雅·下武》类似的意思而作"四方来贺"⑩。《仪礼·觐礼》"予一人嘉之"，郑玄注"今文……嘉作贺"⑪。这证明

---

① 笔者按：孔晁说："常车，威仪车也。"但丁宗洛却说："《周礼》春官司常。《释名》云：'车载曰常，长丈六尺，车上所持也。'八尺曰寻，倍寻曰常，故曰常。观此可见威仪之注未确。"二者观点俱见黄怀信等《逸周书汇校集注》，上海古籍出版社2007年版，第350页。笔者认为，丁氏解释的重点是"常"字，与孔晁的解释并不矛盾。
② 黄怀信等：《逸周书汇校集注》，上海古籍出版社2007年版，第350页。
③ 朱右曾：《逸周书集训校释》，商务印书馆1940年版，第52页。
④ 麻爱民：《〈逸周书〉新读一则》，《文献》2009年第2期。
⑤ 黄怀信：《逸周书校补注译》（修订本），三秦出版社2006年版，第168、169页。
⑥ 例如：孔晁认为，"群臣诸侯应подъ假者，则曹叔振奏也"。陈逢衡认为，"奏拜假者，赞相其礼也"。俱见黄怀信等《逸周书汇校集注》，上海古籍出版社2007年版，第350页。
⑦ 杨筠如：《尚书核诂》，陕西人民出版社1959年版，第122页。
⑧ 司马迁：《史记》，中华书局1982年版，第107页。
⑨ 程俊英、蒋见元：《诗经注析》，中华书局1991年版，第1030页。
⑩ 程俊英、蒋见元：《诗经注析》，中华书局1991年版，第793页。
⑪ 郑玄注、贾公彦疏：《仪礼注疏》，阮元校刻：《十三经注疏》，中华书局1980年版，第1089页。

假、嘉、贺可以相互通假。又如《诗经·商颂·烈祖》中的"鬷假无言，时靡有争"①，《左传》昭公二十年引作"鬷嘏无言，时靡有争"②。这证明假与嘏可以相互通假。这些解释存在较大分歧，但都言之凿凿，因此给读者造成无所适从的窘况。

笔者认为，以上解释局限于文字训诂，没有与下文所载武王举行的祭社告天典礼结合起来。为此，本文尝试着从考察商周时代的社祭典礼及其程序入手，结合传世文献对于祭礼内容的记载，对"叔振奏拜假"重新进行解释。

一　商周社祭典礼及其程序

"叔振奏拜假"，在武王祭社典礼中无疑居于开始的位置，之后才是典礼的主体内容。主体内容大约由三个仪节组成，一是武王在群臣的簇拥护卫之下"即位于社"；二是布置整理祭器、向神灵献祭牺牲；三是由史官向天神控告商王纣的罪恶。像这样的在社祭场所祭祀社神，与此同时也祭祀天神的情况，看似驳杂或矛盾，但确是商周祭社典礼中的一个类型。为了准确理解这一类型在商周时代社祭典礼中的位置，此处不妨将相关材料的选择范围稍微放宽一些，以见其原始宗教的文化背景。③

（1）癸巳卜，禦于土【社】。　　　　（《合集》32012）
（2）癸卯，贞：甲辰燎于土【社】大牢。　（《屯》726）

---

① 程俊英、蒋见元：《诗经注析》，中华书局1991年版，第1027页。
② 杨伯峻：《春秋左传注》，中华书局1990年版，第1419页。
③ 笔者按：商代的社，无屋有垣，有内外之别，例如：内土【社】，外土【社】。（《安明》2331）这当是《克殷》所载武王祭社时"王入""乃出"的现实基础与文化背景。

·200·

玖　《克殷》与祭社礼"降神"仪节

(3) 贞：王告【祰】土【社】。　　　（《合集》34184）

(4) 壬午卜，燎土【社】，延巫帝。　（《合集》21075）

例（1）、（2）、（3）中的禦、燎、告【祰】是三种不同祭祀方法。禦，祓除不祥之祭。① 燎，燔柴而祭。② 告【祰】，或是向社神诉告之祭。③ 这三例是笔者从众多社祭甲骨卜辞中选择的有代表性的辞例，足以窥见商代后期商人祭祀社神的一般情况。

例（4）是一条记载分别用燎祭之法与巫祭之法连续祭祀社神与天神的卜辞。其中的延字，泐患不清，胡厚宣先生以□标示④，陈梦家先生隶作征⑤，姚孝遂先生隶作延⑥。此处采纳后者的观点。征或延，金文作徣（虢伯捏簋，西周中期，《集成》8.4169）。杨树达先生认为，该字相当于《春秋》经传中的"遂"，用于"两事之间"，表示两件事情前后相继的关系。⑦ 那么燎土【社】与巫帝就是连续进行的祭祀活动，这正可与《克殷》记载的武王一方面祭祀社神，另一方面向天神报告并接受天命的情形相互印证。⑧

不唯如此，商末周初还有将社神与祖神合并在一起进行祭祀的现象。例如：

---

① 徐中舒：《甲骨文字典》，四川辞书出版社 1989 年版，第 167 页。
② 徐中舒：《甲骨文字典》，四川辞书出版社 1989 年版，第 1110 页。
③ 笔者按：徐中舒先生说："甲骨文告、舌、言均象仰置之铃，下象铃身，上象铃舌，本以突出铃舌会意为舌。古代酋人讲话之先，必摇动木铎以聚众，然后将铎倒置始发言，故告、舌、言实同出一源。卜辞中每多通用，后渐分化，各专一义。"见氏著《甲骨文字典》，四川辞书出版社 1989 年版，第 85—86 页。
④ 胡厚宣：《甲骨文合集释文》，中国社会科学出版社 1999 年版，第 1049 页。笔者按：帝字之后，《甲骨文合集释文》有一个"乎"字。
⑤ 陈梦家：《殷虚卜辞综述》，科学出版社 1956 年版，第 577 页。
⑥ 姚孝遂等：《殷墟甲骨刻辞类纂》，中华书局 1989 年版，第 463 页。
⑦ 杨树达：《虢白捏簋再跋》，《积微居金文说》，上海古籍出版社 2013 年版。
⑧ 笔者按：《礼记·中庸》说："郊社之礼，所以事上帝也。"（王文锦：《礼记译解》，中华书局 2001 年版，第 783 页）讲的也是这种社与天合祭的情况。

（5）癸卯卜，贞：酚，桒，乙巳自上甲二十示一牛、二示羊、土【社】燎牢、四戈彘、四戈豭。　　（《合集》34120）

（6）乙卯，武王乃以庶国祀馘于周庙，"翼予冲子……"断牛六，断羊二。庶国乃竟，告于周庙曰："古朕闻文考，修商人典……"以斩纣身，告于天子【于】稷。用小牲羊犬豕于百神水土，于誓社曰："维予冲子，绥文考至于冲子……"①

例（5）中的"上甲二十示""二示"，是以上甲为代表的二十多位先祖之神；土【社】，即社神；戈，某种地域之称②，四戈，或是四方，与社并列，即《诗经·小雅·甫田》中"以我齐明，与我牺羊，以社以方"的方。③ 这是对祖神与社（方）神的联祭。例（6）引自今本《逸周书》中的《世俘》。《世俘》是一篇可靠的西周文献④，节选的这段记载了武王伐纣胜利后回到镐京于四月乙卯日举行的盟誓典礼⑤，献祭对象有天神、祖神、社神等。该段引文对于地点的交代不是很清楚，但可以断定的是，武王对于天、祖、社的祭祀是在同一时间同一场域举行，那么这也是一次联祭。由此说明，天、祖、社联祭，是商人周人共同拥有的原始宗教文化传统。

以上六条材料，勾画了商周之际关于社祭的大致概况，在证明《克殷》所载武王祭社告天典礼真实性的同时，也为进一步探讨

---

① 朱右曾：《逸周书集训校释》，商务印书馆1940年版；李学勤：《〈世俘〉篇研究》，《古文献丛论》，中国人民大学出版社2010年版。
② 徐中舒：《甲骨文字典》，四川辞书出版社1989年版，第1357页。
③ 程俊英、蒋见元：《诗经注析》，中华书局1991年版，第670页。
④ 顾颉刚：《〈逸周书·世俘篇〉校注、写定与评论》，《文史》第二辑，中华书局1963年版。
⑤ 拙作：《〈世俘〉与武王献俘盟誓典礼》，《古代文明》2022年第3期。

"叔振奏拜假"在这场盛大典礼中所处的位置与发挥的作用奠定了基础。

大家请注意,上举例(5)所载对于祖、社、戈【方】进行祭祀之前,有两个仪式,酚与桒。首先看酚。为了更加全面地说明"酚"的情况,在此再增添一个类似的辞例:

(7)□【寅】米,酚,伐于土【社】。 (《合集》34188)

二例中的酚,是一种祭祀方法,就是传世文献中的祼(灌)祭,朱凤瀚先生说:"酚祭的形式是倾撒酒液,其音亦与酒同;酚祭往往是其它祭仪进行之前,先要举行的一个必要的仪式,一种先导;酚祭这种形式本身虽不含贡献祭品过程,但酚祭后一般皆连带着进行用某种方法杀牲、献牲或贡献其它祭品的仪式。"所谓先导,其实质就是祭祀神灵之前的降神仪式。①

其次看桒。在卜辞中桒一般是"有所祈匄之祭",但也有祭礼先导的用法,徐中舒先生说:"盖桒音本与贝相近,后以其读音不显,遂加贝为声符以明之。贝拜古并在祭部故得通假,故卜辞及铜器铭文中桒皆有祈匄之意,后世更从手而为捧(拜)。"② 其实不待后世,例(5)中的桒就可以直接隶定为拜,因为它是捧【拜】的源头③。作为酚之后、燎之前的行为,例(5)中的拜,意思应该是拜请祖、社、戈【方】神

---

① 朱凤瀚:《论酚祭》,《古文字研究》第二十四辑,中华书局2002年版。笔者按:桒字有繁简之别,姚孝遂、胡厚宣、孟蓬生等先生或隶定为奏,或隶定为求。综合参见孟蓬生先生的《释"桒"》,《古文字研究》第二十五辑,中华书局2004年版。这个字如何隶定,还有待于时间检验,本文暂从徐中舒先生说。但无论是拜、奏、求,对于本文的论证都没有妨碍。是奏,则证明了"奏拜假"之奏;是求,求神必然有拜手稽首的仪式,与拜并不矛盾。

② 徐中舒:《甲骨文字典》,四川辞书出版社1989年版,第1174页。

③ 笔者按:桒是拜之义,还可以举出一些辞例,如:(1)……卜,桒、祝、册……毓祖丁惟牡。(《屯》2459)。(2)辛丑卜,乙巳桒昜日。(《怀》1575)。

· 203 ·

灵降临。①

祼是倾撒酒液以降神的仪式，眚是拜手稽首以降神的仪式，这提示我们，在武王祭社告天之前进行的"叔振奏拜假"，也应该具有典礼先导，即降神仪式的性质。学者说，"叔振奏拜假"是叔振走向近前，或告武王拜天嘉命，或向武王拜贺，或向武王拜福。这都是祭社告天之后才做的事情，明显与其降神拜神仪式的先导性质相违背，因而不可能正确。

二 商周祭礼的降神仪式

甲骨卜辞对于祭礼的记载词简意略，决定了它可以提供社祭典礼程序的证明，却不能描摹社祭典礼的具体情景。此其一。其二，商人的日常社祭典礼与武王改朝换代的社祭典礼在内容上必然有较大不同，这就使得各自降神仪式也必然有所不同。这两点要求我们在充分借鉴甲骨卜辞的同时，还应向传世文献中寻找可以与之相互参证的关于祭祀典礼仪式的材料。《诗经·商颂·那》云：

> 猗与那与！置我鞉鼓。奏鼓简简，衎我烈祖。汤孙奏假，绥我思成。鞉鼓渊渊，嘒嘒管声。既和且平，依我磬声。於赫汤孙！穆穆厥声。庸鼓有斁，万舞有奕。我有嘉客，亦不夷怿。自古在昔，先民有作。温恭朝夕，执事有恪。顾予烝尝，汤孙之将。②

---

① 笔者按：类似的例证还有：（1）甲申卜，贞：祼、眚，自上甲十示又二牛，小示汎羊。兹用。（《合集》34115）（2）叔矢方鼎：唯十又四月，王祼、大禘、眚在成周。咸眚。王呼殷厥士，爵叔矢以裘衣、车马、贝卅朋。（西周早期，钟柏生等编：《新收殷周青铜器铭文暨器影汇编》915，台北：艺文印书馆2006年版）在其他一些卜辞中眚的后面有名词，组成动宾结构，如：戊午卜，宾贞：祼、眚年于岳、河、夔。《合集》10076。这里的眚显然是祈匄祭法，与拜请神灵降临的礼仪有所不同。

② 程俊英、蒋见元：《诗经注析》，中华书局1991年版，第1024页。

玖 《克殷》与祭社礼"降神"仪节

这是一首宋国的祭祖乐歌,《国语·鲁语下》云:"昔正考父校商之名《颂》十二篇于周太师,以《那》为首"①,就是指这首诗。《那》的时代有西周中期与春秋早期两种说法②,但无论哪种说法,都承认其渊源有自,反映了商周时代的宗教文化传统。上节已经证明,商周时代有将天、社、祖联祭的现象,所以《那》虽是祭祖乐歌,也可以成为社祭典礼仪式的借鉴。

这首祭祖乐歌记载的典礼仪节主要有四项:(1)奏鼓以降神;(2)表演乐(鼓、管、镛)与舞(万)以悦神;(3)客人助祭;(4)主人主祭。其中的"奏鼓简简,衎我烈祖。汤孙奏假,绥我思成"就是降神的仪式。衎,乐、使……喜乐。奏,奏乐、演奏。假,通徦;在传世文献中假也可由"格"替代,而格通徦;假与格、徦与徦,是至、来之义。③ 所谓"奏假",就是奏乐降神、神悦而至的

---

① 上海师范大学古籍整理研究所校点:《国语》,上海古籍出版社1988年版,第216页。
② 程俊英、蒋见元:《诗经注析》,中华书局1991年版,第1023—1026页。
③ 笔者按:对于《那》等诗书篇章中假、格的解释,历代学者多有分歧,本文采纳的是马瑞辰的观点。马瑞辰说:"'汤孙奏假',《传》:'假,大也。'《笺》:'假,升也。汤孙太甲又奏升堂之乐,弦歌之。'《释文》:'假,毛古雅反。郑作格,升也。'瑞辰按:假与格一声之转,故通用。假者,徦之假借;格者,徦之假借。《尔雅·释诂》:'格,至也。'《释言》:'格,来也。'《方言》:'假、徦,至也。邠、唐、冀、兖之间曰假,或曰徦。'郭《注》:'假音驾。徦,古格字。'据《说文》'徦,至也,从彳,叚声',知《方言》假当作徦。《广雅·释诂》:'假,至也。'假亦徦之省借。假又为嘏之假借,音古,故与祖为韵。格字转上声亦音古,故通用。至与致义相成,凡神人来至曰假,祭者上致乎神亦曰假。《尚书》'祖考来格',《商颂》'来假来飨',此神人之来至也。《易·萃彖传》'"王假有庙",致孝享也',《尚书》'舜格于文祖',《史记·五帝纪》作'舜乃格于文祖',《祭统》'王假于大庙',《商颂》'以假以享'、'骏格无言'及此诗'汤孙奏假',皆祭者致神之谓也。……《小尔雅》、《说文》并曰:'奏,进也。'上致乎神曰奏假,亦曰登假,杨雄《劇秦美新》曰'登假皇穹'是也。《诗》'汤孙奏假'谓汤之子孙进假其祖,则不得如《毛传》以汤孙为汤矣。假与格皆当训至,《尔雅·释言》:'格,来也。'《方言》:'徦,来也。'义亦相通。《传》训假为大,《正义》以为大乐,失之。《笺》训假为升,与《方言》训徦为登义合,然以为奏升堂之乐,则非。"见马瑞辰撰、陈金生点校《毛诗传笺通释》,中华书局1989年版,第1158—1159页。马氏对于自己观点的论证很充分,同时对于其他一些学者的不同看法也进行了有力辩驳,足资取法借鉴。

意思。

大家请注意，《那》的"汤孙奏假"，与《克殷》的"叔振奏拜假"，在各自的典礼中都是降神的仪式，而用词仅有一字之异，再结合上节所引甲骨卜辞记载的降神仪式中有羍【拜】的仪注，来作一综合推断，笔者认为，所谓"叔振奏拜假"，就是叔振奏假与叔振拜假的缩略表达，描写的是叔振铎为武王祭社告天典礼而举行的演奏音乐、拜手稽首以请求神灵降临的仪式。再看《尚书·皋陶谟》：

> 夔曰戛击鸣球，搏拊琴瑟以咏，祖考来格。虞宾在位，群后德让。下管鼗鼓，合止柷敔，笙镛以间，鸟兽跄跄；箫韶九成，凤凰来仪。夔曰："於！予击石拊石，百兽率舞，庶尹允谐。"①

这段引文所载祭礼的内容，是"帝舜荐禹于天，为嗣"②，仪节是：（1）奏乐以降神；（2）来宾助祭；（3）主人主祭；（4）表演乐舞以悦神。后面的三项仪节大约同时进行，所以描写次序与《那》有所不同，但从总体上看，应该是一样的典礼程序。因此，金德建先生说："歌辞的本事原属有异，《那》诗所祀为成汤，而《皋陶谟》为舜的时候夔行乐以祭祖考，但是从遣词造语上着想，

---

① 笔者按：本段引文综合采纳了司马迁、顾颉刚、刘起釪等学者的观点而断以己意。见《史记》，中华书局1982年版，第81—82页；《尚书校释译论》，中华书局2005年版，第477页。

② 司马迁：《史记》，中华书局1982年版，第81—82页。笔者按：据上文论证，司马迁的观点与《皋陶谟》的"祖考来格"并不矛盾。另外，商末甲骨卜辞中有奏乐祭天的辞例，例如：（1）贞：帝示若，今我奏、祀，四月。（《英》1286）（2）……唯五鼓……上帝若，王【受】又又【佑】。（《合集》30388）可以成为《皋陶谟》等传世文献所载祭祀典礼的参证。

玖 《克殷》与祭社礼"降神"仪节

竟然如此凑巧相像。可以想见原来这个述作《皋陶谟》的人，极有可能就是当初述作《商颂》的人。"① 其实二者不必是同一人述作，也有可能是不同的作者参考了相同的祭礼仪节。

其中的"夔曰戛击鸣球，搏拊琴瑟以咏，祖考来格"，是奏乐降神的仪式。格，今文《尚书》作"假"②，与来是同义复词，都表示至。《史记》将这句话意译为"于是夔行乐，祖考至"③；《白虎通·礼乐》引这句话，以为其性质是"降神之乐……为鬼神举"④，说明这句话所载为降神仪式是学者的共识。以之与《克殷》作一比较，很显然其对应的是"叔振奏拜假"的"奏假"。

"叔振奏拜假"从《那》《皋陶谟》中得到了"奏假"的证明，从商末甲骨卜辞中得到了"拜假"的证明，其总的意思是，曹叔振铎为武王祭社告天典礼而举行演奏音乐、拜手稽首以请求神灵降临的仪式。如此一来，武王的祭社告天就是一场由舒缓悠扬音乐相伴的隆重盛大的典礼⑤，而不会像此前学者解释的那样，是一个"无

---

① 金德建：《〈皋陶谟〉二论》，《苏州大学学报》1984年第3期。笔者按：金先生还说："(《皋陶谟》和《那》)彼此因袭之迹，非常显著。必定出于同一类人物的手笔无疑。"又说："清人姚际恒《诗经通论》卷十八云：'虞庭赓歌，每句用韵，《商颂》多用此体，正见去古未远处。'姚氏的议论正符合我的见解。《商颂》大概出于西周中期宋地的人所作的诗，内容歌颂商的先王。估计当时就是以《商颂》的作者们中间某些部分的人，再来继续造述写作这篇《皋陶谟》，所以至今可见在散文的体裁中，会有这些夹杂歌辞韵语的句子可寻。"金先生的多方考证与阐述，足以使《皋陶谟》与《那》相似的问题成为定论。
② 皮锡瑞撰，盛冬铃、陈抗点校：《今文尚书考证》，中华书局1989年版，第125页。
③ 司马迁：《史记》，中华书局1982年版，第81页。
④ 陈立撰、吴则虞点校：《白虎通疏证》，中华书局1994年版，第116页。
⑤ 笔者按：《周礼·春官·大司乐》云："以六律、六同、五声、八音、六舞，大合乐以致鬼神示……凡六乐者，一变而致羽物及川泽之示，再变而致臝物及山林之示，三变而致鳞物及丘陵之示，四变而致毛物及坟衍之示，五变而致介物及土示，六变而致象物及天神。"郑玄注、贾公彦疏、彭林整理：《周礼注疏》，上海古籍出版社2010年版，第836、843页。可以成为祭祀典礼中奏乐降神仪式的借鉴。

·207·

声"的寂寥世界①。

毋庸讳言,这些用以证明的材料对于祭祀礼仪的记载较为零散,这是因为记录者要么着眼于典礼大局,对于细节自然有所忽略;要么选择特定的角度,对于视线之外的细节自然也有所忽略,再加以体裁与修辞的种种限制,难免形成破碎支离的现象。但这不能成为否定借此构建的祭祀典礼仪节的理由,因为钩沉索隐以还原史实真相,本来就是历史学的要务,更何况是遥远的先秦史、早已逝去的西周礼制呢!

三 曹叔振铎与西周之乐的关系

《克殷》"叔振奏拜假"的解释已经结束,在此接着谈一谈曹叔振铎其人,以为上文对相关问题探讨的进一步延伸。

曹叔振铎是文王之子,在武王同母十兄弟中排行第六②,大约成王时受封于曹,都陶丘,即今山东定陶,成为曹国的开国之君。但他在推翻商人统治的过程中,似乎没有太大作为,因而其事迹绝大多数都湮没不彰。《克殷》中的"叔振奏拜假"可能是西周文献记载的曹叔振铎的唯一事迹。尽管如此,我们似乎仍然可以作出以下推测。

曹叔振铎对于音乐可能有较高造诣。"叔振奏拜假",为武王祭社告天典礼而奏乐降神,就是明显证据。另外,"叔振"之振,众所周知,是振铎的省略。铎是一种乐器,由铃发展演变而来,形似甬

---

① 笔者按:祭神奏乐是周人的文化传统,《世俘》云:"癸丑,荐殷俘王士百人。籥人造。王矢琰,秉黄钺,执戈。王入,奏庸,大享一终,王拜手稽首。王定,奏庸,大享三终。甲寅,谒戎殷于牧野。王佩赤白旂,籥人奏《武》。王入,进《万》,献《明明》三终。"(朱右曾:《逸周书集训校释》,商务印书馆1940年版,第55页)这里仅节选了癸丑、甲寅两天的武王祭祀典礼,其中就有如此繁复的音乐演奏,由此可证,武王于改朝换代之时在商都为祭社告天而演奏音乐,一定必不可少。

② 司马迁:《史记·管蔡世家》,中华书局1982年版,第1563页。

钟，或内中有舌。舌为木质，是木铎，为铜质，是金铎。铎的作用有二，一是宣布法令军令的器具，一是音乐演奏的乐器。①曹叔既然以振铎命名，虽然不排除两种职责兼而有之，但由"奏拜假"看，似乎后者的可能性更大一些。

如此一来，我们就应该考虑，其一，《世俘》记载的武王伐纣胜利后在镐京举行献俘礼时的"籥人九终""籥人造""奏庸，大享一终""奏庸，大享三终""籥人奏《武》""进《万》，献《明明》三终""籥人奏《崇禹生开》三终""用籥于天位"等音乐活动②，是曹叔振铎在主持吗？其二，西周礼乐之乐的形成，曹叔振铎在其中有无作为？周公曾经作诗③，作志④，由现有资料看，可能都是文字创作，那么这些诗歌的乐曲是谁谱写的呢？我们认为，与曹叔振铎可能有莫大关系。果真如此，西周的礼乐，在周公之外，或许还有曹叔振铎的贡献！

很遗憾，这个推测目前还不能证明，为此，我们对于未来的考古发现充满了热切的期待。

附 《克殷》⑤

周车三百五十乘，陈于牧野，帝辛从。

---

① 朱凤瀚：《中国青铜器综论》，上海古籍出版社2009年版，第381—383页；马承源：《中国青铜器》，上海古籍出版社1988年版，第292—293页；易华：《青铜之路：上古西东文化交流概说》，《东亚古物》A卷，文物出版社2004年版。

② 朱右曾：《逸周书集训校释》，商务印书馆1940年版，第55、57页。

③ 周公旦：《㠯㠯》《明明上帝》《蟋蟀》，见清华大学出土文献研究与保护中心编、李学勤主编《清华大学藏战国竹简（壹）》，中西书局2010年版，第150页。

④ 周公旦：《周公之颂志【诗】》，也叫《周公之琴舞》，见清华大学出土文献研究与保护中心编、李学勤主编《清华大学藏战国竹简（叁）》，中西书局2012年版，第132—133页。

⑤ 选自朱右曾《逸周书集训校释》，宋志英、晁岳佩选编：《〈逸周书〉研究文献辑刊》（第八册），国家图书馆出版社2015年版，第89—92页。

武王使尚父与伯夫致师。王既誓,以虎贲、戎车驰商师,商师大崩。商辛奔内,登于鹿台之上,屏遮而自燔于火。

武王乃手大白以麾诸侯,诸侯毕拜,遂揖之。商庶百姓咸俟于郊。群宾佥进曰:上天降休。再拜稽首。武王答拜。先入适王所,乃克射之三发,而后下车,而击之以轻吕,斩之以黄钺,折县诸大白。乃适二女之所,既缢,王又射之三发,乃右击之以轻吕,斩之以玄钺,县诸小白。乃出场于厥军。

翼日,除道修社,及商纣宫。及期,百夫荷素质之旗于王前。叔振奏拜假,又陈常车。周公把大钺,召公把小钺,以夹王。散宜生、泰颠、闳夭,皆执轻吕以奏王。王入,即位于社。太卒之左,群臣毕从。毛叔郑奉明水,卫叔封傅礼,召公奭赞采,师尚父牵牲。尹逸策曰:殷末孙受,德迷先成汤之明,侮灭神祇不祀,昏暴商邑百姓,其章显闻于昊天上帝。武王再拜稽首,膺受大命,革殷,受天明命。武王又再拜稽首,乃出。

立王子武庚,命管叔相。乃命召公释箕子之囚,命毕公、卫叔出百姓之囚。表商容之闾。乃命南宫忽振鹿台之钱,散巨桥之粟。乃命南宫百达、史佚迁九鼎三巫。乃命闳夭封比干之墓。乃命宗祝崇宾,飨祷之于军。乃班。

(《〈克殷〉与祭社礼"降神"仪节》,原题《〈克殷〉"叔振奏拜假"笺释》,《传统中国(经学集刊)》,上海社会科学院出版社2021年版。收入《〈尚书〉新研》,中华书局2021年版)

拾 《洪范》"五事"与礼容

《洪范》九畴的第二畴是"敬用五事",学者一般将其简称为"五事"章:

次二,曰敬用五事。……二,五事:一曰貌,二曰言,三曰视,四曰听,五曰思。貌曰恭,言曰从,视曰明,听曰聪,思曰睿。恭作肃,从作乂,明作哲,聪作谋,睿作圣。①

所谓"五事",就是人的五种面容、表情及其应该达到的效果。对此,我们不禁要问:人的面容、表情及其应该达到的效果,为什么能与皇极、八政等重要政治范畴共同组成九项治理国家的根本大法呢?

一 古今学者对"五事"的解释及存在的问题

古今学者对"五事"作出了很多解释。古代学者的解释,以西汉夏侯始昌为代表。② 他认为,统治者的貌、言、视、听、思,是否

---

① 顾颉刚、刘起釪:《尚书校释译论》,中华书局 2005 年版,第 1148、1155 页。
② 夏侯始昌:《洪范五行传》,陈寿祺辑:《尚书大传》附,《丛书集成初编》,中华书局 1985 年版。

·211·

做到恭与肃、从与乂、明与哲、聪与谋、睿与圣，能够引起上天的休或咎，即《洪范》第八章"庶征"所讲各种天象："曰休征：曰肃，时雨若；曰乂，时旸若；曰哲，时燠若；曰谋，时寒若；曰圣，时风若。曰咎征：曰狂，恒雨若；曰僭，恒旸若；曰舒，恒燠若；曰急，恒寒若；曰雾，恒风若。"① 很显然，这是在西汉天人感应思想支配下对五事作出的解释。由于班固以此为基础写作了《汉书·五行志》，并且"五行志"成了后来多数王朝正史的重要组成部分，所以夏侯氏对于五事的解释，在中国古代政治哲学中长期居于正统的地位。②

这个解释存在的主要问题是，将五事与庶征相联系，意味着五事只有通过庶征才能在社会政治生活中发挥作用，这在实际上已经取消了五事作为洪范九畴之一的资格，显然不可取。其实，五事与庶征只是使用了相同的词语，二者没有内容上的联系。《易·系辞上》云"在天成象"③，即天之象；《左传》僖公十五年云"物生而后有象"④，即物之象；五事的五种面容表情当然是人之象。天象、物象、人象，都是"象"，使用相同的词语进行描绘很正常，完全没有必要在内容上牵强附会。

当代学者从唯物主义的角度解释五事，代表是刘起釪。刘先生认为："(《洪范》)第二畴的'五事'是指君主的行为举止和心理活

---

① 顾颉刚、刘起釪：《尚书校释译论》，中华书局2005年版，第1187页。
② 笔者按：古代有一些学者反对从天人感应角度解释五事，欧阳修云："昔者箕子为周武王陈禹所有《洪范》之书，条其事为九类，别其说为九章，谓之'九畴'。考其说初不相附属，而向为《五行传》，乃取其五事、皇极、庶证【征】附于五行，以为八事皆应五行欤！则至于八政、五纪、三德、稽疑、福、极之类，又不能附。至俾《洪范》之书失其伦理，有以见所谓旁引曲说而迁就其说也。然自汉以来，未有非之者。"（欧阳修、宋祁：《新唐书》，中华书局1975年版，第872页）但由于没有从正面说明五事到底是什么，致使反驳只是停留在指责的层面，无法澄清笼罩在"五事"之上的神学迷雾。
③ 周振甫：《周易译注》，中华书局1991年版，第229页。
④ 杨伯峻：《春秋左传注》，中华书局1990年版，第365页。

动","就古代统治者讲求统治术来说,'肃、乂、哲、谋、圣'之类原来显然是专就君主说的,小民根本没有资格秉有这些'嘉德'"。① 这一解释与王安石等古代学者的主张虽然在具体细节上有所不同,但精神实质一脉相承。②

刘先生刻意强调五事是君主个人而不是统治者的行为举止、心理活动,是想通过君主的地位来拉升五事的重要性,以便使五事具有与皇极、八政等范畴相提并论的资格,其用心可谓良苦!

然而,刘先生虽然矫正了西汉学者将五事与庶征相联系从而取消了五事作为洪范九畴之一资格的弊端,但他将五事解释为行为举止、心理活动,并且认为这些行为举止、心理活动为君主个人独有,则不妥当。前者失于宽泛,后者失于狭隘。

笔者认为,五事作为人的五种面容、表情及其应该达到的效果,其实质是礼容。礼容是行礼者在行礼过程中表现出来的容貌、神情、动作、体态、声气等,是礼的要素之一。当代研究先秦礼容的代表学者是彭林,彭先生将郭店简与传世文献相结合,探讨了礼容的纲目、礼容与性情的关系、礼容与治道的关系等问题。③ 但由于受所用材料《论语》《礼记》、郭店简《成之闻之》等的限制,彭先生探讨的礼容主要是春秋末年以后的,西周时代乃至殷商时代的礼容则较少涉及。实际上,礼容与礼相伴而生,正如《礼记·冠义》所云"礼义之始,在于正容体,齐颜色,顺辞令"④。因此,要证明《洪范》"五事"章记载的是礼容,就有必要在学者

---

① 刘起釪:《〈洪范〉成书时代考》(附今译),《尚书研究要论》,齐鲁书社2007年版。
② 王安石:《洪范传》,《临川文集》卷65,文渊阁《四库全书》,集部别集类,台湾商务印书馆1983—1986年版。
③ 彭林:《论郭店楚简中的礼容》,《郭店楚简国际学术研讨会论文集》,湖北人民出版社2000年版。
④ 王文锦:《礼记译解》,中华书局2001年版,第909页。

已有研究春秋末年以后礼容成果的基础上，对商周时代的礼容进行考察。

二 传世文献所载商周礼容

礼容，在商周时代可以称作"容"，也可以称作"颂"，也可以称作"威仪"。

首先，礼容称"容"。西周礼容称作容，出现在颂扬宋、杞二国之君来周廷助祭的诗歌中，《诗经·周颂·振鹭》云：

> 振鹭于飞，于彼西雝，我客戾止，亦有斯容。在彼无恶，在此无斁，庶几夙夜，以永终誉。

《振鹭》的主旨，《毛序》认为是"二王之后来助祭也"①。其中"我客戾止，亦有斯容"之容，就是礼容，郑玄注云："二王，夏、殷也。其后，杞也、宋也"，"来助祭于周之庙，得礼之宜也。其至止亦有此容，言威仪之善如鹭然"。②《振鹭》的时代，传统的说法是西周早期，当代学者因其语言较为浅显，认为是西周晚期③。无论属于早期还是晚期，作为西周庙祭乐歌，其描写的礼容都应是西周时代的礼容。

商代的礼容，称作商容。《礼记·乐记》云："武王克殷反

---

① 毛亨传、郑玄笺、孔颖达疏：《毛诗正义》，阮元校刻：《十三经注疏》，中华书局1980年版，第594页。
② 毛亨传、郑玄笺、孔颖达疏：《毛诗正义》，阮元校刻：《十三经注疏》，中华书局1980年版，第594页。
③ 程俊英、蒋见元：《诗经注析》，中华书局1991年版，第958页。

拾 《洪范》"五事"与礼容

【及】商……封王子比干之墓，释箕子之囚，使之行商容而复其位。"① 其中"商容"的含义，历来有两种解释，一种认为是商末历史人物，以班固所著《汉书·古今人表》为代表②；一种认为是商代礼乐及其官员掌握的礼容，以《乐记》郑玄注、孔颖达疏为代表。郑玄云："行犹视也，使箕子视商礼乐之官，贤者所处，皆令反其居也。"孔颖达云："容为礼乐，故云视商礼乐之官。知容为礼乐者，《汉书·儒林传》云'孝文时徐生善为容'，是善礼乐者，谓之容也。"③ 当代学者许维遹先生对"商容"是人名还是礼乐之官的问题有过精辟的辨析，他说："详郑此注，知'商容'为商礼乐之官，非一人名，故使箕子行视之，以当时惟箕子存也。后人见'商容'与箕子、比干并称，遂亦谓人名。"④ 细审《乐记》文意，以及古今学者的注疏辨析，我们知道，容的含义首先是指代礼乐，然后是指代礼乐之官掌握的礼容。这个解释显然较为合理。果真如此，那么商容之容当是源自礼乐之官的职业技能，即礼容。

其次，礼容称作"颂"。颂就是容，二字音义相近，可以通假，《周颂谱》云"颂之言容"⑤，《释名·释言语》云"颂，容也"⑥。礼容称作"颂"的典型例证，是《诗经》中创作于西周时代早期的《周颂》、创作

---

① 王文锦：《礼记译解》，中华书局2001年版，第555页。
② 班固：《汉书》，中华书局1962年版，第890页。笔者按：班固的主张可能源于司马迁。《周本纪》云："（武王）命毕公释百姓之囚，表商容之闾。"见氏著《史记》，中华书局1982年版，第126页。朱右曾将其中的"表商容之闾"校补进《逸周书集训校释》中，并且说："'表商容之闾'五字，诸本俱脱，据《史记》补。"见氏著《逸周书集训校释》，商务印书馆1940年版，第53页。朱氏此处校补可能有问题，本文不予采纳，存疑待考。
③ 郑玄注、孔颖达疏：《礼记正义》，阮元校刻：《十三经注疏》，中华书局1980年版，第1543页。
④ 许维遹撰，梁运华整理：《吕氏春秋集释》，中华书局2009年版，第358页。
⑤ 毛亨传、郑玄笺、孔颖达疏：《毛诗正义》，阮元校刻：《十三经注疏》，中华书局1980年版，第581页。
⑥ 刘熙：《释名》卷四，文渊阁《四库全书》，经部小学类，台湾商务印书馆1983—1986年版。

于西周中后期的《商颂》,以及创作于春秋时代的《鲁颂》[①]。

《周颂》《鲁颂》《商颂》之颂的含义,到目前为止,大约有十种说法。[②] 在这十种说法中,清儒阮元所持,颂就是"容",就是俗称的"样子"的主张,得到多数学者的认可。他说:"'颂'之训为美盛德者余义也;'颂'之训为'形容'者,本义也。且'颂'字即'容'字也。……'容'、'养'、'羕'一声之转,古籍每多通借。……岂知所谓'商颂'、'周颂'、'鲁颂'者,若曰'商之样子'、'周之样子'、'鲁之样子'而已,无深义也。"[③] 这句话被许多著作反复引用,几乎成了《周颂》《鲁颂》《商颂》含义的经典解释。

但稍感遗憾的是,阮元在此基础上为强调颂与风、雅之别而认为颂专指舞容,则未免狭隘之嫌,他说:"何以三《颂》有'样'而《风》、《雅》无'样'也?《风》、《雅》但弦歌笙间,宾主及歌者皆不必因此而为舞容,惟三《颂》各章皆是舞容,故称为'颂'。"[④] 实际上,《周颂》《鲁颂》《商颂》作为诗、乐、舞三位一体的综合性艺术形式的宗庙祭祀乐歌[⑤],舞容只是其舞蹈中的一项内容,而且是不太重要的内容,原因在于舞蹈不是主祭者和与祭者即宾主的主要职责,而是舞者的专职。舞者的身份地位较低,《礼记·乐记》云:"乐者,非谓黄钟、大吕、弦歌、干扬也,乐之末节也,故童者舞之。"[⑥] 舞童

[①] 笔者按:陈致先生说:"甲骨文中的'庸'不仅指商代的某种乐钟,也可能指某种舞蹈,或者亦有可能是某种音乐表现形式。'庸'或为'颂'前身,'颂'是周代的词汇,周人用以冠之于一种源于殷人的祀祖的礼乐。"见氏著《"万(萬)舞"与"庸奏":殷人祭祀乐舞与〈诗〉中三颂》,《中华文史论丛》,上海古籍出版社2008年版,第4期。甲骨卜辞文约意简,陈先生用"可能"表达自己的见解,态度很谨慎。笔者认为陈先生的观点值得重视。

[②] 叶舒宪:《诗经的文化阐释——中国诗歌的发生研究》,湖北人民出版社1994年版,第440—447页。

[③] 阮元:《释颂》,《研经室集》,中华书局1993年版。

[④] 阮元:《释颂》,《研经室集》,中华书局1993年版。

[⑤] 朱熹:《诗集传》,中华书局1958年版,第223页。

[⑥] 王文锦:《礼记译解》,中华书局2001年版,第547页。

的表情容颜,怎能成为庄重肃穆的国家祭典的代称?虽然三颂中有舞容,但以为三颂专指舞容,则遗漏了其中的礼容内涵。

李瑾华先生从祭祀仪式与诗歌关系的角度,全面考察了颂的发展与颂诗在祭祀仪式中的作用,明确指出:"'颂'起初是指舞容,随着礼制的不断完善,颂分化为专门的舞蹈和规定性的礼容,而颂诗就是伴随着这些乐舞仪容的祝赞词","颂诗的句子……是一种作用式语言,是和特定的礼容——即仪式动作相联系的,在仪式场合,于升歌、金奏的同时,还要求主祭者和与祭者配合规定的仪式动作,颂诗不仅有配合舞容者,也同样有配合礼容者。"① 对此,笔者深表赞同。李先生的观点不仅纠正了阮元的偏颇,而且为笔者所持礼容可以称作颂的主张,提供了有力的证据。②

第三,礼容称作"威仪"。威仪之威是"威而不猛"③,威仪之仪是容的同义词④,所谓威仪,就是礼容。关于威仪的含义,春秋时代的北宫文子有精到的论述,《左传》襄公三十一年记载北宫文子的话说:"有威而可畏谓之威,有仪而可象谓之仪。……故君子在位可畏,施舍可爱,进退可度,周旋可则,容止可观,作事可法,德行可象,声气可乐;动作有文,言语有章,以临其下,谓之有威仪也。"⑤ 由北宫文子的话可知,威仪与包含了容貌、神情、动作、体态、声气等内

---

① 李瑾华:《〈诗经·周颂〉考论——周代的祭祀仪式与诗歌关系研究》,首都师范大学中国古代文学专业博士论文,2005年,第40—67页。
② 笔者按:大小《雅》中的部分篇章,如《生民》《公刘》《緜》《楚茨》《甫田》等,作为祭祀歌、宴飨歌,可能都是周王朝的"颂",其中也当有一些礼容,见孙作云的《论二雅》(《诗经与周代社会研究》,中华书局1966年版,第343—402页),可以成为本目所论内容的补充。
③ 朱熹集注:《论语》,上海古籍出版社2013年版,第231页。
④ 王辉:《古文字通假释例》,台北:艺文印书馆1993年版,第637页。
⑤ 杨伯峻:《春秋左传注》,中华书局1990年版,第1194—1195页。笔者按:宁镇疆先生说:所谓"容",包括"威仪",其实类似我们今天的"绅士风度",未必一定是礼典场合的容貌。由行礼进而修身,是礼在生活中的延伸,二者在广义上合一,体现了西周之礼的弥漫性,北宫文子的话正是这种现实的反映。此处对于宁先生的提示特表谢意。

容的礼容在内涵上有很大的交集，所以阮元说：威仪是"容貌最近之地"①，裘锡圭先生说："古代所谓威仪也就是礼容。"②

《诗经》的宴飨、祭祖乐歌中关于威仪即礼容的描写很多，此处引用较为典型的两例，以窥其概。《大雅·假乐》云：

> 穆穆皇皇，宜君宜王。不愆不忘，率由旧章。威仪抑抑，德音秩秩。无怨无恶，率由群匹。

抑抑，庄美之貌③。这是描写宴飨中的礼容。《周颂·执竞》云：

> 钟鼓喤喤，磬筦将将，降福穰穰。降福简简，威仪反反。既醉既饱，福禄来反！

反反，慎重之貌④。这是描写祭祀中的礼容。

除此之外，在《大雅·抑》《大雅·烝民》等诗篇中也有一些"威仪"，而且也用华丽的形容词来进行描绘，此处不再赘举。这些诗句足以表明，西周时代的贵族对于威仪即礼容的重视程度很高。

除了上举例证，《诗经》中还有一些没有标明"容""颂""威

---

① 阮元：《威仪说》，《性命古训》附，《揅经室集》，中华书局1993年版。
② 裘锡圭：《史墙盘铭解释》，《裘锡圭学术文集》（3），复旦大学出版社2012年版，第14页。笔者按：《国语·楚语上》云"威仪以先后之，体貌以左右之"，《楚语下》云"威仪之则，容貌之崇"，将体貌（容貌）与威仪相对而言。体貌（容貌）是礼容的组成部分，从礼仪的内部细节讲，威仪与体貌（容貌）可以并列，从礼仪的外部讲，二者其实是一回事，《楚语》的论述，是从礼仪内部细节着眼的，本文的论述是从外部着眼的，故有此分别。请读者明鉴。
③ 程俊英、蒋见元：《诗经注析》，中华书局1991年版，第821页。
④ 程俊英、蒋见元：《诗经注析》，中华书局1991年版，第951页。

拾 《洪范》"五事"与礼容

仪",但仍然描绘了礼容的诗篇,如《周颂·雝》之"有来雝雝,至止肃肃。相维辟公,天子穆穆"。雝雝,和睦之貌;肃肃,严肃恭敬之貌;穆穆,端庄肃穆之貌①。这是祭祀中的礼容。再如《小雅·六月》之"薄伐玁狁,以奏肤公。有严有翼,共武之服。共武之服,以定王国"。有严有翼,即严严翼翼,威严谨慎之貌②。这是军旅中的礼容。

礼容在不同的场合——宴飨、祭祀、军旅等——有着不同的表现,因此《周礼·地官·保氏》将西周时代的礼容分作六种类型,即"六仪:一曰祭祀之容;二曰宾客之容;三曰朝廷之容;四曰丧纪之容;五曰军旅之容;六曰车马之容"。对于六种礼容所应表现出来的气象,郑司农用联绵词语进行渲染:"祭祀之容,穆穆皇皇;宾客之容,严恪矜庄;朝廷之容,济济跄跄;丧纪之容,涕涕翔翔;军旅之容,阚阚仰仰;车马之容,颠颠堂堂。"③《周礼》是春秋或战国时代的构拟之作,所记礼容未必符合西周实际,但足以反映后世之人对于西周礼容的艳羡,从中我们也可以感知西周时代曾经存在的礼容盛况。

三 青铜器铭文所载商周礼容

传世文献所载商周礼容,可以得到商周青铜器铭文的印证。记载了商周礼容的青铜器铭文有:木羊册册、木见齿册、木工册册。

1. 木羊册册。铸有木羊册册的青铜器铭文,到目前为止,一共

---

① 程俊英、蒋见元:《诗经注析》,中华书局1991年版,第965页。
② 程俊英、蒋见元:《诗经注析》,中华书局1991年版,第501页。
③ 郑玄注、贾公彦疏:《周礼注疏》,阮元校刻:《十三经注疏》,中华书局1980年版,第731页。

发现了十四器十八例，属于作器者折的有四器七例（三器是器盖同铭）①，丰的六器七例（一器是器盖同铭）②，癫的二器二例③，重的二器二例④。其中折、丰、癫所作器铭是木羊册册，共十六例，重所作器铭是木羊册册的省略形式羊册册，共二例，现在以丰作父辛爵上的🔲，与羊册觯上的🔲为例，来概观其结构布局。

这十四件青铜器，除了重鼎是过去著录，其他十三器都是在1976年发现于陕西省扶风县庄白村西周遗址一号窖藏。四位作器者与著名的史墙盘的作者墙⑤，是一个家族的祖孙五代，即折（康王、昭王）—丰（穆王）—墙（恭王）—癫（孝王、夷王、厉王前半期）—重（厉王）⑥。这个家族在商末时居住于微，入周后世代担任王朝史官，所以学者称之为微史家族，而木羊册册是微史家族的族徽。

作为微史家族的族徽，木羊册册与西周礼容有很大关系。要说明这个问题，须从微史家族的史官职责讲起。

微史家族在西周王朝中担任史官，其职责是"胥尹叙厥威仪""司威仪"，请看下面两例青铜器铭文。

---

① 中国社会科学院考古研究所：《殷周金文集成》（修订增补本），中华书局2007年版。作册折尊，西周早期，《集成》11.6002；折觯，西周早期，器盖同铭，《集成》15.9248；作册折觥，西周早期，器盖同铭，《集成》15.9303；折方彝，西周早期，器盖同铭，《集成》16.9895。

② 丰卣，西周中期，器盖同铭，《集成》10.5403；丰作父辛尊，西周中期，《集成》11.5996；丰作父辛爵，西周中期，《集成》14.9060、14.9080、14.9081、14.9082。

③ 癫盨，西周中期，《集成》9.4462、9.4463。

④ 重鼎，西周中期，《集成》4.2490；羊册觯，西周中期，《集成》11.6171。笔者按：这两例器铭都是"羊册册"，与其他十六例器铭"木羊册册"不同。羊册觯只有器铭"羊册册"，没有作器者，该铭与重鼎相同，都没有"木"，可能同属一位作器者，因此笔者将其放到重的名下。

⑤ 史墙盘，西周中期，《集成》16.10175。

⑥ 笔者按：该家族世代与西周诸王的对应关系，笔者综合了李学勤、尹盛平等学者的观点，大家可以参见李学勤《西周中期青铜器的重要标尺——周原庄白、强家两处青铜器窖藏的综合研究》，《西周微氏家族青铜器群研究》，文物出版社1992年版；李学勤《庄白癫器的再考察》，《文物中的古文明》，商务印书馆2008年版；刘士莪、尹盛平《微氏家族青铜器群研究》，《西周微氏家族青铜器群研究》，文物出版社1992年版。

拾 《洪范》"五事"与礼容

(1) 癲钟：癲曰：丕显高祖、亚祖、文考，克明厥心，胥尹叙厥威仪，用辟先王。癲不敢弗帅祖考，秉明德，恪夙夕，佐尹氏。(西周中期，《集成》1.247)

(2) 癲簋：癲曰：景皇祖考，司威仪，用辟先王。不敢弗帅，用夙夕。(西周中期，器盖同铭，《集成》8.4170)

两例铭文中的"威仪"，就是上节考证的礼容。司，是掌管的意思，所谓"司威仪"，就是在西周王朝中掌管威仪。例(1)中癲追溯的高祖是折，亚祖是丰，文考是墙。[①] 折自称作册，作册在商末西周是史官；墙自称史墙，当然是史官；癲自称"胥尹""佐尹氏"，即辅佐尹氏，而尹氏是内史之长，那么癲也是史官。由此可见，担任史官，司掌威仪，是微史家族的世官世职。

这两例铭文中的威仪还稍嫌笼统，而另一件癲钟铭文记载的微史家族所掌威仪则较为具体。

(3) 癲钟：雩武王既戋殷，微史烈祖来见武王，武王则令周公舍寓，以五十颂处。(西周中期，《集成》1.251—6)

在这例铭文中，癲将自己的史官家世追溯到商周之际的微史烈祖，而微史烈祖的"以五十颂处"，裘锡圭先生认为"就是掌管五十种威仪的意思"[②]。这五十颂，不论是否当时礼容的全部，但既然标以"五十"的数量，足见其纲目之细。同时，由微史烈祖的自商

[①] 刘士莪、尹盛平：《微氏家族青铜器群研究》，《西周微氏家族青铜器群研究》，文物出版社1992年版。

[②] 裘锡圭：《史墙盘铭解释》，《裘锡圭学术文集》(3)，复旦大学出版社2012年版。

· 221 ·

"尚书"与礼仪

入周,也可见商周礼容的一脉相承。

考察了微史家族在西周王朝世代担任史官掌管礼容的情况,再来看这个家族的族徽木羊册册的含义。

木羊册册主要附缀于微史家族所作青铜器铭文的后面,因而其含义与微史家族的世官世职有较大关系。

册册,也可以省为册,是作册或史官的职业标志,反映了微史家族世代在西周王朝担任史官的事实。

木羊,唐兰先生隶定为样[1],在此基础上尹盛平先生认为:"羊与样音同字通,故'羊'可以隶作样。样与容、颂是一声之转……'样'即'颂',寓意'威仪',标志微史所司"[2]。二位学者直接将木羊隶定为样有所不妥,因为上古文献与出土古文字中没有样或樣字,另外在羊、样与颂、容之间也还缺少一些必要的过渡环节。[3]

笔者以为,木羊二字应该分开来讲。由䵼鼎、羊册斝上的羊册册看,木不是微史家族族徽的核心元素,只是一个辅助成分,其在微史家族族徽中的意义,容下文"木见齿册"小目论证。羊,读作像。羊的上古音是余母阳部[4],像是邪母阳部[5],二者韵部相同,声母属于齿舌旁转的关系,可以通假。像的意义与仪的本字——义,繁体作義——相通[6],因而这个羊应是以羊为形旁义符的義。《说文解

---

[1] 唐兰:《略论西周微史家族窖藏铜器群的重要意义——陕西扶风新出墙盘铭文解释》,《西周微氏家族青铜器群研究》,文物出版社1992年版。
[2] 刘士莪、尹盛平:《微氏家族青铜器群研究》,《西周微氏家族青铜器群研究》,文物出版社1992年版。
[3] 谷衍奎:《汉字源流字典》,语文出版社2008年版,第1009页。
[4] 郭锡良:《汉字古音手册》,北京大学出版社1986年版,第256页。
[5] 郭锡良:《汉字古音手册》,北京大学出版社1986年版,第259页。
[6] 笔者按:《周礼·春官·肆师》郑玄注:"郑司农云:'……古者书仪但为义,今时所谓义为谊。"(阮元校刻《十三经注疏》,中华书局1980年版,第770页)金文中仪作义,正文所举瘝钟、瘝簋就是例证。战国简帛文字中仪作义的例证,可见清华简《周公之琴舞》的两个"畏【威】義【仪】"。清华大学出土文献研究与保护中心编、李学勤主编《清华大学藏战国竹简(叁)》,中西书局2012年版,第133、134页。

·222·

字》我部云："義，己之威仪也。从我羊。"① 训我为己，训羊为威仪。对于从羊到威仪的演变过程，杨树达先生有详尽的论证，他说：

（《说文》）十二篇下"我部"云："義，己之威仪也，从我羊。"按字从我，故训己，羊与威仪不相涉，而字从羊者，羊为像之借字也。（《说文》）八篇上"人部"云："像，象也，读若养。"按今字作样，像读若养，养从羊声，故義字借羊为像也。我羊即我像，故训己之威仪也。②

补上从羊到義之间的音与义两个方面的像、象、养等环节，明了羊与義、仪、威仪之间的发展演变过程，我们就可以明确地指出，微史家族族徽中的羊，表示威仪，反映的正是微史家族在西周王朝世代"胥尹叙厥威仪""司威仪"的事实。

西周开国之初微史烈祖以"五十颂"投奔于周，微史家族从康王到厉王间至少祖孙五代人在朝廷中"胥尹叙厥威仪""司威仪"，这种世官世职的现实，使得微史家族积累了厚重的文化传统，其外在的表现形式，就是家族徽帜木羊册册。木羊册册向我们昭示，西周王朝在礼乐活动中不仅有礼容，而且礼容纲目较为详细，以至于形成了专门执掌礼容的世家。

2. 木见齿册。铭铸有木见齿册的青铜器，《殷周金文集成》一共著录了七件，其中铙3，编号2.400、2.401、2.402；鼎1，编号4.1762；尊1，编号11.5694；罍1，编号15.9792；戈1，编号17.10952。现在以木见齿册鼎上的 为例，以概见其结构布局。

除了木见齿册，七件青铜器上没有其他铭文，因此木见齿册的

---

① 许慎：《说文解字》，中华书局1963年版，第267页。
② 杨树达：《积微居小学述林全编》，上海古籍出版社2013年版，第154—155页。

· 223 ·

性质无疑是族徽。这七件青铜器的时代,《殷周金文集成》都标明是殷,那么木见齿册就是殷商时代的某一家族的族徽。

尽管木见齿册没有与之相关联的铭文以资比较研究,但其本身已经包含了足够的信息,使我们能够大略了解该家族在殷商时代所担任的官职。

木见齿册家族的官职是史,其职责是执掌礼容。木见齿册中的册字,可以成为该家族的官职是史的证据,而木见齿三字,则是其执掌礼容的证据。

殷商时代的礼容,虽然今天做不到眼见为实,但既然"礼容的合理性,是建立在人类普遍共有的人性的基础之上的"[①],我们就可以由自身的生活经验进行推测。木见齿的核心元素是齿,在礼容的各种表现——容貌、神情、动作、体态、声气中,牙齿的显露与否,具有标志的意义。这一点在当代的各种礼仪训练中也被特地强调。

比如 2008 年北京夏季奥运会礼仪小姐的培训项目中,有一项是"奥运微笑",即"微笑时牙齿露出 6 颗到 8 颗,脸部表情不能僵硬"[②]。除此之外,一些接待服务行业,如民航空乘,对相关人员也有微笑显露 6 颗到 8 颗牙齿的要求,这是大家都熟知的生活常识,不必一一赘举。

喜庆礼仪活动中接待服务需要显露牙齿,而日常的礼仪则不必显露牙齿,如大学生"行为举止礼仪",要求微笑"不露齿"[③]。之所以如此,当是日常礼仪只要做到了庄重大方,便是恰到好处。

[①] 彭林:《论郭店楚简中的礼容》,《郭店楚简国际学术研讨会论文集》,湖北人民出版社 2000 年版。
[②] 李艾:《奥运礼仪小姐咬筷练微笑》,《京华时报》2008 年 1 月 10 日。
[③] 祁正新等:《新编大学生实用礼仪》,东南大学出版社 2009 年版,第 99 页。

在另外一些场合，如慰问、吊唁、服丧等，则需不显露牙齿。这些礼仪在西周春秋时代称为凶礼、丧礼，当时在久丧中不显露牙齿的人，成为世人褒扬的对象。《礼记·檀弓》云："高子皋（孔子弟子）之执亲之丧也，泣血三年，未尝见齿，君子以为难。"① 只有不显露牙齿，才能表示发自内心的哀痛，郑玄称之为"丧纪之容，累累颠颠"②。

针对不同的情况，举行不同的礼仪，表现不同的礼容，而各种礼容的差异，牙齿的显露与否，是一个鲜明的外在标志，因此执掌礼容的木见齿册家族的族徽就用"见齿"——如上举木见齿册鼎上的族徽所示，正好显露8颗牙齿——来代表礼容，这在修辞学上叫作借代的艺术手法。

久丧时做到不显露牙齿很难，微笑时做到只显露6颗到8颗牙齿，也不是一件容易的事情，这需要严格规范的训练，而训练时大家不约而同地采取了相似的方法，即用门牙咬竹筷。此处引用《空中乘务百科》中的一段话，以见其六项要领：

> 1. 用上下两颗门牙轻轻咬住筷子，看看自己的嘴角是否已经高于筷子了。2. 继续咬着筷子，嘴角最大限度地上扬。也可以用双手手指按住嘴角向上推，上扬到最大限度。3. 保持上一步的状态，拿下筷子。这时的嘴角就是你微笑的基本脸型。能够看到上排8颗牙齿就可以了。4. 再次轻轻咬住筷子，发出"yi"的声音，同时嘴角向上向下反复运动，持续30秒。5. 拿掉筷子，察看自己微笑时基本表情。双手托住两颊从下向上推，

---

① 王文锦：《礼记译解》，中华书局2001年版，第77页。
② 郑玄注、贾公彦疏：《周礼注疏》，阮元校刻：《十三经注疏》，中华书局1980年版，第731页。

并要发出声音反复数次。6. 放下双手，同上一个步骤一样数"1、2、3、4"，也要发出声音。重复30秒结束。综上所述，对称性的、嘴角上翘的、发自肺腑的微笑是最真诚的微笑！①

由此可见，竹筷是训练微笑的得力工具。当代如此，商周也当如此。竹筷与木棍，都是由木本植物制作而成，效用一样，因此木见齿册家族以及木羊册册家族的族徽中都有木。木只是工具，不能与"见齿册"或"见齿"组合成一个文字。同样的道理，木羊册册中的木，也不能与"羊"或"羊册册"组合成一个文字，这就是笔者在上文考释木羊册册家族族徽含义时，不赞同唐兰、尹盛平二位先生将木羊直接隶定为样的原因。

论述至此，笔者必须强调，当代在喜庆典礼中微笑时显露6颗到8颗牙齿，不仅只是对女性的要求，而且也是对男性相关人员的要求，比如2010年3月召开的人大与政协两会上，负责安保的男性武警就用竹筷为工具训练笑容。② 为什么如此？是因为在什么场合表现什么礼容，最终是由行礼主体来决定。据此，我们似可推测，在商周时代，礼容的规范虽然不排除适用于女性，但主要的还是作用于男性，因为商周毕竟是一个男权的时代。

木见齿册作为殷商时代的一个家族的族徽，表示该家族世代担任史官，职责是执掌礼容。这充分表明，殷商时代的礼容，不仅确实存在，而且在礼制中的地位很重要。

3. 木工册册。铭铸有木工册册的青铜器，《殷周金文集成》一共

---

① 佚名：《空中乘务百科·如何练习微笑》，http:// kongcheng. baike. com/artecle—37327. html。

② 史新燕：《对镜子练微笑，武警文明执勤受两会代表欢迎》，新华网2010年3月10日。

拾 《洪范》"五事"与礼容

著录了七件，其中鼎2，编号4.2246、4.2328；簋1，编号6.3666；尊1，编号11.5929；觯1，编号12.6502；瓯1，编号12.6993；壶1，编号15.9547。鼎、簋、尊、觯上的铭文是木工册或木工册册，瓯与壶上的是木工册或木工册册的省略形式工册、工册册。现在以作母甲觯上的𣂑，与天父己壶上的𣂑𣂑为例，以概观其结构布局。

这七例木工册册的性质也是族徽，《殷周金文集成》标明七件青铜器的时代是殷或西周早期，说明木工册册家族从商末一直延续到了西周。这个家族也是一个史官家族，其族徽中册或册册就是证据，同时这个家族也是由史官而执掌礼容，其族徽中的木与工就是证据。

工，与礼容有较大关系。这个问题可以从三个方面来说明。其一，从工之项与颂的含义相近。工的上古音是见母东部①，公也是见母东部②，二者可以通假。③项从工从页，颂从公从页，都指人的头部或表情。其二，工与祭祀礼乐有关。《合集》27462云："其祝，工父甲三牛"；《合集》35335云："工，惟戚"；《合集》31027云："惟戚奏"④。第一条卜辞的意思是，向父甲祝祷并向其献祭三头牛，其中的工显然是献祭的礼仪。第二、三条卜辞的意思是，举行工祭时伴以戚的演奏，其中的工显然是与乐相关的礼仪。由此可见，工作为礼仪，其中必然包含了礼容。其三，工祝与史官的职责相通。《诗经·小雅·楚茨》云："我孔熯矣，式礼莫愆。工祝致告：'徂赉孝孙。……'"⑤ 这是一首祭祖乐歌，其中的工祝扮演了将神赐福懿旨转达给主祭者的角色。所谓工祝，源头当是上举甲骨卜辞中共同出现在

---

① 郭锡良：《汉字古音手册》，北京大学出版社1986年版，第282页。
② 郭锡良：《汉字古音手册》，北京大学出版社1986年版，第282页。
③ 高亨纂著、董治安整理：《古字通假会典》，齐鲁书社1989年版，第1页。
④ 姚孝遂等：《殷墟甲骨刻辞摹释总集》，中华书局1988年版，第611、803、688页。
⑤ 程俊英、蒋见元：《诗经注析》，中华书局1991年版，第660页。

一个语境的工和祝。祝是神职人员,其具体职责与特殊能力是,"能知山川之号、高祖之主、宗庙之事、昭穆之世、齐敬之勤、礼节之宜、威仪之则、容貌之崇、忠信之质、禋洁之服,而敬恭明神者"①。其中的"礼节之宜、威仪之则、容貌之崇"等无疑是礼容。史经常扮演祝的角色。《尚书·金縢》记载周公因武王病重而向父祖祈祷:"史乃册祝曰:'惟尔元孙某遘厉虐疾,若尔三王是有丕子之责于天,以旦代某之身。'"②《尚书·雒诰》记载成王命令周公留守雒邑以经营东方:"王命作册逸祝册,惟告周公其后。"③ 作册是史官。李学勤先生说:"祝宗卜史,职官彼此接近,古代每每通称,这里由史册祝,实即祝的工作"。④ 祝与史在职责上有较多交集,礼容应该是重要部分。

由此笔者推测,族徽中的工包含了礼容。既然如此,工在木工册册族徽中的作用,应当是表示这个史官世家的职责为执掌礼容。木工册册家族经历了殷商西周两个朝代,其情形类似于木羊册册家族的微史烈祖以"五十颂"由商入周,这有力地证明了商周两代在礼容上的前后相因的关系⑤。

---

① 上海师范大学古籍整理研究所校点:《国语》,上海古籍出版社1988年版,第560页。
② 顾颉刚、刘起釪:《尚书校释译论》,中华书局2005年版,第1223页。
③ 顾颉刚、刘起釪:《尚书校释译论》,中华书局2005年版,第1497页。
④ 李学勤:《〈尚书·金縢〉与楚简祷辞》,《文物中的古文明》,商务印书馆2008年版。
⑤ 笔者按:商代甲骨卜辞中有一个举行図祭的场所,叫"羲京"。例如:1. 己未,図【于】羲京,羌□人,卯十牛。左。(《合集》386)2. 己未,図于羲京,羌三,卯十牛。中。(《合集》388)3. 癸卯,図于羲京,羌三人,卯十牛。右。(《合集》390正)除了这三条,还有十条关于羲京的卜辞,可以参见姚孝遂等《殷墟甲骨刻辞类纂》,中华书局1989年版,第956页。此不赘举。对羲京的含义,笔者在此从礼容的角度试作解释。羲,是仪、颂、容,即礼容。京,《说文解字》京部云:"京,人所为绝高丘也。"(许慎:《说文解字》,中华书局1963年版,第111页)人为之丘,也可以称为台。所谓羲京,可能是容台,也就是举行典礼之台,或叫礼容展示之台。上举三例卜辞于贡献牺牲人、牛之后,特地标明左、中、右的位置,正是典礼程序或仪式的体现。《史记》索隐云:"郑玄云:'商家典乐之官,知礼容,所以礼署称容台。'"(司马迁撰,裴骃集解,司马贞索隐、张守节正义:《史记》,中华书局1959年版,第109页)正好与此相符合。如果羲京是容台,那么羲京、容台、商容、木见齿册、木工册等相互照应,共同证明,殷商时代的礼容,不仅确实存在,而且已经很繁盛。

考释了木羊册册、木见齿册、木工册册三个族徽的含义，现在以此为基础，对传世文献所载先秦时代的一个姓氏——公羊的含义进行推测。

战国初期有公羊高，是子夏弟子，其后人在战国秦汉时代世传《春秋》，称《公羊传》。关于公羊的来历，早期的姓氏文献都没有解说。笔者认为，其中的公，可能是颂。公是颂的声旁，公颂可以通假。颂是容，是威仪。羊是像，是義，也是威仪。公羊作为一个姓氏，可能起源于该家族的先祖曾经执掌礼容的事实。

从殷商时代的木见齿册，到商周之际的木工册册，到西周时代的木羊册册，再到战国早期的公羊，组成了一个连续不断的族徽链条，折射出商周时代的礼容，作为礼乐文明的重要元素，其传统多么的源远流长！

四 从礼容角度试解《洪范》"五事"

上文分别从传世文献与青铜器铭文两个方面对商周时代的礼容进行了考察与论证，现在从商周礼容的角度，尝试着对《洪范》九畴的第二畴"五事"进行初步解释。

第一，貌。貌在四部丛刊本《国语》等上古文献中作皃[1]，《说文解字》皃部云："皃，颂仪也。从人白，象人面形，凡皃之属皆从皃。貌，皃或从页，豹省声。"[2] 页部云："颂，皃也。从页，公声。"[3] 皃是貌的形旁义符，颂与皃互训，所以貌就是皃、颂、仪，

---

[1] 笔者按：《国语·楚语下》有"容皃之崇"，《晋语五》有"夫皃，情之华也；言，皃之机也"（上海师范大学古籍整理研究所校点：《国语》，上海古籍出版社1988年版，第560、394页），可证。

[2] 许慎：《说文解字》，中华书局1963年版，第177页。

[3] 许慎：《说文解字》，中华书局1963年版，第181页。

就是礼容。

第二，言。《诗经·大雅·抑》云："慎尔出话，敬尔威仪，无不柔嘉。白圭之玷，尚可磨也；斯言之玷，不可为也。"① 话，即言语。从慎言到敬重威仪，是递进关系。这句话强调言语对于礼容的重要作用。

第三，视。《礼记·曲礼下》云："天子，视不上于袷，不下于带；国君，绥视；大夫，衡视；士，视五步。凡视，上于面则敖，下于带则忧，倾则奸。"② 这是讲见到天子、国君、大夫、士时，眼睛视线应该分别达到的部位，否则上下左右幅度过大，则于礼有失，不免敖、忧、奸之嫌。于此可见，眼睛视线在礼容中有重要的地位。

第四，听。《康诰》云："王曰：……明乃服命，高乃听，用康乂民。"③ 其中"听"与"乂民"对应，这个"听"显然是一种政治行为。孔颖达云："听者，受人言，察是非也。"④ 也就是循名责实。《荀子·王制》云："中和者，听之绳也。"杨倞注云："听，听政也。"荀子在《王制》中接着讲："听政之大分：以善至者待之以礼，以不善至者待之以刑。"⑤ 政的动词是听，而不是视，反映了章奏制度产生之前，国君在朝礼中主要以听的方式处理政务的现实⑥，那么在侧耳倾听、洗耳恭听中自然蕴含了礼容。

第五，思。思在上海博物馆藏战国楚简《君人者何必安哉》等

---

① 程俊英、蒋见元：《诗经注析》，中华书局1991年版，第859页。
② 王文锦：《礼记译解》，中华书局2001年版，第54页。
③ 杨筠如：《尚书核诂》，陕西人民出版社1959年版，第183页。
④ 孔氏传、孔颖达疏：《尚书注疏》，阮元校刻：《十三经注疏》，中华书局1980年版，第189页。
⑤ 王先谦：《荀子集解》，中华书局1988年版，第151、149页。
⑥ 笔者按：《尚书·康诰》云："明乃服命，高乃听，用康乂命。"（杨筠如：《尚书核诂》，陕西人民出版社1959年版，第183页）；《周礼·秋官·小司寇》云："以五声听狱讼，求民情。一曰辞听；二曰色听；三曰气听；四曰耳听；五曰目听。"（郑玄注、贾公彦疏、彭林整理《周礼注疏》，上海古籍出版社2010年版，第1340—1341页），可与之相互参考。

出土文献中或作"囟"①。杨树达先生云:"囟,头会脑盖也,象形。孳乳为恖(思),容也,从心囟声。按脑主思,古人固知之而明著于文字矣。"②古人知道头脑是思考的器官,因而以头会脑盖之囟,形象地表示思考之意。

然而到了战国时代,人们开始将思考之职归于心,即孟子所说的"心之官则思"③,到了《洪范五行传》中,五事之一的思,讹变成了"思心"④,这说明战国以后的学者已经不知道思的本字、本义。

思的本来字形是囟,本来含义是以脑盖代指思考,与貌、言、视、听,同属人的面容。战国以后学者对思的误解,以及由误解而对五事的割裂,正好反证了思作为礼容的组成部分,才是《洪范》五事的本来面目。

以上对于貌、言、视、听、思是礼容的证明⑤,主要着眼于容的方面,现在举两个事例,以见貌、言、视、听、思在典礼中的表现,以使笔者对于貌、言、视、听、思是礼容的证明成为定案。如《左传》昭公十一年云:

单子会韩宣子于戚,视下,言徐。叔向曰:"单子其将死乎!朝有著定,会有表,衣有襘,带有结。会朝之言必闻于表

---

① 濮茅左整理:《君人者何必安哉》(甲本、乙本),《上海博物馆藏战国楚竹书》(七),上海古籍出版社2008年版,第204、212页。
② 杨树达:《积微居小学述林全编》,上海古籍出版社2013年版,第237页。
③ 朱熹集注:《孟子》,上海古籍出版社2013年版,第161页。
④ 班固:《汉书·五行志》引《洪范五行传》,中华书局1962年版,第1441页。
⑤ 笔者按:听、思之容,既源于礼,也源于乐。众所周知的季札聘鲁时曾闻工歌而辨风、雅、颂之乐(杨伯峻:《春秋左传注》,中华书局1990年版,第1161—1165页),可视为"听曰聪"的显例。思从心,可能不是指心的职责,而是指乐由心生,《礼记·乐记》云"凡音之起,由人心生","乐者,心之动",都是这个意思。《乐记》又云"乐由中出,故静;礼自外作,故文"(王文锦:《礼记译解》,中华书局2001年版,第525、544、531页),在一静一文中,貌、言、视、听、思得以完美地展现。

著之位，所以昭事序也；视不过结襘之中，所以道容貌也。言以命之，容貌以明之，失则有缺。今单子为王官伯，而命事于会，视不登带，言不过步，貌不道容，而言不昭矣。不道，不共；不昭，不从。无守气矣。"①

这是一次会盟典礼。受周景王之命参加会盟典礼的单成公在视、言、貌三项礼容方面有失标准，即"视不登带，言不过步，貌不道容"，故此叔向断定单成公将要死亡。再如《国语·周语下》云：

柯陵之会，单襄公见晋厉公视远步高。……（单襄公告鲁成公曰）："晋将有乱。"鲁侯曰："寡人惧不免于晋，今君曰'将有乱'，敢问天道乎，抑人故也？"对曰："吾非瞽、史，焉知天道？吾见晋君之容……殆必祸者也。夫君子目以定体，足以从之，是以观其容而知其心矣。目以处义，足以步目，今晋侯视远而足高，目不在体，而足不步目，其心必异矣。目体不相从，何以能久？夫合诸侯，民之大事也，于是乎观存亡。故国将无咎，其君在会，步言视听，必皆无谪，则可以知德矣。视远，日绝其义；足高，日弃其德；言爽，日反其信；听淫，日离其名。夫目以处义，足以践德，口以庇信，耳以听名者也，故不可不慎也。偏丧有咎，既丧则国从之。晋侯爽二，吾是以云。"②

这也是一次会盟典礼。参加会盟典礼的晋厉公在视、足二项礼容方面有所失误，故此单襄公判断晋国将要发生祸乱。单襄公借此

---

① 杨伯峻：《春秋左传注》，中华书局1990年版，第1325—1326页。
② 上海师范大学古籍整理研究所校点：《国语》，上海古籍出版社1988年版，第89—91页。

进一步议论道,"视远,日绝其义;足高,日弃其德;言爽,日反其信;听淫,日离其名",严肃指出违背礼容之后出现的恶果,在视、足之外,又增加了言、听两项礼容。

这两个事例涉及的礼容有貌、言、视、听等,还缺少思,尽管如此,已经足以证明笔者所持《洪范》"五事"貌、言、视、听、思是礼容的主张能够成立。同时,我们也可以由这两个礼容事例知道,貌、言、视、听、思作为礼容,既属于君主,也属于诸侯、卿、大夫、士,是所有行礼者都应遵循的礼仪规范。

《洪范》对于貌、言、视、听、思五种礼容的解说,是从三个层次展开的,第一个层次历数貌、言、视、听、思五种面容。第二个层次指出貌、言、视、听、思的五种表情或属性,即恭、从、明、聪、睿。第三个层次指出五种面容、表情或属性应该达到的效果,即肃、乂、哲、谋、圣。前两个层次是客观描述,谓语用"曰",第三个层次是主观认识,谓语用"作",是转化的意思。在第三个层次上,礼容的作用已经从个人修养发展到社会政治领域[①],《左传》襄公三十一年记载北宫文子的话说:"君有君之威仪,其臣畏而爱之,则而象之,故能有其国家,令闻长世。臣有臣之威仪,其下畏而爱之,故能守其官职,保族宜家。顺是以下皆如是,是以上下能固也。"[②] 这是讲礼容在社会政治领域中的作用,即保国、守职、宜家、增进君臣团结。北宫文子的主张与《左传》昭公五年所载女叔齐的"礼,所以守其国,行其政令,无失其民者"[③],《左传》昭公二十五

[①] 笔者按:《诗经·小雅·小旻》云:"国虽靡止,或圣或否。民虽靡膴,或哲或谋,或肃或艾。"(程俊英、蒋见元:《诗经注析》,中华书局1991年版,第592页)这是约引《洪范》"五事"的第三个层次的内容。国与民相对,说明礼容不必为君主独有,而是统治者共有。这是其一。其二,圣、哲、谋、肃、乂冠以国与民,说明"五事"的第三个层次是关于政治的内容,与正文的论述相互印证。

[②] 杨伯峻:《春秋左传注》,中华书局1990年版,第1194页。

[③] 杨伯峻:《春秋左传注》,中华书局1990年版,第1266页。

年所载子大叔的"礼,上下之纪、天地之经纬"① 之贬仪崇礼的观点相一致。由此可知,礼仪只是礼的形式,礼容才是礼的实质。

礼容是礼的实质,有保国守职宜家、增进君臣团结的作用,所以貌、言、视、听、思五种礼容才会出现在《洪范》之中,与八政、皇极等组成九个范畴,共同成为治理国家的根本大法。

五 从礼容发展趋势看《洪范》"五事"的时代

《洪范》的第二畴"五事"貌、言、视、听、思是礼容,已如上述,接下来的问题是,"五事"是什么时代的呢?

鉴于《洪范》可能有一个逐渐完善的过程,九畴的内容也未必是同时形成,因而本文将"五事"与其他范畴分开,对其时代单独进行考察。

考察"五事"的时代,需要明确"五事"与史官的关系。"五事"之事,史官之史,是同源字,二者在形、音、义三个方面有密切的关系。史,甲骨文作 形;事,甲骨文作 形,二字所从之又为手,正反无别,所从之 、 ,有的学者认为是捕猎之器的象形,有的认为是中字,是盛筹之器,或简册、簿书的象形。于省吾先生认为:"古文字吏与事同字,有时与史通用。……古文字中与 迥别, 字卜辞屡见,乃 字的省文,与事字通用。其造字本义待考。…… 字的造字本义,系于 字竖划的上端分作两叉形,作为指事字的标志,以别于史,而仍因史字以为声。"② 笔者认为,于先生的考释较为平实允当。总之,对于史、事字源的认识,尽管存在分歧,但学

---

① 杨伯峻:《春秋左传注》,中华书局1990年版,第1459页。
② 于省吾:《释古文字中附划因声指事字的一例》,《甲骨文字释林》,中华书局2009年版。

者公认事从史分化而来，并且以史为声。据此我们可以作出判断，所谓五事，就是史官执掌的五件事。

《洪范》"五事"既是行礼者的礼容，又是史官执掌的职事，前者与第二节从传世文献考证的礼容主要是统治者践行的事情相对应；后者与第三节从青铜器铭文考释的礼容是木见齿册、木羊册册等史官家族的世职相对应，而史与事的统一，则将二者协调起来。《周礼·秋官·司仪》云："司仪掌九仪之宾客傧相之礼，以诏仪容、辞令、揖让之节。"郑玄注云："以诏者，以礼告王。"① 这是讲司仪的职责是在相礼时将仪容、辞令、揖让的礼节告诉国王。由此可以证明，典礼过程中礼容的展示，虽然主要是行礼者自己的事情，但史官的指导和参与也是必不可少的，这当是《洪范》五事既是统治者的礼容，又是史官职责所在的现实基础。

《洪范》"五事"是史官职责的确定，为判断其时代创造了条件。西周中期恭王朝的木羊册册史官世家的成员癞，在追溯商周之际自己先祖的事迹时，曾经讲到微史烈祖凭借"五十颂"，即五十种礼容，而被周公安排在周原居住的事实。这"五十颂"是否当时礼容的全部，不好确定，但礼容是一个整体，割裂开来分别执掌的可能性很小，笔者倾向于商周之际的礼容大约有"五十颂"。到了西周时代，礼容的规模有所扩大，《诗经·豳风·东山》称婚礼"九十其仪"。九十可能是虚数②，但既然标以九十，其细目较多则可以肯定。仪式尚且如此，礼容也应与之相称。到了春秋时代，礼容已经相当繁复，从颜面到手足，从声气到动作，从站姿到坐姿，都有具体而细致的要求。比如君子见尊者的礼容，《礼记·玉藻》描述道：

---

① 郑玄注、贾公彦疏：《周礼注疏》，阮元校刻：《十三经注疏》，中华书局1980年版，第896页。

② 程俊英、蒋见元：《诗经注析》，中华书局1991年版，第425页。

"足容重，手容恭，目容端，口容止，声容静，头容直，气容肃，立容德，色容庄，坐如尸。"①《礼记·中庸》称之为"礼仪三百，威仪三千"②，以至于连孔子都感叹："礼仪三百，可勉能也；威仪三千，则难也。"③

从商周之际的五十颂，到西周时代婚礼的九十其仪，再到春秋时代的威仪三千，组成一个连续不断的礼容发展演变的过程。将五事放到这个过程中，用从简单到繁复的规律来衡量，其所在位置无疑应该在五十颂的前面，也就是说《洪范》五事的时代是殷商。这个判断，既与礼容从人的头部面容开始，逐步扩展到肢体动作的趋势相符合，又与第二节考释木见齿册、木工册册、木羊册册三个史官家族族徽的含义而得出的殷商时代存在繁盛礼容的结论相照应，因而是可以成立的。孔子说"虞夏之质，殷周之文，至矣"④，可谓一语中的。

对商周礼容的考论已经结束，现在以此为基础，尝试着对传说时代的礼容作一推测。

夏代的夏。夏金文作🙋形，《说文解字》夊部云："夏，中国之人也。从夊，从页，从臼。臼，两手。夊，两足也。"⑤ 阮元云："'夏'也，人身之动容也"，"（夏）与'颂'字义同，周曰'颂'，古曰'夏'而已"，"明乎人身手足头兒之义，而古人名《诗》为'夏'为'颂'之义显矣"⑥。是夏与颂同义。众所周知，夏与雅，同音通假。姑且不论夏代的典章制度如何，只就夏字而言，或起源

---

① 王文锦：《礼记译解》，中华书局2001年版，第433页。
② 王文锦：《礼记译解》，中华书局2001年版，第793页。
③ 王聘珍：《大戴礼记解诂》，中华书局1983年版，第109页。
④ 王文锦：《礼记译解》，中华书局2001年版，第814页。
⑤ 许慎：《说文解字》，中华书局1963年版，第112页。
⑥ 阮元：《释颂》，《研经室集》，中华书局1993年版。

于礼容。

颛顼。颛顼是传说时代的五帝之一。颛与顼二字都从页，从页之字都与人的头部有关。颛，《说文解字》页部云："颛，头颛颛谨貌。"① 顼，《说文解字》页部云："顼，头顼顼谨貌。"② 颛颛顼顼，都指头部的姿态，而其后缀以"谨"字，则为姿态注入了礼容的因素。颛顼的事迹，主要是命重黎绝地天通③，其得名之由是否与其事迹有关，我们不敢遽断，但至少颛顼两个字，或起源于礼容。

夏、颛顼与礼容的关系，都是推测所得，不是定论，但作为记录语言与意识的符号，夏、颛顼等字在绰绰约约中反映了传说时代的礼容的影子，当是不争的事实。笔者相信，这个推测即使不中，也不会很远。

通过以上各目的论述，可以得出如下几点看法。

第一，《洪范》九畴的第二畴"五事"是礼容。礼容是行礼者在行礼过程中表现出来的容貌、神情、动作、体态、声气等，因而和礼与生俱来。殷商西周时代在朝礼、祭礼、军礼等礼制中有较为繁复的礼容，这些礼容或称为容，或称为颂，或称为威仪。商周礼容的践行主体是各级贵族，执掌者是王朝史官。由于礼容较为繁复，需要专业的知识，于是商周时代形成了专门掌管礼容的世官世家，其代表是西周时代的木羊册册史官家族，商周之际的木工册册史官家族，殷商时代的木见齿册史官家族。

第二，《洪范》"五事"的第一个层次是貌、言、视、听、思五

---

① 许慎：《说文解字》，中华书局1963年版，第183页。
② 许慎：《说文解字》，中华书局1963年版，第183页。
③ 笔者按：司马迁说：重黎之后"世序天地"，"世典周史"（司马迁《太史公自序》，《史记》，中华书局1982年版）。其中礼与史的因素，或源自颛顼。

· 237 ·

种面容；第二个层次是五种面容的表情或属性，即恭、从、明、聪、睿；第三个层次是五种面容、表情或属性应该达到的效果，即肃、乂、哲、谋、圣。在第三个层次上，礼容的作用已经由个人修养扩展到政治领域，因此与皇极、八政等组成九个范畴，共同成为治理国家的根本大法。

第三，《洪范》"五事"的时代是殷商，其与商周之际微史烈祖执掌的"五十颂"，《诗经》所载西周婚礼的"九十其仪"，《礼记》所载春秋时代的"威仪三千"，正好组成一个从简单到繁复的礼容发展过程。这个过程与商周礼乐文明的发展过程相一致。

第四，作为《洪范》九项治国大法之一的礼容，史官家族族徽木见齿册、木工册册、木羊册册等所折射的礼容，共同表明殷商是礼乐文明的发轫时代，西周是礼乐文明的兴盛时代。孔子将商周礼乐统称为"文"，与虞夏礼乐的"质"相对，抓住了问题的本质，应成为今后研究商周礼乐乃至于商周历史的基点。

附 《洪范》[①]

惟十有三祀，王访于箕子。王乃言曰：呜呼！箕子，惟天阴骘下民，相协厥居，我不知其彝伦攸叙。箕子乃言曰：我闻在昔，鲧堙洪水，汩陈其五行。帝乃震怒，不畀洪范九畴，彝伦攸斁。鲧则殛死，禹乃嗣兴，天乃锡禹洪范九畴，彝伦攸叙。

初一，曰五行。次二，曰敬用五事。次三，曰农用八政。次四，曰协用五纪。次五，曰建用皇极。次六，曰乂用三德。次七，曰明用稽疑。次八，曰念用庶征。次九，曰飨用五福，

[①] 选自杨筠如《尚书核诂》，陕西人民出版社1959年版，第136—149页。

拾 《洪范》"五事"与礼容

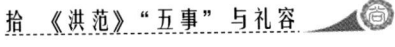

威用六极。

一，五行：一曰水，二曰火，三曰木，四曰金，五曰土。水曰润下，火曰炎上，木曰曲直，金曰从革，土爰稼穑。润下作咸，炎上作苦，曲直作酸，从革作辛，稼穑作甘。

二，五事：一曰貌，二曰言，三曰视，四曰听，五曰思。貌曰恭，言曰从，视曰明，听曰聪，思曰睿。恭作肃，从作乂，明作哲，聪作谋，睿作圣。

三，八政：一曰食，二曰货，三曰祀，四曰司空，五曰司徒，六曰司寇，七曰宾，八曰师。

四，五纪：一曰岁，二曰月，三曰日，四曰星辰，五曰历数。

五，皇极：皇建其有极，敛时五福，用敷锡厥庶民；惟时厥庶民于汝极，锡汝保极。凡厥庶民，无有淫朋，人无有比德，惟皇作极。凡厥庶民，有猷有为有守，汝则念之。不协于极，不离于咎，皇则受之。而康而色，曰：予攸好德。汝则锡之福。时人斯其惟皇之极。无虐茕独，而畏高明。人之有能有为，使羞其行，而邦其昌。凡厥正人，既富方谷，汝弗能使有好于而家，时人斯其辜。于其无好，汝虽锡之福，其作女用咎。无偏无颇，遵王之义。无有作好，遵王之道。无有作恶，遵王之路。无偏无党，王道荡荡。无党无偏，王道平平。无反无侧，王道正直。会其有极，归其有极。曰皇，极之敷言，是彝是训，于帝其训。凡厥庶民，极之敷言，是训是行，以近天子之光。曰：天子作民父母，以为天下王。

六，三德：一曰正直，二曰刚克，三曰柔克。平康正直，强弗友刚克，燮友柔克。沈潜刚克，高明柔克。惟辟作福，惟辟作威，惟辟玉食；臣无有作福作威玉食。臣之有作福作威玉

239

食，其害于而家，凶于而国。人用侧颇僻，民用僭忒。

七，稽疑：择建立卜筮人，乃命卜筮。曰雨，曰霁，曰圉，曰雾，曰克，曰贞，曰悔。凡七卜，五占用，二衍忒。立时人作卜筮；三人占，则从二人之言。汝则有大疑，谋及乃心，谋及卿士，谋及庶人，谋及卜筮。女则从，龟从，筮从，卿士从，庶民从，是之谓大同。身其康强，子孙其逢。吉。汝则从，龟从，筮从，卿士逆，庶民逆，吉。卿士从，龟从，筮从，女则逆，庶民逆，吉。庶民从，龟从，筮从，汝则逆，卿士逆，吉。汝则从，龟从，筮逆，卿士逆，庶民逆，作内吉，作外凶。龟筮共违于人，用静吉，用作凶。

八，庶征：曰雨，曰旸，曰奥，曰寒，曰风。曰时五者来备，各以其叙，庶草蕃庑。一极备凶，一极无凶。曰休征：曰肃，时雨若；曰乂，时旸若；曰哲，时奥若；曰谋，时寒若；曰圣，时风若。曰咎征：曰狂，恒雨若；曰僭，恒旸若；曰豫，恒奥若；曰急，恒寒若；曰雾，恒风若。

曰：王省惟岁，卿士惟月，师尹惟日。岁月日时无易，百谷用成，乂用明，俊民用章，家用平康。日月岁时既易，百谷用不成，乂用昏不明，俊民用微，家用不宁。庶民惟星：星有好风，星有好雨。日月之行，则有冬有夏；月之从星，则以风雨。

九，五福：一曰寿，二曰富，三曰康宁，四曰攸好德，五曰考终命。六极：一曰凶短折，二曰疾，三曰忧，四曰贫，五曰恶，六曰弱。

（《〈洪范〉"五事"与礼容》，原题《商周礼容考论》，《古代文明》2016年第2期。收入《〈尚书〉新研》，中华书局2021年版）

后记一——泰山云雾

刚刚进入学术研究领域的时候，时常听到前辈学者嘱咐：学术研究不是"跑马圈地"，而是"登山"。同一事物，在不同高度看，是不同景色。站位越高，视野越宽，对于事物本质的认识就越深刻。对此，我牢记在心，但很长时间内并没有深切体会。近些年，随着研究的深入，阅历的增加，我才逐渐有了初步的领悟。

以《逸周书》所载武王伐纣的史实为例。2005年，我开始研究《世俘》，着眼点是武王伐纣胜利后于镐京举行的献俘礼。2020年上半年防疫期间，我继续研究《世俘》，由献俘礼扩展到武王与诸侯的盟誓礼，再由盟誓礼扩展到西周的开国史。近一个月来，我研究《度邑》记载的武王在牧野之战后于商郊举行的征会礼，再由征会礼扩展到商周时代的王政问题。每一次学术视野的扩展，都标志着登上了一个学术台阶，而在每一个学术台阶上观察，武王伐纣的历史意义都有较大不同。这或许就是前辈学者将学术研究比作登山的真谛吧！

有了这样的想法，我很想在实际的登山中找一找感觉。可惜得很，由于身体的原因，我现在不能登山了。于是我找来清人姚鼐的《登泰山记》：

是月丁未，与知府朱孝纯子颖由南麓登。四十五里，道皆砌石为磴，其级七千有余。泰山正南面有三谷。中谷绕泰安城下,郦道元所谓环水也。余始循以入,道少半,越中岭,复循西谷,遂至其巅。……道中迷雾冰滑,磴几不可登。及既上,苍山负雪,明烛天南。望晚日照城郭,汶水、徂徕如画,而半山居雾若带然。

戊申晦,五鼓,与子颖坐日观亭,待日出。大风扬积雪击面。亭东自足下皆云漫。稍见云中白若摴蒱数十立者,山也。极天云一线异色,须臾成五采。日上,正赤如丹,下有红光动摇承之。或曰,此东海也。

大家请注意,姚鼐笔下的泰山云雾在不同的高度有较大不同。第一个层次是"道中迷雾";第二个层次是"半山居雾";第三个层次是"足下皆云漫"。雾与云都是由空气中非常细小的水滴、冰晶组成,前者主要出现在地表,后者主要出现在高空。姚鼐未必有现代气象学知识,但生活经验、艺术审美使得他的遣词用字很准确。

"道中迷雾"。路途之上,大雾弥漫。山峦模糊,仅可拾级而上;人影绰约,聊作相互问答。身处这样的雾气之中,其情其景,正是一个"迷"字。

"半山居雾"。穿过迷雾,登上山巅。天空澄澈,花木昭然。俯身望去,雾气缭绕,时舒时卷,如同丝锦,牵挂山间。其情其景,正是一个"居"字。

"足下皆云漫"。站在最高峰,临崖看日出;此时此地,雾气变成了彩云。红日东升,万道金光;层峦叠嶂,云蒸霞蔚。其情其景,正是一个"漫"字。

从"道中",到"半山",再到"足下";从"迷雾",到"居雾",再到"云漫",高度不同,境界不同,云雾呈现在眼前的景象也随之不同。与学术研究中不同站位观察到的史实的意义不同，完全一样。由此看来，前辈学者将作学问比作登山，真是一个妙喻呀！

  现在我把这个妙喻转说给后学，希望你们有机会一定要登泰山，真切地观赏姚鼐笔下的泰山美景，同时期盼着你们能够在学术研究中真正体会到"登山"的美感！

张怀通

2022 年 5 月 20 日初稿

2024 年 2 月 25 日定稿

于待旦斋

后记二——刘克恒老师

前几天一个晴朗的上午，我到天津看望了刘克恒老师。刘老师今年八十一岁，按照古代年龄阶段的划分，已经进入耄耋之年，但刘老师身体健康，腰身挺直，精神矍铄，声音洪亮，不像一位老年人。我向老师及师母问了安，了解了饮食起居，汇报了自己的工作和生活。考虑到二位老人毕竟上了年纪，为不影响他们休息，说了大约一个小时的话，我便起身告辞。

刘老师是1979年下半年任高二历史教师兼我们二十八班班主任的，大约三个月后便调离青县第五中学，到刘缺屯中学任教。在我的中小学阶段，刘老师是教的时间比较短的，但刘老师却施予我重大而深远的影响。

将近四十年了，当初刘老师对我的第一次谈话，至今历历在目。那是在第一节历史课之后，可能是我上课回答问题较好，刘老师下课后将我叫到办公室。

刘老师是北京海淀人，用标准的京腔问："咱们刚分文理科，你才学历史，怎么对历史人物与事件就有一些了解了呢？"

我回答："我学过历史。"

刘老师听后有些诧异，问："你们小学初中阶段上过历史课？"

我说："没有，我是自己学。"

刘老师接着问："自己怎么学？"

我说："上初中时发过一本历史书，老师没有教，我自己看。"

听我回答，刘老师很高兴，说："好！就这样学。只有积极主动地学，明年才能考上大学。"

然后又说了一些鼓励的话，就让我回教室了。

我对刘老师的回答是实话，上初中时我们确实发过历史书，是河北省编教材。20世纪70年代后期的农村初级中学，既没有历史教师，也不开历史课程，课本发下来后，多数同学就束之高阁了，因为中考不考历史科目。我此前跟着父亲读过《幼学琼林》，学过一点儿历史知识，对历史书很感兴趣，就在课外认真地自学了几遍。后来不知什么原因，突然有一天语文老师出了一张历史试卷，让大家闭卷考试。对于同学来说，太出意外，所以绝大多数成绩不及格，少数几个人考了60多分，一个同学过了70分，可能是72分，而我得了99分。跑了1分的题是：马克思列宁主义是什么时候传入中国的？我也不知道具体年份，就写上了一句当时家喻户晓的领袖语录：十月革命一声炮响，给我们送来了马克思列宁主义。这道题2分，我答得接近，半对半错，得了1分，丢了1分。拿着历史试卷，看着红红的99分，我高兴极了。心想，老师一定表扬我。谁知老师对这次考试提都没提，好像根本没有这么回事一样（这位语文老师，教学非常认真，深受学生爱戴；我的钢笔字体就是受他的影响而形成）。我很失望，情绪马上跌落下来，对学习减了兴趣。

这次刘老师了解我的历史学习情况，虽然话语不多，但言谈之间，眼神之中，透露着欣赏，使我获得了渴望已久的来自老师的肯定。

刘老师的欣赏和肯定，激发了我身上隐藏已久的生命活力。幼儿时父亲讲述的宝刀"削铁如泥"的神话传说，刘秀"走国"与诸

"尚书"与礼仪

葛亮"木牛流马"的历史故事,初中时所读《幼学琼林》中的历史人物,以及历史课本上的概念与事件等,这条课堂下学校外的生命之线,突然昂扬隆起,并和当前的高考冲刺连结贯通,形成汹涌澎湃之势,促使我越过了高考的关口。

从高考到现在,近四十年来,天资愚钝的我,在选择职业,确立人生方向,以及取得某些专业成绩等方面,都与这次刘老师的欣赏与肯定,以及此后三个月的关怀与信任,有莫大的关系。

多年来,我心中总是在思考刘老师的欣赏和肯定之于我成长的意义。读韩愈的《师说》,我觉得刘老师就是"传道授业解惑"者,但时间久了,逐渐体会到,传道授业解惑只是一位老师的基本职责,况且学生在其中的地位太被动,不足以表达我的感受。

近些年看了一些现代教育学的文章,发现其中有赏识教育的内容,大意是说,通过教师的赏识,树立学生的信心与自尊,以形成完善的品质与人格。最近几天,又看了耶鲁大学校长理查德·莱文(Richard Charles Levin)关于大学教育本质的演讲,他认为大学不传授任何知识和技能,却能令人胜任任何学科和职业。据我的粗浅理解,无论大学还是中小学教育,培养学生健康的心理和完善的品格才是最高目标。有了健康心理、完善品格,就会自觉学习,自发努力,知识技能自然就能掌握胜任了。

刘老师教我时,改革开放才刚起步,想必不会具备现代教育的理念。但刘老师以自己的朴实人性与基本职业道德,在我身上实践了崇高的现代教育思想!

人的一生,从小学、中学到大学,遇到的老师很多很多。多数老师就像是客人,当面开口笑,过后不思量。一些老师教书认真负责,学生需尊敬之,感念之。有些老师在关键时刻施予学生以重大而深远的影响,那么学生就应该父事之。

刘克恒老师对于我来说，就是一位应该父事之的老师！

祝愿刘老师健康长寿！

张怀通

2018 年 1 月 2 日初稿

2024 年 2 月 25 日定稿

于待旦斋

后记三——本书缘起

本书的编纂出版，有两个原因，需要向大家作一简要说明。

"'尚书'源于礼仪"说，是笔者近二十年来研究《逸周书》、《尚书》、清华简"书"类文献的结果。论证这一主张的单篇论文发表于不同的刊物之上，收录于《〈逸周书〉新研》《〈尚书〉新研》两部著作之中，给大家了解拙见的全貌带来了一些困难。为此，笔者将这些单篇论文编纂在一起，予以出版，使之面世，希望能够方便大家的批评指正。

多年来，笔者在河北师范大学历史文化学院开设选修课程《"尚书"研究》，确立的指导原则是兼顾知识性与学术性。强调知识性，是为了照顾"尚书"难读的现实；强调学术性，是想与读后感式的讲解作出区分。经过一段时间的探索，课程内容逐渐集中在"尚书"篇章形成方式的问题上，最后提炼出"'尚书'源于礼仪"的主题。

本书的自序及第一节至第十节，由十一篇文章组成，其中的《〈世俘〉与献俘礼》《〈祭公〉与养老礼》二篇选自《〈逸周书〉新研》；《"尚书"源于礼仪说》《〈康诰〉与封建礼》《〈克殷〉与祭社礼"降神"仪节》《〈洪范〉"五事"与礼容》四篇选自《〈尚书〉新研》；《〈度邑〉与征会礼》《〈世俘〉与盟誓礼》《〈立政〉与祭祷礼》《〈皋陶谟〉与养老礼》《〈高宗肜日〉与祭祖礼"殷见"仪节》五篇是最近为《"尚书"新研》而写作的论文，为了使内容丰富一些，提前收入本书之中。

减省大家查核"尚书"原文的辛劳，是笔者义不容辞的责任，为此特在每节的后面附录相应的"尚书"篇章，以便使大家在相互对照中，加深对于这些篇章与礼仪关系的认识。

"尚书"的某些篇章，如《金縢》《顾命》等，明显地记载了祭祷礼、登基礼等，而笔者没有新见解，则不予讨论。正文十篇文章论证的《康诰》诸篇与封建等礼仪的关系，都是笔者在探索"尚书"形成方式问题的过程中获得的新认识。有的是对于礼仪全局性的考察，如《世俘》与献俘礼；有的是对于礼仪局部性的审视，如《克殷》与祭社礼"降神"仪节；有的是对于篇章与礼仪生成关系的论证，如"《商誓》与征会礼"（包含在《〈度邑〉与征会礼》中），《康诰》与封建礼；有的是对于篇章有所记载但长期被历史尘埃遮蔽的礼仪的抉发，如《度邑》与征会礼。立足于现有材料，不囿于细节揭示。希望大家能体谅笔者"无米之炊"的苦衷。

"尚书"篇章与礼仪的关系很复杂，并不都是简单地一一对应。为此，笔者在探讨过程中，需要按照对象的内在理路，随形就势，穷其委曲，尽量呈现事物之间相互联系的全貌。例如"《皋陶谟》与养老礼"，将二者联系起来，需先考察《立政》《四告》《皋陶谟》三者之间的关系。再如"《祭公》与养老礼"，则需结合"《皋陶谟》与养老礼"中对于《皋陶谟》材料来源的论述，才可以对上古时代的养老礼窥得全豹。又如"《商誓》与征会礼"，虽然二者的对应关系很完整，也很明显，但论证都包含于"《度邑》与征会礼"中，这是以局部服务于全局，因而没有单独立目。各节标题的简化，是为了教学方便，必然与学术研究的实际过程有一定距离。这实在是

· 249 ·

不得已而为之的事情，希望大家能够理解。

《〈度邑〉与征会礼》提出了"有限权力的中国王政"说，与此前提出而于本书集中论证的"'尚书'源于礼仪"说，共同组成笔者对于"尚书"及其所载史实的初浅看法。前者更加有待于今后继续补充论证。现在与本书一起推出，希望大家不吝赐教，以使笔者能在《"尚书"新研》中对这个看法也有所完善提高。

"尚书"是华夏瑰宝，礼仪是华夏瑰宝，"尚书"与礼仪珠联璧合，华夏文明熠熠生辉。

张怀通

2022 年 6 月 16 日初稿

2024 年 2 月 26 日定稿

于待旦斋